Auf dem Weg in ein neues Zeitalter

Bodo Liebe

Auf dem Weg in ein neues Zeitalter

Die deutsche Wirtschaft
vor ihrer größten
Herausforderung

Festschrift für Bodo Liebe

Herausgegeben
von Christian Peter Henle

ECON Verlag
Düsseldorf · Wien

1. Auflage 1985
Copyright © 1985 by ECON Verlag GmbH, Düsseldorf und Wien
Alle Rechte der Verbreitung, auch durch Film, Funk und Fernsehen, fotome-
chanische Wiedergabe, Tonträger jeder Art, auszugsweisen Nachdruck
oder Einspeicherung und Rückgewinnung in Datenverarbeitungsanlagen aller
Art, sind vorbehalten.
Gesetzt aus der Garamond der Fa. Hell
Papier: Papierfabrik Schleipen GmbH, Bad Dürkheim
Gesamtherstellung: Bercker, Graphischer Betrieb GmbH, Kevelaer
Printed in Germany
ISBN 3 430 14320 9

Inhalt

Vorwort

Der Wettbewerb ist seit jeher ein zentrales Merkmal aller marktwirtschaftlichen Systeme. Bereits in der Antike konkurrierten die Händler auf den Märkten um die Gunst der Kunden. Später, im Zeitalter des Merkantilismus, traten erstmals staatlich geförderte Handelsgesellschaften eines Landes zueinander in Konkurrenz. Mitte des 19. Jahrhunderts erreichte der Konkurrenzgedanke erstmals die internationale Ebene. Auf der ersten Weltausstellung 1851 in London kam es zu einer spektakulären Manifestation des wirtschaftlichen Wettbewerbs zwischen den einzelnen europäischen Nationen. Die Entstehung der Industriegesellschaften und die zunehmende Verflechtung der Volkswirtschaften hat seitdem die internationale Konkurrenz deutlich verstärkt und umfaßt nunmehr alle fünf Erdteile.

Nach dem Zweiten Weltkrieg besaßen die Vereinigten Staaten von Amerika im Vergleich zu den Industriestaaten Europas unangefochten eine wirtschaftliche Überlegenheit. Dieses Thema behandelte 1967 Jean-Jacques Servan-Schreiber in seinem viel beachteten Buch »Die amerikanische Herausforderung«. Der Autor schildert anhand ausführlicher Beispiele die Überlegenheit amerikanischer Unternehmen gegenüber ihren europäischen Wettbewerbern. Der Grund hierfür war dabei nicht in erster Linie die größere Finanzkraft oder der Vorsprung auf technischem Gebiet. Ausschlaggebend für die Überlegenheit war vielmehr die Entschlossenheit der Amerikaner, ihre Zielsetzungen in der Wirtschaftspolitik und ihre jeweiligen Unternehmensstrategien in allen Einzelheiten und auf allen Weltmärkten konsequent zu verwirklichen. Zu Recht hat daher Franz Josef Strauß in seinem Vorwort zu diesem Buch mit Blick auf die europäische Industrie den Satz geprägt: »Gefährlicher als die Mutlosigkeit ist die Ziellosigkeit.« Adressaten dieses Buches waren einerseits die Unternehmer Europas mit der Aufforderung, angesichts der wirtschaftlichen Überlegenheit der Vereinigten Staaten von Amerika ihre geistigen, finanziellen und technischen Ressourcen zu bündeln; andererseits erging an die Politiker des Alten Kontinents der eindringliche Appell, die Einheit Europas zu verwirklichen, um der amerikanischen Herausforderung besser begegnen zu können.

Fast 20 Jahre nach der Veröffentlichung des Buches von Jean-Jacques Servan-Schreiber besteht die amerikanische Herausforderung auf zahlreichen Gebieten der Wirtschaft unvermindert fort. Hinzu kommt, daß sich inzwischen auch Japan zu einem wirtschaftlichen Riesen entwickelt hat und für die Industriestaaten Europas ein möglicherweise noch gefährlicherer Wettbewerber geworden ist.

Die Herausforderung der Wirtschaft aller Länder hat indes angesichts der dramatischen Umwälzungen unserer Zeit – für die technische Entwicklungen wie Mikroelektronik und Biochemie nur als Beispiele genannt sein sollen – eine neue Dimension erhalten. Zur Bewältigung dieser Hausforderung müssen neue Strategien entwickelt und verwirklicht werden. Hierzu soll dieses Buch einen Beitrag leisten.

Im ersten Teil nehmen namhafte deutsche und ausländische Persönlichkeiten der Politik, Wirtschaft und Wissenschaft Stellung zu unterschiedlichen Fragen der internationalen Herausforderung der deutschen Wirtschaft. Im zweiten Teil werden verschiedene Strategien und die Möglichkeiten ihrer Verwirklichung erörtert. An dieser Stelle danke ich allen Autoren für ihre Beiträge, die sie zu Ehren von Bodo H. Liebe anläßlich seines 65. Geburtstages verfaßt haben – eines Mannes, der an führender Position die Entwicklungen der deutschen Wirtschaft nach dem Zweiten Weltkrieg miterlebt und mitgestaltet hat.

Bodo H. Liebe wurde am 16. Oktober 1920 in Berlin geboren. Kurz nach seinem Abitur brach der Zweite Weltkrieg aus, den Bodo Liebe an verschiedenen Fronten miterleben mußte. 1946 wurde Bodo Liebe aus der Gefangenschaft entlassen. Bis 1952 arbeitete er als Gerichtsdolmetscher bei der Cultural Relations Division, einer Dienststelle des Foreign Office, London. Danach übte er von 1953 bis 1959 verschiedene Tätigkeiten bei der Ruhr-Stickstoff AG in Bochum aus, um dann 1960 die Aufgabe des Geschäftsführers der Firma Hein. Ulbricht's Wwe. GmbH in Österreich wahrzunehmen. Nachdem er im Jahre 1961 als stellvertretender Abteilungsdirektor in die Exportabteilung der Konzernleitung der Firma Fried. Krupp in Essen eingetreten war, erhielt er während der nächsten zehn Jahre im Hause Krupp immer bedeutendere Aufgaben. 1962 wurde Bodo Liebe zum Geschäftsführer der Fried. Krupp Chemieanlagenbau und 1966 zusätzlich zum Geschäftsführer der Fried. Krupp Industriebau ernannt. Ab 1968 war er Geschäftsführer der Fried. Krupp GmbH Industriebau und Maschinenfabriken, Essen. Es hatte sich inzwischen in der Wirtschaft herumgesprochen, daß Bodo Liebe einer der fähigsten Unternehmer des deutschen Maschinen- und Anlagenbaus ist. So waren Aufsichtsrat und Vorstand der Klöckner-Humboldt-Deutz AG, Köln, froh, Bodo Liebe 1970 für das Amt des Vorsitzenden des Vorstands ihrer Tochtergesellschaft Westfalia Dinnendahl Gröppel AG, Bochum, gewinnen zu können. 1972 übernahm Bodo Liebe die Aufgabe des Vorsitzenden des Vorstands der KHD Industrieanlagen AG. 1975 wurde ihm dann als Krönung seiner beruflichen Laufbahn das Amt des Vorsitzenden des Vorstands der Klöckner-Humboldt-Deutz AG in Köln anvertraut.

Zu seiner sehr erfolgreichen Tätigkeit im Hause der KHD AG gehört, daß Bodo Liebe stets einen engen persönlichen Kontakt zu verschiedenen Universitäten und Hochschulen pflegt. Im Vordergrund seien hier die Wirtschafts- und Sozialwissenschaftliche Fakultät der Universität Köln, die zur Technischen Hochschule Aachen gehörenden Lehrstühle für Produktionssystematik und Laboratorium für Werkzeugmaschinen und Betriebslehre sowie für angewandte Thermodynamik, ferner die Technische Universität Braunschweig und das Fraunhofer-Institut für Produktionstechnik und Automatisierung in Stuttgart genannt. Dabei stellt sich Bodo Liebe immer wieder der Diskussion mit Professoren und Studenten und fördert den Gedankenaustausch zwischen Wissenschaft und Praxis. Im Bereich der technischen Innovation kam es dank seines Engagements zu einer fruchtbaren Zusammenarbeit zwischen den Hochschulen und KHD. Der Tatsache, daß diese Verbindungen auch von den Universitäten gewürdigt werden, verlieh die Universität Köln 1984 sichtbaren Ausdruck mit der Ernennung Bodo Liebes zum Ehrensenator. Auch international ist sein Rat gefragt. Die American University in Washington berief ihn 1982 zum Mitglied des International Advisory Board. Darüber hinaus hat Bodo Liebe häufig zu brennenden Wirtschaftsfragen der Gegenwart in Wort und Schrift Stellung genommen. Einige seiner Veröffentlichungen werden auch in diesem Buch zitiert. Im Vordergrund des Interesses von Bodo Liebe stehen Fragen zu internationalen Beziehungen und zum Welthandel, zu Nahtstellen zwischen Politik und Industrie sowie zum Management und zu Unternehmensstrategien der Zukunftsbewältigung. Mit diesen Themen beschäftigen sich auch die Autoren dieses Buches. Sie haben ihre Beiträge Bodo Liebe zu seinem 65. Geburtstag gewidmet.

Mülheim/Ruhr, im Juni 1985   Der Herausgeber

10

TEIL I

Die internationale Herausforderung der deutschen Wirtschaft

FRANZ JOSEF STRAUSS

Veränderungen im geopolitischen Szenario und ihre Auswirkungen auf die Bundesrepublik Deutschland

Seit vierzig Jahren, seit dem Ende des Zweiten Weltkrieges, gab es keinen Krieg in Europa. In der gleichen Zeit haben mehr als einhundertvierzig kriegerische Auseinandersetzungen außerhalb unseres Kontinents Millionen von Opfern gefordert. Landläufig gesprochen, erlebt Europa die längste Friedensperiode seiner Geschichte. Wirklicher Friede ist jedoch mehr als »Nicht-Krieg« oder »Nicht-Schießen«. Wirklicher Friede beruht auf der Gerechtigkeit, der Achtung und dem Ausgleich der Interessen, dem Respekt vor den Menschenrechten und den Rechten der Nationen. »Justitia est fundamentum regnorum«, sagt Augustinus – nicht Unterdrückung und Unterwerfung, sondern Gerechtigkeit erhöht ein Volk.

Der Blick auf die politische Wirklichkeit zeigt, daß die Sowjetunion nicht nur ihren Bürgern menschliche und bürgerliche Rechte und Freiheiten verweigert, sondern daß sie allen Staaten, auf deren Gebiet die Rote Armee ihren Fuß gesetzt hat, das gesellschaftliche und staatliche System der Sowjetunion und die Zwangsmitgliedschaft im sowjetischen Sicherheitssystem aufgezwungen hat. Hierin sah Stalin den entscheidenden Unterschied des Zweiten Weltkriegs zu früheren Kriegen. Gegenüber Milovan Djilas, zu jener Zeit Mitglied des Zentralkomitees und Politbüros der Kommunistischen Partei Jugoslawiens und Verbindungsmann Titos in Moskau, erklärte er im April 1945: »Dieser Krieg ist anders als die früheren. Wer ein Gebiet erobert, zwingt ihm damit auch sein eigenes Gesellschaftssystem auf, soweit seine Armee kommt, und es kann nicht anders sein.« Die tragischen Ereignisse von Berlin

13

1953, Budapest 1956, Prag 1968 und Polen 1981 beweisen, daß für Moskau diese erzwungenen Veränderungen nicht umkehrbar sind, nicht umkehrbar sein dürfen, weil sonst das marxistisch-leninistische Lehrgebäude des angeblich zwangsläufigen Endsiegs des Kommunismus in seinen Grundfesten erschüttert würde. Darum hat die Sowjetunion in ihrem Herrschaftsbereich jedes Aufflackern der Freiheitssehnsucht durch brutalen Einsatz ihrer militärischen Macht erstickt, bevor es sich zu einem Flächenbrand entwickeln konnte. Darum ist es eine Illusion zu glauben, Moskau würde sich, vor eine ähnliche Situation gestellt, heute anders entscheiden als damals.

Moskau beschränkt sich jedoch nicht darauf, die Sehnsucht der im sowjetischen Herrschaftsbereich lebenden Menschen nach einem Leben in Freiheit zu unterdrücken.

Moskau hat nie aufgehört, Krieg zu führen gegen die Freiheit der Westeuropäer – wenn auch mit nichtmilitärischen Mitteln. Dieser nichterklärte Krieg wird mit den Mitteln der Infiltration und der Desinformation, der Subversion und der Spionage geführt. Es ist ein Krieg der Stellvertreter und Terroristen. Es ist ein Krieg, der nach den lebenswichtigen Ressourcen und Lebensadern der freien Welt greift, die für die westliche Supermacht wichtig, für die westeuropäische Industriegesellschaft jedoch lebensnotwendig sind. Eine Nomadengesellschaft kann man nur schwer destabilisieren. Aber eine moderne demokratische Industriegesellschaft, die auf Vollbeschäftigung, Wachstum und sozialer Sicherheit aufgebaut ist, könnte durch nachhaltige Störungen ihrer Versorgung mit Energie und Rohstoffen sehr schnell als Folge der wachsenden Arbeitslosigkeit bei schrumpfendem Sozialprodukt so destabilisiert werden, daß dadurch auch die demokratischen Grundlagen unseres Staatswesens gefährdet würden. Das wissen auch die Verantwortlichen im Kreml sehr genau, und nach dieser Einsicht gestalten sie ihre langfristig angelegte und unbeirrt verfolgte aggressive und expansive Außenpolitik. Dieser »Klassenkampf auf internationaler Ebene«, wie es in der marxistischen Parteisprache heißt, steht nicht im Widerspruch zu der von Moskau geforderten »Politik der Entspannung«, sondern er ist im Gegenteil gerade die Anwendung des von Lenin begründeten Prinzips »der friedlichen Koexistenz«.

Wie Marx die Philosophie von Hegel, so hat Lenin die Kriegslehre von Clausewitz pervertiert und auf den Kopf gestellt: Nicht der Krieg ist »die Fortsetzung der Politik unter Anwendung militärischer Mittel«, sondern der Friede ist die Fortsetzung des Klassenkampfes mit nichtkriegerischen Mitteln. 1963 erklärte Nikita Chruschtschow: »Es gibt da gewisse Leute, die sich sogar Marxisten und Leninisten nennen und behaupten, wir wollen den Klassenkampf abschaffen. Das ist ein Ammenmärchen! Die friedliche Koexistenz ist doch nur eine Atempause auf dem Wege zum Endsieg des Kommunismus! Diese Pause soll uns die Möglichkeit geben, die Wirtschaft in unseren Ländern zu stärken und damit die günstigsten Voraussetzungen für den Sieg des Kommunismus zu schaffen. Wir sind, wenn es darauf ankommt, auch für den Kampf!« Nichts anderes sagte Breschnew im April 1974 auf einer Konferenz des Warschauer Pakts: »Wir Kommunisten müssen eine Zeitlang mit den Kapitalisten zusammenarbeiten. Wir brauchen deren Landwirtschaft und Technologie. Aber wir werden unsere massivsten Rüstungsprogramme fortsetzen und Mitte der achtziger Jahre in der Lage sein, zu einer wesentlich aggressiveren Außenpolitik zurückzukehren, um in unseren Beziehungen zum Westen die Oberhand zu gewinnen.«

Obwohl Moskau niemals aus seinen Vorstellungen ein Geheimnis gemacht hat, haben weite Kreise im Westen bis heute nicht verstanden, daß die Begriffe Koexistenz, Entspannung, Abrüstung, Rüstungsbegrenzung, Rüstungskontrolle für Moskau, anders als für uns, keine Werte an sich, sondern psychologisch-politische Kampfformeln sind, Instrumente zur Erringung und Sicherung der Überlegenheit der Sowjetunion. Das ist der elementare Unterschied zwischen der Entspannungsvorstellung des Westens und der Entspannungsvorstellung der Machthaber im Kreml, die – das möchte ich noch einmal unterstreichen – daraus auch nie ein Geheimnis gemacht haben.

Dieses Spiel mit offenen Karten hat der Sowjetunion nicht geschadet, wie das Jahrzehnt der sogenannten Entspannungspolitik seit 1969 bewiesen hat. Die Blinden und politisch Einäugigen im Westen waren unfähig, die aus dieser gegensätzlichen Wertigkeit sich ergebende Gefahr zu erkennen, während immer mehr Gutgläubige auf die Leimrute der Sowjetunion krochen, sich am Wohlklang der Begriffe berauschten und es für ausreichend hielten, die Augen zu schließen, um die Welt zu verändern, um aus dem nach der Weltherrschaft strebenden sowjetischen Bären eine harmlose Hauskatze zu machen.

Die Tatsache, daß bereits zum zweiten Mal in diesem Jahrhundert offen eingestandene politische Absichten nicht zur Kenntnis bzw. nicht ernst genug genommen worden sind, erklärt, warum die Sowjetunion die »Politik der Entspannung« systematisch dazu benutzen konnte, das militärische und politische Kräfteverhältnis in der Welt in entscheidendem Umfang zu ihren Gunsten zu verändern. Es war geradezu grotesk, daß ausgerechnet namhafte deutsche Politiker die von Moskau weit über die Bedürfnisse der Landesverteidigung und ohne Rücksicht auf das Leistungsvermögen der sowjetischen Volkswirtschaft vorangetriebene Superrüstung, die bei allen Waffengattungen das Schwergewicht auf die offensiven Komponenten legte, mit unserer westlichen Entspannungsvorstellung dadurch in Einklang zu bringen versuchten, daß sie diese Rüstung mit einem übersteigerten Sicherheitsbedürfnis der Sowjetunion rechtfertigten und ihr eine rein defensive Zielsetzung zuerkannten. Dieselben Politiker lehnen heute die strategische Verteidigungsinitiative von Präsident Reagan mit ihrer rein defensiven Zielsetzung von vornherein rundweg ab.

Trotz des eindeutig offensiven Charakters der sowjetischen Rüstung habe ich den früheren und den heutigen Machthabern der Sowjetunion niemals unterstellt, daß ihre gegenwärtigen Absichten auf eine große militärische Auseinandersetzung mit dem Westen abzielen. Ich habe aber immer unterstrichen, daß der Charakter der sowjetischen Rüstung an drei Maßstäben gemessen werden muß:
– den gegenwärtigen Absichten der Sowjetunion,
– dem sowjetischen Militärpotential, seiner Zusammensetzung und seinem Wachstum,
– den langfristigen strategischen Zielen der Sowjetunion.

In der Bewertung der langfristigen Ziele der sowjetischen Strategie und des russischen Imperialismus kann man nur vor Illusionen warnen. Die Weltrevolution und die kommunistische Weltherrschaft sind und bleiben das Endziel. Durch die Ausdehnung des sowjetischen Einflußbereichs und die Kontrolle über immer größere Teile der Welt versucht man, diesem Ziel durch eine langfristig angelegte, globale, zäh und unbeirrbar durchgeführte Politik näher zu kommen. Dem militärischen Potential kommt dabei als Druck- und Drohkulisse eine entscheidende Bedeutung zu. Ziel der sowjetischen Rüstung war es, der Sowjetunion sowohl konventionell wie atomar, zu Lande, in der Luft und zur See weltweit alle militärischen Optionen offenzuhalten und die Voraussetzungen für militärische Aktionen jeder Größenordnung zu schaffen, die strategische Weltlage so zu verändern, daß die Sowjetunion einen Anspruch auf geopolitische Neuverteilung nicht nur geltend machen, sondern auch durchsetzen kann. Diese Anhäufung militärischer Macht und ihre Demonstration an Krisenherden der Weltpolitik stabilisiert darüber hinaus den nur durch Gewalt und Unterdrückung zusammengehaltenen kommunistischen Machtblock, erstickt unerwünschte innere Entwicklungen im Keime und garantiert die Botmäßigkeit der Regierungen der kommunistischen »Bruderstaaten«.

Gestützt auf dieses militärische Druck- und Drohpotential, hat die Sowjetunion die westliche Unentschlossenheit und Nachgiebigkeit in der Phase der sogenannten Entspannungspolitik zielstrebig genutzt und bedeutende Erfolge bei der Verwirklichung ihrer geopolitischen Ziele erreicht.

Kein verantwortungsbewußter Politiker ist gegen Abrüstung und gegen Entspannung. Aber was Abrüstung ist und was nicht, was Entspannung ist und was nicht Entspannung ist, darf nicht einseitig von der Sowjetunion diktiert werden.

Der Blick auf die weltpolitischen Brennpunkte in der Phase der sogenannten Entspannungspolitik macht deutlich, daß Entspannung unteilbar sein muß, nicht geographisch aufgeteilt werden kann. Wir müssen endlich lernen, in unserer Politik in geschichtlichen Linien und in globalen geographischen Zusammenhängen zu denken. Auch wenn wir keine Weltmacht, keine Großmacht und schon gar keine Supermacht sind, entbindet uns das nicht von der politischen Verantwortung, Vorgänge in der Welt sorgsam zu beobachten und die Bedeutung der weltpolitischen Entwicklungen für die Zukunft unseres Landes und Europas wirklichkeitsnah einzuschätzen.

Darum ist für uns das, was im Nahen und Mittleren Osten vor sich geht, auf der Arabischen Halbinsel, im Iran, in Afghanistan oder in Pakistan, und das, was im rohstoffreichsten Erdteil, in Afrika, geschieht, nicht – wie seinerzeit Goethe urteilte – ein Vorgang, als ob ferne in der Türkei die Völker aufeinanderschlagen. Davon sind wir, davon sind unsere Sicherheit, unsere Freiheit und unsere wirtschaftliche Überlebensfähigkeit unmittelbar betroffen. In diesen Zusammenhängen müssen wir endlich denken lernen.

Vor der Haustür Europas hat sich ein hochbrisantes Gemisch zusammengebraut. Seine Bestandteile sind:

– die islamische Revolution im Iran mit ihrer gewiß nicht prowestlichen Ausstrahlung in die islamische Welt und die Gefahr, daß der islamischen die proletarische Revolution folgt.

– der andauernde Krieg zwischen dem Iran und dem Irak an der Lebensader der westeuropäischen Rohölversorgung.

– der Dauerkrisenherd des arabisch-israelischen Konflikts, über den man sich mit politischen Leerformeln, die zwar wunderbar klingen, aber die Quadratur des Kreises voraussetzen, auf Dauer nicht hinwegschwindeln kann.

– die bis zur Erpreßbarkeit gehende Abhängigkeit der freien Welt, vor allem aber Westeuropas, von den Energie- und Rohstoffquellen in den Krisenregionen der Weltpolitik im Nahen und Mittleren Osten und im südlichen Afrika.

– die Bedrohung dieser unersetzbaren Vorräte durch die geostrategische Expansion der Sowjetunion über Afghanistan, über die Arabische Halbinsel, über das Horn von Afrika hinein ins südliche Afrika nach Mozambique und Angola mit Stoßrichtung Simbabwe/Namibia und dem Endziel Südafrika.

Im Südjemen, im Süden der Arabischen Halbinsel, haben Russen, Kubaner und nicht zuletzt Mitglieder der Nationalen Volksarmee der DDR einen starken Stützpunkt mit dem Gegenlager Äthiopien auf dem afrikanischen Kontinent errichtet. Wenn Namibia unter sowjetischen Einfluß geriete, wäre die Umklammerung Südafrikas durch marxistische Staaten vollständig. Südafrika könnte dann vom Westen auf Dauer nicht gehalten werden.

Damit würde die Sowjetunion nicht nur die für Westeuropa unersetzlichen afrikanischen Rohstoffvorräte kontrollieren, sondern auch den für den Westen wichtigsten Seehandelsweg um das Kap der Guten Hoffnung. Selbst in Friedenszeiten, in denen der Suezkanal offen ist, werden 60 % der Rohölimporte Westeuropas, 20 % der Rohölimporte der USA, 70 % der westeuropäischen Importe strategischer Rohstoffe und 25 % der Nahrungsmittelimporte Westeuropas auf diesem Seeweg befördert.

Es wäre ein verhängnisvoller Fehler, die expansive und aggressive Außenpolitik der Sowjetunion in diesen Regionen allein unter dem Gesichtspunkt ihres wachsenden eigenen Energiebedarfs zu bewerten. Ohne Zweifel will sich Moskau damit Zugang zu Energiequellen verschaffen, die es dringend selbst benötigt. Die Zeit geht zu Ende, in der die Sowjetunion zu den großen Erdölexporteuren der Welt zählt. Die sowjetischen Reserven sind zwar noch immer groß, aber die Förderung ist äußerst schwierig und vor allem teuer – zum Teil über zehnmal so teuer pro Barrel wie im Mittleren Osten, weil ein Großteil dieser Reserven in Sibirien liegt und nur unter schwierigsten Bedingungen erschlossen und gefördert werden kann. Bereits im Jahr 1977 hatte der amerikanische Nachrichtendienst CIA in einer Studie festgestellt: »Die Sowjets müssen Mitte der achtziger Jahre zusammen mit ihren Verbündeten innerhalb des COMECON rund 200 Millionen Tonnen Rohöl importieren, wenn die derzeitigen Zuwachsquoten eingehalten werden sollen.« Über die unmittelbaren Folgen dieser Versorgungslücke für die sowjetische Planwirtschaft hinaus ist zu bedenken, daß der Kreml bisher über ein Viertel seiner Exporterlöse in harten Devisen durch die Ausfuhr von Energie erzielte. Die Si-

cherung der eigenen Energieversorgung ist für die Sowjetunion jedoch nur ein willkommenes Nebenergebnis ihrer eigentlichen Zielsetzung. In der langfristigen strategischen Perspektive des Kreml ist der Zugriff auf die für Westeuropa lebenswichtigen Energie- und Rohstoffquellen und die für ihren
Transport notwendigen Seewege in erster Linie der Hebel,
Westeuropa aus seiner sicheren Verankerung im westlichen
Bündnis herauszubrechen und die Allianz von innen her aus-
zuhöhlen, wenn beim Wettlauf um die Schließung der Versor-
gungslücken die atlantische Solidarität den nationalen Egois-
men geopfert würde.

Ich habe bei vielen Gelegenheiten meine feste Überzeugung
zum Ausdruck gebracht, daß die Strategie der heutigen So-
wjetführung nicht auf ein militärisches Abenteuer in Westeuropa ausgerichtet ist. Das große Ziel der sowjetischen Politik ist
nach wie vor nicht die Eroberung, sondern die freiwillige Neutralisierung und Finnlandisierung Europas im Sinne jenes
Schicksals, das Finnland auf Grund seiner militärisch-geogra-
phischen Lage auf sich nehmen mußte.

Durch die Doppelstrategie von Bedrohung durch das militärische Machtpotential der Sowjetunion und Ausnützung der
wirtschaftlichen Abhängigkeit Westeuropas von einer ausrei-
chenden Versorgung mit Energie und Rohstoffen zu bezahlba-
ren Preisen sollen wir zu einer Politik gezwungen werden, die
von Moskau her bestimmt wird.

Das ganze Ausmaß unserer Energieabhängigkeit wird in wenigen Zahlen deutlich. Trotz der unbestreitbaren Erfolge bei
der Drosselung des Energieverbrauchs mußten 1983 noch immer rund 42 % des Energiebedarfs der Europäischen Gemeinschaft durch Einfuhren gedeckt werden (1977: 56,9 %). Für die
Bundesrepublik Deutschland liegt dieser Einfuhranteil mit
51,2 % fast 10 % höher. Bei der Mineralölversorgung unseres
Landes erhöht sich dieser Einfuhranteil auf sage und schreibe
fast 97 %. Ein beachtlicher Teil dieser Gesamteinfuhren
stammt aus dem Nahen und Mittleren Osten und aus Afrika,
das heißt aus Regionen, die durch das geostrategische Ausgrei-
fen der Sowjetunion bedroht sind.

Erfolg oder Mißerfolg der sowjetischen Politik entscheiden aber nicht nur darüber, ob die Sowjetunion zur Durchsetzung ihrer politischen Ziele in Westeuropa nach Belieben »das Licht ausschalten« kann, sondern auch über den Zugriff auf die für Westeuropa lebensnotwendigen Rohstoffe des afrikanischen Kontinents. Die westeuropäischen Industriestaaten sind im Bereich der Rohstoffversorgung noch verwundbarer als von der Energieseite her. Der Beweis dafür kann mit wenigen Zahlen erbracht werden. Schon bei einem jährlichen Wirtschaftswachstum von 3 % bis zur Jahrhundertwende würde sich allein der Rohstoffbedarf der Bundesrepublik Deutschland nahezu verdoppeln. Schon heute jedoch besteht bei den sogenannten strategischen Rohstoffen wie Chrom, Kobalt, Mangan und Platin eine nahezu völlige Abhängigkeit Westeuropas und der USA von Einfuhren. Bei den sogenannten kritischen Rohstoffen wie Kupfer, Nickel und Vanadium gibt es zwar einige wenige eigene Lagerstätten, die aber zur vollen Befriedigung der Nachfrage bei weitem nicht ausreichen – erst recht nicht in Krisensituationen.

Strategische und kritische Mineralien sind für die Produktion von Militärgütern nicht ersetzbare Einsatzfaktoren. Ihre Bedeutung reicht aber weit darüber hinaus. Die Herstellung von Industriegütern aller Art, vom Flugzeug über den Computer bis zum Herzschrittmacher, von Tausenden von Produkten, die in unserem täglichen Leben nicht mehr weggedacht werden können, wäre ohne diese Mineralien nicht möglich. Im weitesten Sinne hängen darum von ihrer Verfügbarkeit die wirtschaftliche Entwicklung, die Sicherheit der Arbeitsplätze, unser System der sozialen Sicherung, die modernen Kommunikationstechniken und damit im Endergebnis für jeden einzelnen Bürger die Art und Weise seiner Lebensführung ab.

Ernsthafte und längerwährende Versorgungsstörungen bei strategischen und kritischen Rohstoffen würden daher in kurzer Zeit zu einer erheblichen Schwächung der Industriestaaten führen. Die Destabilisierung unserer gesellschaftlichen Ordnung als Folge der dadurch steil ansteigenden Arbeitslosigkeit und hoher Inflationsraten wäre dann nur mehr eine Frage der Zeit.

Die Sicherung der Rohstoffversorgung der freien Welt steht und fällt mit der politischen Zukunft des südlichen Afrikas. Wegen der Bedeutung seiner Rohstoffvorräte für den Westen wird es häufig als der »Persische Golf der Rohstoffe« bezeichnet. In Fortführung dieses Bildes ist die Republik Südafrika mit Saudi-Arabien zu vergleichen. Bei mehr als 50 industriell benötigten Rohstoffen steht Südafrika in der Spitzengruppe der Förderländer. 1978 produzierte es 21 % der Welterzeugung an Platin, 73 % bei Vanadium, 77 % an Gold, 58 % an Chrom und 36 % an Mangan. Bei den schon erwähnten unersetzlichen strategischen Rohstoffen Chrom, Kobalt, Mangan und Platin verfügt Südafrika über einen Anteil an den Weltvorräten von 84 % bei Chrom, 77 % bei Mangan und zusammen mit Bophuthatswana über 89 % bei Platin. Bei den Uranoxyden liegt dieser Anteil bei über 25 %, bei Vanadium bei 89 %.

Die rohstoffpolitische Bedeutung des südlichen Afrikas wird auch durch die Tatsache unterstrichen, daß es bei 18 lebenswichtigen Rohstoffen mit weltweiter volkswirtschaftlicher Bedeutung einen Anteil von 63 % an der Weltproduktion hat. Auch die USA sind von diesen Rohstoffen abhängig. Sie beziehen aus Afrika nicht nur einen Großteil ihrer Öleinfuhren, sondern zwischen 25 bis 50 % ihres Bedarfs an Kupfer, Mangan, Kobalt, Bauxit, Platin und anderen bedeutsamen Rohstoffen.

Auch die Sowjetunion verfügt über große Vorkommen an Bodenschätzen. Rohstoffpolitisch bedenklich wird die Situation bei Gold, den Platinmetallen, Diamanten, Chrom, Mangan, Vanadium und Asbest, weil hier eine sogenannte Dublettensituation gegeben ist, das heißt, daß die Sowjetunion bei schwerwiegenden politischen Verschiebungen und nachhaltigen Störungen unserer Versorgung zumindest bei diesen 7 wichtigen und teuren Rohstoffen eine faktische Weltmonopolstellung erhalten würde. Die Zahlen sprechen diesbezüglich eine nur allzu deutliche Sprache:

Die Vorkommen des südlichen Afrikas betragen zusammen mit denen der Sowjetunion 99 % des Platins, 97 % des Vanadiums, 93 % des Manganerzes, 84 % der Chromvorkommen und 68 % des auf der Welt vorhandenen Goldes. Die absolute Monopolstellung der Sowjetunion in einem solchen Fall bei den vier erstgenannten Mineralien, auf welche die Wirtschaft der westlichen Industrieländer entweder überhaupt nicht oder nur unter Inkaufnahme größter technischer und ökonomischer Nachteile verzichten könnte, würde den Westen ab einer bestimmten Dauer der Versorgungsstörungen der wirtschaftlichen und im Endergebnis auch der politischen Erpressung Moskaus rettungslos ausliefern.

Es ist kein Zufall, daß Moskau zäh und geduldig versucht, in das nach der Dekolonialisierung in Afrika entstandene Machtvakuum hineinzustoßen und die neuen Regierungen kommunistisch zu unterwandern oder botmäßig zu machen. Länder wie Äthiopien und Angola, wo heute mehr als 20 000 kubanische Söldner stellvertretend das militärische Machtpotential der Sowjetunion verkörpern, sind nur die Spitze des Eisbergs. Lenins Worte aus den frühen zwanziger Jahren, wonach der Sieg des Kommunismus in Westeuropa über Afrika führe, sind – wie die sowjetische Afrikapolitik zeigt – unverändert gültig. In der Allgemeinen Schweizer Militärzeitschrift (Nr. 6/1984) wird eine Äußerung von Generalsekretär Breschnew gegenüber dem Präsidenten von Somalia, Siad Barre, zitiert. Breschnew: »Unser Ziel ist es, die Kontrolle über die beiden großen Schatzhäuser, von denen der Westen abhängig ist, zu gewinnen – das Schatzhaus der Energie um den Persischen Golf und das Schatzhaus der mineralischen Bodenschätze des zentralen und südlichen Afrika.«

Diese Zielsetzung der sowjetischen Außenpolitik widerlegt auch jene westlichen Politiker, die nach dem militärischen Überfall der Sowjetunion auf Afghanistan um Wohlwollen und Verständnis für Moskau warben und uns einreden wollten, er sei sozusagen ein »Betriebsunfall« gewesen, den die Sowjetunion lieber heute als morgen zurücknehmen würde, wenn dies ohne Gesichtsverlust möglich wäre. Dieser Überfall war ein Mosaikstein, der sich nahtlos in die strategischen Überle-

23

gungen des Kreml einfügt, eine vom Norden Afghanistans bis in den Süden Afrikas reichende zusammenhängende Einflußsphäre zu schaffen und durch den Griff nach den Energie- und Rohstoffquellen und die Kontrolle der Seewege Westeuropa in die Zange zu nehmen.

Die Besetzung des geostrategischen Schlüssellandes Afghanistan diente aber auch dazu,

- die blockfreien Staaten einzuschüchtern, um deren Hoffnung auf westliche Hilfe in gleichem Maße schwinden zu lassen, wie ihre Furcht vor der Macht des kommunistischen Lagers wachsen sollte,
- die Volksrepublik China vor etwaigen antisowjetischen Maßnahmen in diesem Raum zu warnen,
- sich eine militärische Ausgangsposition zu schaffen, um die Zukunft des schon zu 50 % von der Sowjetunion eingekreisten Iran bestimmen zu können,
- Pakistan, Indien und die arabischen Staaten einzuschüchtern und damit die Destabilisierung ihrer Führungssysteme bis zu ihrem schließlichen Sturz vorzubereiten,
- einen entscheidenden Schritt in Richtung der warmen Meere am Persischen Golf und Indischen Ozean voranzukommen und damit endlich dem schon von Zar Peter dem Großen angestrebten Ziel näher zu kommen,
- dadurch die strategische Weltlage so zu verändern, daß die Sowjetunion einen Anspruch auf geopolitische Neuverteilung in diesem Raum anmelden kann, und
- schließlich die amerikanischen von den europäischen Interessen abzukoppeln und das gesamte westliche System und das Atlantische Bündnis zu destabilisieren.

Nur wenn die westlichen Bündnispartner in der Bewertung der Vorgänge im Nahen und Mittleren Osten und auf dem afrikanischen Kontinent übereinstimmen und sie als Element einer langfristig angelegten Zielsetzung der Sowjetunion erkennen, wird es gelingen, eine gemeinsame Gegenstrategie zur Eindämmung der sowjetischen Expansionspolitik zu entwikkeln. Dabei notwendig ist die Einsicht, daß pragmatische Einzelreaktionen des Westens auf Dauer der sowjetischen Strategie nicht standhalten können. Was not tut, ist, daß die Verteidiger der Freiheit den Unterdrücker an Entschlossenheit und planerischer Weitsicht übertreffen.

Darum muß unser besonderes Augenmerk auch den Vorgängen in der Karibik und in Mittelamerika gelten. Auch dort versucht die Sowjetunion, durch den Export von Ideologie und Waffen die Staaten dieser Region politisch zu destabilisieren, sie als Instrument der sowjetischen Machterweiterungspolitik zu benützen und mittel- und langfristig dem sowjetischen Herrschaftsbereich einzugliedern. Nicaragua liefert dafür ein anschauliches Beispiel. Dort baut die Sowjetunion im Zusammenwirken mit ihren osteuropäischen und kubanischen Helfershelfern ein militärisches Machtpotential auf, das größer ist als das aller Nachbarn Nicaraguas zusammengenommen und daher keinesfalls mit den Notwendigkeiten der Selbstverteidigung gerechtfertigt werden kann.

Es wäre verhängnisvoll, wenn sich in Westeuropa die Schlußfolgerung durchsetzen würde, diese Entwicklungen vor der Haustür der Vereinigten Staaten von Amerika würden nur Washington angehen. Selbstverständlich zielt die eine Stoßrichtung der sowjetischen Mittelamerikapolitik darauf ab, in unmittelbarer Nachbarschaft der Vereinigten Staaten von Amerika einen neuen Dauerkrisenherd mit revolutionärer Ausstrahlung nach Südamerika zu schaffen. Moskau führt aber auch in dieser Region seinen nichterklärten Krieg gegen die Westeuropäer. Ein Blick auf den Globus zeigt, was ein Erfolg der sowjetischen Machterweiterungspolitik im mittelamerikanischen und karibischen Raum für die Vereinigten Staaten, aber auch für Westeuropa bedeuten würde. Sowohl die für Amerika wichtigen Seeverbindungen zum Kap der Guten Hoffnung wie auch die im Krisenfall lebenswichtigen Nachschubwege des Westens durch den Atlantik nach Westeuropa würden dann von Moskau kontrolliert. Diese Einschätzung der sowjetischen Absichten ist nicht aus der Luft gegriffen. Nach der militärischen Intervention von fünf karibischen Staaten und der Vereinigten Staaten von Amerika auf Grenada hat es sich eindeutig bestätigt, daß die Insel zu einem Stützpunkt der Agitation und Subversion in Mittelamerika und als vorgeschobener Flugzeugträger für den Einsatz der kubanischen Söldner im südlichen Afrika schon ausgebaut worden war und weiter ausgebaut werden sollte.

Die Doppelstrategie Moskaus, Westeuropa durch den Aufbau einer gewaltigen militärischen Drohkulisse unter Druck zu setzen und es durch den Griff nach seinen Energie- und Rohstoffquellen abhängig und erpreßbar zu machen, zwingt die Westeuropäer zu einer klaren und eindeutigen Antwort auf diese doppelte Herausforderung. Die Europäer müssen auf der einen Seite bereit sein, durch wirtschaftliche und politische Unterstützung zur Stabilisierung der bedrohten Regionen beizutragen. Die europäischen Bündnispartner der NATO müssen andererseits auch bereit sein, jene Lücken im Bündnis zu schließen, die sich auftun, wenn die Vereinigten Staaten von Amerika den militärischen Schutz der Lebensadern des Westens übernehmen – und nur sie allein sind dazu in der Lage. Nur so können wir jenes glaubwürdige Minimum an militärischer Abschreckungsfähigkeit sicherstellen, das bei den Machthabern im Kreml keinen Zweifel aufkommen läßt, daß der Griff zum Schwert kein gangbarer Weg für die Durchsetzung der Ziele der sowjetischen Westpolitik sein kann. Die risikobewußten und risikoscheuen Führer der Sowjetunion müssen sich bewußt bleiben, daß die Androhung oder Anwendung militärischer Gewalt gegen Westeuropa ein unkalkulierbares Risiko bedeutet, gegen das kein denkbarer Erfolg etwas zählt, daß dadurch aber alles aufs Spiel gesetzt würde, was die Sowjetunion seit 1918 erreicht hat.

Wenn wir die politische Kraft haben, nach dieser Einsicht zu handeln, wird nach meiner festen Überzeugung Krieg als Mittel der Politik jedenfalls dort unmöglich bleiben, wo sich Ost und West am hochgerüstetsten gegenüberstehen, nämlich in Europa. Auch dann wird die Geschichte nicht stillstehen, weil sie von Menschen gemacht wird und daher ihrer Natur nach dynamisch ist. Aber die geschichtlichen Veränderungen werden in Europa nicht mehr auf dem Schlachtfeld und auch nicht auf den Barrikaden der Revolution entschieden. Die systembedingte Auseinandersetzung wird ausgetragen mit den Mitteln des Geistes, der Wissenschaft, der technischen Entwicklung und ihrer wirtschaftlichen Anwendung. Die Entscheidungen fallen in den Labors der Wissenschaftler, in den Sälen der Entwicklungstechniker, in den Hallen der modernen Produktion, auf den Gebieten der Elektronik, der Mikroelektronik, der Luft- und Raumfahrt, auf den Gebieten der Biotechnik, der Gentechnik und anderen noch gar nicht voll übersehbaren und absehbaren Forschungsfeldern der modernen Wissenschaft. Hier wird die Sowjetunion die große Schlacht gegen den Westen verlieren. Davon bin ich felsenfest überzeugt, weil der wissenschaftliche Fortschritt und die technische Entwicklung ein Produkt der Freiheit der Information, der Freiheit der Diskussion und der Freiheit der kritischen Auseinandersetzung pro und contra sind. Ein System, das von vornherein von einem bestimmten Axiom ausgeht und die ganze Forschung in den Dienst stellt, das Axiom zu rechtfertigen, statt es in Zweifel zu ziehen, ein solches System kann den Wettbewerb mit dem Westen nicht bestehen. Darum fürchtet der Osten diese Auseinandersetzung. Darum versucht die Sowjetunion, den in der KSZE-Schlußakte vereinbarten freien Austausch von Nachrichten, Informationen und Meinungen mit allen Mitteln zu unterbinden. Der sprunghafte Vorstoß in neue Techniken der Nachrichtenübermittlung wird daher zu einer Trumpfkarte des Westens in der geistig-werthaften Auseinandersetzung mit dem kommunistischen Totalitarismus. Er eröffnet auch für die Bürger der Sowjetunion die Chance, sich vom Nachrichtenmonopol des Staates mit seiner Nachrichtenunterdrückung und Nachrichtenmanipulation freizumachen.

Unsere historische Aufgabe ist es, zu verhindern, daß Moskau uns mit militärischer Gewalt sein System aufzwingt, um der nichtmilitärischen Auseinandersetzung zu entgehen, die es nicht gewinnen kann. Darum brauchen wir aber auch eine klare und eindeutige Antwort auf den Versuch der Sowjetunion, durch den Griff nach den Energie- und Rohstoffquellen und den Seewegen des Westen uns abhängig und erpreßbar zu machen, Westeuropa in die freiwillige Neutralisierung und Finnlandisierung zu treiben. Darum ist es höchste Zeit, daß die Völker der freien Welt auf die weltpolitischen Entwicklungen, auf die sowjetische Herausforderung rund um den Globus mit Festigkeit und Entschlossenheit reagieren. Eindämmung muß so lange vor Entspannung kommen, als die andere Seite zwar von Entspannung redet, aber durch ihr politisches Handeln zeigt, daß sie wirkliche Entspannung gar nicht will, sondern ihre Entspannungspolitik nur als strategische Waffe gegen die Freiheit der Völker einsetzt. Darum ist jetzt nicht die Zeit, eine »neue Phase der Entspannungspolitik« einzuläuten, sondern es ist umgekehrt notwendig, in Wort und Tat deutlich zu machen, daß die Grenze der Entspannungspolitik für uns dort verläuft, wo sie zur Bedrohung unserer politischen Entscheidungsfreiheit oder zur Gefahr für die Freiheit selbst wird. Dann werden auch die Führer im Kreml begreifen, daß sie den nichterklärten Krieg gegen die Freiheit unseres Volkes, der Westeuropäer und aller freien Völker nicht gewinnen können.

ANDREAS MEYER-LANDRUT

Außenpolitik und Wirtschaft:
Gegensatz oder Kongruenz der Interessen?

»Suchen Sie Handel, aber keine Händel!« Diese Instruktion gab Bismarck einem deutschen Diplomaten mit auf den Weg. Sie faßt zwei wesentliche Aufgaben der Außenpolitik prägnant zusammen: die Wahrung der äußeren Sicherheit durch Vermeiden von Konflikten und die Sicherung der Lebensgrundlagen durch die Förderung der außenwirtschaftlichen Interessen.

Dabei bedeutet Wirtschaft aber nicht nur die Verfügbarkeit von Arbeit und Kapital, um die für das Leben der Menschen notwendigen Güter und Dienstleistungen bereitzustellen. Die Wirtschaft eines Staates reflektiert zugleich die politische Grundentscheidung eines Volkes. Wirtschaftsverfassung und politische Verfassung sind eng verbunden. Nicht von ungefähr geht in Osteuropa autoritäre politische Verfassung einher mit Planwirtschaft und bei uns eine liberale politische Verfassung mit freier Marktwirtschaft. Ohne eine freiheitlich verfaßte Wirtschaft ist auch eine freiheitliche politische Ordnung auf Dauer nicht lebensfähig.

Die Erhaltung unserer liberalen Wirtschaftsordnung setzt aber auch eine möglichst freie Weltwirtschaftsordnung voraus. Die Bundesrepublik Deutschland erwirtschaftet etwa ein Drittel ihres Bruttosozialprodukts im Außenhandel. Mehr als andere Länder ist sie daher auf einen freien Zugang zu den Weltmärkten angewiesen, um die benötigten Rohstoffe und Energie einkaufen und ihre Produkte absetzen zu können.

Der deutschen Außenpolitik stellen sich daher im wirtschaftlichen Bereich zwei essentielle Aufgaben:
1. Die Sicherung eines funktionierenden und möglichst freien

Weltwirtschaftssystems als einer wesentlichen Grundlage unserer eigenen Wirtschaftsordnung;

2. Die Förderung der außenwirtschaftlichen Interessen unserer Unternehmen und damit die Sicherung unserer exportorientierten Volkswirtschaft insgesamt.

I

Die internationale Wirtschaft wird immer stärker durch Einwirkungen aus dem Bereich der internationalen Politik geprägt. Unter den großen Problemen, die von der Völkergemeinschaft in Zusammenarbeit gelöst werden müssen, haben die wirtschaftlichen Fragen in den letzten dreißig Jahren stetig an Gewicht zugenommen. Man könnte von einer neuen wirtschaftlichen Dimension der Weltpolitik sprechen. Das gilt sowohl für die Beziehungen der Industrieländer untereinander, bei denen Weltwirtschafts- und Weltwährungsfragen mehr und mehr in den Vordergrund getreten sind, wie auch für die Beziehungen der Industrieländer zu den Entwicklungsländern, deren Wachstums- und Verschuldungsprobleme zu einem zentralen Thema der Weltpolitik geworden sind.

Internationale Organisationen wie die Vereinten Nationen, die OECD, das Internationale Handels- und Zollabkommen (GATT), die Welthandelskonferenz (UNCTAD) beschäftigen sich überwiegend mit wirtschaftspolitischen Fragen. Internationale Finanzinstitutionen wie der Weltwährungsfonds und die Weltbank haben an Bedeutung für die Weltwirtschaft erheblich gewonnen. In diesen multilateralen Institutionen und Konferenzen geht es nicht nur um die Verteidigung wirtschaftlicher Interessen in den Auseinandersetzungen zwischen Nord und Süd, Ost und West, es geht immer auch um die ordnungspolitische Frage, wie die Weltwirtschaft künftig gestaltet werden soll.

Der deutschen Außenpolitik wächst hier die große und schwierige Aufgabe zu, im Verein mit den anderen westlichen Industriestaaten, die in den Vereinten Nationen nur eine relativ kleine Minderheit darstellen, für die Erhaltung des nach dem Zweiten Weltkrieg aufgebauten und insgesamt für alle Beteiligten so überaus erfolgreichen liberalen Weltwirtschaftssystems zu kämpfen. Denn wir müssen uns über eines klar sein: Wenn es den Verfechtern von Protektionismus und Dirigismus, die wir nicht nur in den Staatshandelsländern, sondern auch in einer erheblichen Anzahl von Ländern der Dritten Welt finden, gelingen sollte, das bisher noch leidlich freie Welthandelssystem in eine große, von internationaler Bürokratie beherrschte Verteilungsmaschinerie umzukrempeln, so würden darunter zwar alle leiden, besonders aber ein so hochindustrialisierter, rohstoffarmer und auf offene Märkte angewiesener Staat wie die Bundesrepublik Deutschland. Daß solche Befürchtungen nicht völlig abwegig sind, hat z. B. die Diskussion um das internationale Meeresbergbau-Regime im Verlauf der internationalen Seerechtskonferenz gezeigt.

Aber nicht nur im Nord-Süd-Verhältnis, auch im Verhältnis der Industrieländer untereinander gilt es immer wieder – vor allem in Zeiten starken Strukturwandels und damit einhergehender großer Arbeitsmarktprobleme –, protektionistischen Bestrebungen entgegenzuwirken. Der amerikanisch-japanische und der amerikanisch-europäische Handel bieten dafür anschauliche Beispiele. Hier gibt es auf amerikanischer Seite in einzelnen sensitiven Bereichen immer wieder Rufe nach protektionistischen Maßnahmen, denen bisher im wesentlichen jedoch erfolgreich begegnet werden konnte.

In der Verteidigung eines freien Welthandelssystems gibt es eine fundamentale Interessenkongruenz zwischen deutscher Außenpolitik und Wirtschaft.

II

Neben die gemeinsamen ordnungspolitischen Interessen von Außenpolitik und Außenwirtschaft tritt die Förderung der Außenhandelsinteressen der deutschen Wirtschaft.

Die klassische Form der Sicherung außenwirtschaftlicher In-

31

teressen mit außenpolitischen Mitteln ist der Abschluß von Handelsverträgen mit anderen Staaten. Hier hat sich jedoch für die Bundesrepublik Deutschland eine entscheidende Wandlung vollzogen. Mit der Gründung der Europäischen Gemeinschaft ist die Zuständigkeit für die Handelspolitik von den Mitgliedstaaten auf die Gemeinschaft übergegangen. Handelsverträge kann nur noch die Gemeinschaft für alle Mitgliedstaaten abschließen. Die einzelnen Mitgliedstaaten können nur noch Abkommen über wirtschaftliche Kooperation abschließen, die aber keine handelspolitischen Regelungen mehr enthalten dürfen.

Die Wahrung der nationalen Wirtschafts- und Handelsinteressen erfolgt also heute nicht mehr allein in der Form der bilateralen Diplomatie, sondern vor allem dadurch, daß die Bundesrepublik Deutschland – wie alle anderen Mitgliedstaaten der EG – ihre Interessen in die Willensbildung der Gemeinschaft einbringt. Dies hat die Wahrnehmung der nationalen Wirtschaftsinteressen gelegentlich schwieriger gemacht, weil natürlich in der Gemeinschaft unterschiedliche ordnungspolitische und auch handfeste Eigeninteressen der Mitgliedstaaten bestehen. Andererseits erhält der einzelne Mitgliedstaat durch die Gemeinschaft aber auch ein weitaus größeres Gewicht, als er dies als einzelner Nationalstaat haben könnte. Die Gemeinschaft ist die größte Handelsmacht der Welt, ihre volkswirtschaftliche Kraft ist der der USA vergleichbar, und sie verfügt über einen Markt von über 300 Millionen Menschen. Ihre Stimme hat daher in Wirtschaftsfragen besondere Bedeutung in der Welt. Dies zeigt sich nicht nur in den Verhandlungen des GATT, in denen ein intensiver Dialog zwischen den beiden größten Handelsmächten USA und EG geführt wird; dies zeigt auch die Beteiligung der Gemeinschaft an den sogenannten Siebener-Gipfeln, auf denen sich die sieben größten industriellen Demokratien in regelmäßigen Abständen treffen.

Außerdem hat die Gemeinschaft neue Formen der wirtschaftlichen Zusammenarbeit entwickelt. Beispielhaft ist das zuerst von der Europäischen Gemeinschaft eingeführte System allgemeiner Handelspräferenzen für Entwicklungsländer, das den Staaten der Dritten Welt einen weitgehend freien Zugang zum Europäischen Markt gewährt. Beispielhaft ist ebenfalls das zwischen der Gemeinschaft und 64 Staaten Afrikas, der Karibik und des pazifischen Raumes geschlossene Abkommen von Lomé, mit dem zum erstenmal ein wirksames Instrument zur Stabilisierung der Exporterlöse einer großen Gruppe von Entwicklungsländern geschaffen wurde.

Die neue interregionale Zusammenarbeit zwischen der Europäischen Gemeinschaft und den ASEAN-Ländern, die vor allem auf deutsche Initiative hin zustande kam, besitzt geradezu Modellcharakter. Hier ist zum erstenmal in die Zusammenarbeit zwischen zwei Gruppen von Industrie- und Entwicklungsländern neben der wirtschaftlichen auch die politische Kooperation eingeschlossen. Die im Herbst 1984 mit der Konferenz von San José/Costa Rica eingeleitete Kooperation der EG mit den Staaten Zentralamerikas und die sich entwickelnde Zusammenarbeit mit dem Golf-Kooperationsrat sind weitere Beispiele dafür, daß die Europäische Gemeinschaft ihre weltweite Mitverantwortung ernst nimmt.

Hier erschließt sich der nationalen und gemeinschaftlichen Außen- und Außenwirtschaftspolitik eine völlig neue Dimension. Es gilt, die Chance zu nutzen, Europa und Deutschland in der Dritten Welt, nicht zuletzt in der bedeutendsten Wachstumsregion der Dritten Welt, in Südostasien, Präsenz und Teilhabe an der Entwicklung zu sichern.

III

Auf nationaler Ebene haben wir in der Bundesrepublik Deutschland ein dreiteiliges außenwirtschaftliches Förderungssystem entwickelt, das sich im großen und ganzen bewährt hat. Es arbeiten zusammen: der Auswärtige Dienst, die Auslandshandelskammern im Verbund mit dem Deutschen Industrie- und Handelstag und die Bundesstelle für Außenhandelsinformation (BfA).

Die Auslandshandelskammern entspringen privater unternehmerischer Initiative und müssen sich ihre Mitgliedsbeiträge durch Beratungstätigkeit verdienen. Die Handelskammern fördern nicht nur den deutschen Export, sie geben ebenso Impulse zu kräftigeren Importen.

Mit dieser wechselseitigen Förderung ist auch die Bundesstelle für Außenhandelsinformation beauftragt. Sie vermittelt eine Fülle von Nachrichten über Import und Export, Wirtschafts- und Währungspolitik, Entwicklungspolitik und über Ost-West-Wirtschaftsbeziehungen. Von diesem Instrument wird leider, jedenfalls ist dies meine Erfahrung, in der deutschen Wirtschaft nicht genügend Gebrauch gemacht.

Die Aufgaben der Wirtschaftsabteilungen der deutschen Botschaften liegen vornehmlich auf dem Gebiet der Handels- und Entwicklungspolitik. Sie schließen aber auch volkswirtschaftliche Gesamtanalysen, sektorale Analysen, wirtschaftliche Informationstätigkeit, Marktbeobachtung und -information, kommerzielles und juristisches Auskunftswesen, Handelshilfe, rechtliche Unterstützung, Messewesen und wirtschaftsbezogene Öffentlichkeitsarbeit ein.

Dieses dreiteilige System der bundesdeutschen Außenwirtschaftsförderung entspricht unseren liberalen ordnungspolitischen Grundsätzen: Die Privatinitiative der Wirtschaft soll gestärkt werden. Die Exporteure sollen handfeste Unterstützung bekommen, aber nicht vom Staat an die Hand genommen werden.

Das Zusammenwirken zwischen Botschaften, Auslandshandelskammern und der Bundesstelle für Außenhandelsinformation hat sich im Laufe der Zeit gut eingespielt. Es kommt darauf an, daß alle Teile dieses Systems an möglichst vielen Auslandsplätzen so besetzt sind, daß sie den unterschiedlichen Bedürfnissen der interessierten Wirtschaft gerecht werden können. Ein Überdenken dieses Systems ist dabei in zwei Richtungen notwendig: Die Bedürfnisse der deutschen Exportwirtschaft sind nicht in allen Ländern die gleichen, und die Unternehmen sind in unterschiedlichem Maße auf die Hilfe der »Triade« angewiesen.

Großunternehmen haben in aller Regel in den für sie wichtigen Ländern eigene Niederlassungen oder Vertreter. Sie sind daher auf Informationen der Botschaften, Außenhandelskammern oder BfA-Korrespondenten weniger angewiesen. Sie verfügen häufig über eine im Gastland eingespielte Mannschaft, die ihre Interessen sicher durch die Fährnisse fremder Bürokratie und internationaler Konkurrenz steuert. Kleine und mittlere Unternehmen dagegen, die wegen ihrer Spezialisierung und ausgefeilten Technik international überaus konkurrenzfähig sind, sich aber keine eigenen Auslandsniederlassungen leisten können, bedürfen häufiger der Hilfe vor Ort.

In den hochentwickelten Ländern – und weitgehend auch in den Ländern der Dritten Welt, die sich an der Schwelle zur Industrialisierung befinden – gibt es in der Regel gute Informationsmöglichkeiten, eine große Transparenz der Märkte und eine durch den technischen Fortschritt bei den Kommunikationsmitteln erleichterte direkte Kontaktpflege. Die Wirtschaftsbeziehungen zu diesen Ländergruppen sind gekennzeichnet durch vielfältige Aktivitäten von Firmenniederlassungen, Banken, Delegationen und Vertretern sowie durch ständige Kontakte zwischen Unternehmen und Unternehmern.

Ein Sonderproblem bilden die Staatshandelsländer mit kommunistischer Gesellschaftsstruktur. Hier haben sich, namentlich für die Bedürfnisse der mittleren und kleineren Firmen, die bilateralen Handelsförderungsstellen bei unseren Botschaften bewährt.

Komplizierter gestalten sich die Wirtschaftsbeziehungen mit den Entwicklungsländern. Hier tritt die Präsenz des Staates in allen Bereichen der Wirtschaft durch Intervention der Regierung meist stärker hervor. Häufig erschwert eine umständliche und allgegenwärtige Bürokratie nicht nur den Handelsaustausch, sondern auch ausländische Investitionen. Die Beschaffung von Informationen ist oft schwierig und das verfügbare Informationsmaterial zum Teil lückenhaft und ungenau. Die »Einstiegsschwelle« für die deutsche Wirtschaft und insbesondere für kleinere und mittelständische Unternehmen liegt aus diesen Gründen wesentlich höher.

Gerade hier, und insbesondere in den kleineren Entwicklungsländern, wo die deutsche Exportwirtschaft besonders auf Hilfe vor Ort angewiesen wäre, finden sich aber in der Regel weder Außenhandelskammern noch BfA-Korrespondenten. Die in diesen Ländern tätigen Botschaften sind zumeist Kleinstbotschaften – sie bilden heute fast die Hälfte aller deutschen Auslandsvertretungen –, die nur mit einem oder zwei Beamten des höheren Dienstes besetzt sind und die nicht über eine eigene Wirtschaftsabteilung verfügen.

Reform ist in diesem Bereich dringend erforderlich. Die Kritik des Präsidenten des Bundesverbandes der Deutschen Industrie, Dr. Hans Joachim Langmann, ist nicht unberechtigt: »Wir müssen klar sehen, daß unsere Botschaften bei bestem Willen, den ich hier ausdrücklich bestätigen möchte, aufgrund der viel zu knappen personellen Ausstattung notwendigen Anforderungen nicht gerecht werden. Andere vergleichbare Industrieländer wie z. B. Großbritannien, Frankreich, Kanada und Australien, von Japan nicht zu sprechen, haben dieser Erkenntnis durch personelle Verstärkung des Wirtschaftsdienstes schon seit längerem und mit großem Erfolg Rechnung getragen.«[*]

Neben dem klassischen Wirtschaftsdreieck USA-Europa-Japan entstehen heute neue Zentren wirtschaftlicher Aktivität; insbesondere im pazifischen Raum in Ländern wie Südkorea und den ASEAN-Staaten, aber auch in den OPEC-Staaten und in Schwellenländern wie Brasilien oder Mexiko. Es ist die gemeinsame Aufgabe von Außenpolitik und Wirtschaft, die deutschen Außenwirtschaftsinteressen auch dort nachhaltig zu sichern.

[*] Hans Joachim Langmann: »Wichtiger Eckpfeiler«, Wie sollte die Hilfe für die deutsche Industrie im Ausland durch die Bonner Botschaften verbessert werden?, in: Auslandskurier 2/1985, S. 4.

IV

Die neuen Technologien sind für unsere Wirtschaft und für unsere Außenpolitik eine neue und große Herausforderung mit weitreichenden Folgen für die Zusammenarbeit zwischen Staat und Wirtschaft bei der Sicherung der außenwirtschaftlichen Interessen.

Die neuen Technologien, insbesondere die Mikroelektronik und die neuen Werkstoffe, werden den Bedarf nach weniger qualifizierter, billiger Arbeit dramatisch senken. Sie werden auch den Bedarf an Rohstoffen einschließlich der Energieträger wesentlich verringern. Gleichzeitig werden sie den Bedarf an Kapital, Wissen und funktionsfähigen Gesellschaftsstrukturen entscheidend und langfristig erhöhen. Diese Entwicklung wird nicht ohne Folgen auf unsere außenwirtschaftlichen und außenpolitischen Beziehungen bleiben.

Die Integration der weniger entwickelten Länder in die Weltwirtschaft wird durch diese Entwicklung immer schwieriger, andererseits wird die Bedeutung der industriellen Schwellenländer für die Industrieländer wachsen. Die zunehmende Differenzierung insbesondere unter den Ländern der Dritten Welt wird dazu führen, daß einige industrielle Schwellenländer, wie z. B. Südkorea oder Singapur, Anschluß an den technologischen Stand der fortgeschrittensten Industrieländer finden werden. Die OPEC-Staaten mit ihren ungeheueren Finanzmitteln werden am technologischen Fortschritt vor allem als Financiers und damit als Investoren partizipieren. Auf diese sich entwickelnde Differenzierung wird sich unsere Dritte-Welt-Politik, unsere Handelspolitik und unsere Entwicklungspolitik einstellen müssen.

Die modernen Technologien führen darüber hinaus zu einer zunehmenden wirtschaftlichen Verflechtung der hochindustrialisierten Staaten. Hier entwickeln sich neue Formen der internationalen Zusammenarbeit, die weit über den traditionellen Waren- und Dienstleistungsverkehr hinausgreifen. Zunehmend ergeben sich Aktivitäten aus dem immer dichter werdenden Netz von unmittelbaren Beziehungen zwischen einzelnen

Firmen und aus neuen Formen der Kooperation. Fragen des Unternehmens- und Wettbewerbsrechts, des Technologietransfers, des Lizenzwesens, der Kapitalbeteiligung, des Investitionsschutzes, des Börsenwesens, des Gewinntransfers, der Öffnung von Beschaffungsmärkten der öffentlichen Hand treten in den Vordergrund.

Dieser veränderten Situation müssen sich Außenpolitik und Wirtschaft stellen.

Ihre gemeinsame Aufgabe wird es sein, der deutschen Industrie zu helfen, Anschluß zu halten an die Entwicklungen in der Spitzentechnologie und ihn dort, wo er in einzelnen Bereichen verlorengegangen ist, wiederherzustellen. Es wird die gemeinsame Aufgabe von Staat und Wirtschaft sein, der deutschen Industrie ihren Platz auf den neuentstehenden, schnell wachsenden Märkten insbesondere des pazifischen Raumes zu sichern. Es wird die gemeinsame Aufgabe von Staat und Wirtschaft sein, dazu geeignete Formen der Zusammenarbeit und wirksame Instrumente der Außenwirtschaftsförderung zu entwickeln.

Eine umfassende Politik der Außenwirtschaftsförderung darf sich nicht darauf beschränken, den einzelnen Unternehmen beim Absatz ihrer Produkte auf den Märkten der Gastländer behilflich zu sein. Es muß ein breiterer, langfristigerer Ansatz zur Sicherung unserer außenwirtschaftlichen Interessen gefunden werden. Dafür gibt es kein Patentrezept und keine einfachen Allheilmittel. Es muß eine Reihe von Maßnahmen von staatlicher und privatwirtschaftlicher Seite auf den verschiedensten Ebenen zusammenkommen.

Die Bundesregierung unterstützt den deutschen Export durch die Gewährung von Ausfuhrbürgschaften und -garantien. Das Bundeskabinett hat am 2. 2. 1983 beschlossen, bei der Vergabe auch die beschäftigungspolitische Situation im Inland sowie die Erhaltung der Zahlungsfähigkeit der Bestellerländer besonders zu berücksichtigen. Zinssubventionen für Exportkredite gibt es nur in dem sehr begrenzten Rahmen des ERP-Exportkreditfonds der Kreditanstalt für Wiederaufbau und des Plafonds B der Ausfuhr-Kredit GmbH (AKA). Bei der

Vergabe von Zinssubventionen ist zu berücksichtigen, daß direkte Exportsubventionen häufig zu einem Konditionenwettlauf der Konkurrenten auf den internationalen Märkten führen und damit im Endergebnis unserer Exportwirtschaft nicht geholfen wird. Wichtiger ist daher eine stärkere internationale Disziplin bei den Finanzierungskonditionen, für die sich die Bundesrepublik Deutschland mit allem Nachdruck einsetzt.

Um allerdings Wettbewerbsverzerrungen zu Lasten unserer Wirtschaft abzubauen und den Ressourcentransfer in die Entwicklungsländer zu erhöhen, ist die Bundesregierung bereit, auch Mischfinanzierungen zwischen Exportkrediten zu Marktkonditionen und Mitteln der finanziellen Zusammenarbeit der Kreditanstalt für Wiederaufbau durchzuführen. Die Grenzen dieser Außenhandelsförderung ergeben sich natürlich aus der Verfügbarkeit der finanziellen Mittel und der entwicklungspolitischen Rechtfertigung des Projekts. Außerdem muß auch hier das deutsche Angebot im internationalen Vergleich wettbewerbsfähig sein und das Risiko des Bestellerlandes vertretbar erscheinen.

In der entwicklungspolitischen Zusammenarbeit bleibt die Bundesregierung den Prinzipien des internationalen Wettbewerbs verpflichtet. Denn der freie internationale Wettbewerb ist eine der Grundlagen des Erfolges der deutschen Exportindustrie. Projekte der Entwicklungszusammenarbeit werden von der Bundesregierung nach entwicklungspolitischen Gesichtspunkten ausgewählt. Der Auftragsvergabe geht alsdann eine öffentliche Ausschreibung voran, deren Ordnungsmäßigkeit durch die deutschen durchführenden Organisationen überwacht wird. In Zweifelsfällen wird die Angemessenheit des Angebots durch unabhängige beratende Ingenieure untersucht.

Bei der Mischfinanzierung und im Bereich der Warenhilfe ergibt sich allerdings de facto eine Beschränkung der Auftragsvergabe auf den deutschen Herstellerkreis. Insgesamt wird in allen geeigneten Fällen in der entwicklungspolitischen Zusammenarbeit auf die Beschäftigungswirksamkeit in der Bundesrepublik Deutschland geachtet.

Zur Außenhandelsförderung gehört daneben selbstverständlich auch die Förderung deutscher Investitionen im Gastland, die oft zu einer Intensivierung der gesamten bilateralen Außenwirtschaftsbeziehungen führen. Dies kann geschehen durch den Abschluß bilateraler Kooperations- und Investitionsschutzabkommen und durch informationspolitische Maßnahmen wie die Ausrichtung von Messen und Ausstellungen im Gastland. Im Falle der Staatshandelsländer haben gerade Messen und Ausstellungen auch insofern besondere Bedeutung, als sie eine der wenigen Gelegenheiten zu direktem Kontakt zwischen Anbietern und Abnehmern darstellen.

Für die deutschen Auslandsvertretungen hat die Förderung des Außenhandels den gleichen Rang wie die Aufgaben in anderen Arbeitsbereichen der Außenpolitik. Sie gehört mit zu den Aufgaben des Leiters einer Auslandsvertretung und ist in einem Runderlaß des Auswärtigen Amts vom Mai 1983 an alle diplomatischen und berufskonsularischen Vertretungen der Bundesrepublik Deutschland ausführlich dargestellt. Grundgedanke ist die Dienstleistung für die Wirtschaft; sie in einer Form anzubieten, die optimalen Nutzen für die Wirtschaft ermöglicht, ist das Ziel.

Träger dieser Dienstleistungen war in früheren Jahrzehnten vor allem das »klassische« Hafenkonsulat. Es hat sich ebenso gewandelt wie die Aufgaben moderner Wirtschaftsförderung selbst. Nach wie vor sind jedoch konsularische Aufgaben vielfältigster Art, gerade auch im Zusammenhang mit wirtschaftlichen Belangen, ein wichtiger Zweig der Tätigkeit der Auslandsvertretungen.

Die Auslandsvertretungen helfen deutschen Firmen bei der Aufnahme und Nutzung von Kontakten mit amtlichen, aber auch privaten Stellen im Gastland, sie sorgen für regelmäßigen Informationsaustausch mit Vertretern der deutschen Wirtschaft im Gastland und werben bei der Regierung des Gastlandes immer wieder für eine weltoffene Außenhandelspolitik.

Grundsätzlich werden alle deutschen Unternehmen von den deutschen Auslandsvertretungen unterstützt. Stehen allerdings mehrere Unternehmen im Einzelfall miteinander in Konkurrenz, so kann die Unterstützung der Botschaft selbstverständlich nicht darin bestehen, die Position einer Firma zu Lasten der anderen zu stärken. In einem solchen Fall muß sich die Unterstützung der Botschaft darauf beschränken, auf die Berücksichtigung deutscher Firmen – nicht aber einer bestimmten – hinzuwirken.

Auch über die Europäische Gemeinschaft kann die deutsche Außenpolitik auf die Verbesserung der Rahmenbedingungen für die deutsche Exportwirtschaft hinwirken, sei es durch Maßnahmen der Nichtassoziiertenhilfe der Europäischen Gemeinschaft, um die Zahlungs- und Investitionsfähigkeit von Entwicklungsländern zu verbessern, sei es durch Förderung europäischer Industrieausstellungen oder spezialisierter EG-Industriekonferenzen – um nur einige Beispiele zu nennen.

Die Wirtschaft ihrerseits trägt zur Sicherung der deutschen Außenwirtschaftsinteressen bei durch Erhöhung der Investitionsbereitschaft, Beteiligungen an joint ventures, stetige physische Präsenz am Ort, durch guten und kompletten Service, durch ein stärkeres Engagement deutscher Geschäftsbanken, Versicherungen und Handelsunternehmen insbesondere in den Wachstumszonen und nicht zuletzt durch ein noch dichteres, besser ausgestattetes Netz deutscher Handelskammern in den Ländern der Dritten Welt.

Und schließlich ist über die reine Förderung der Außenwirtschaftsinteressen und die Vervollkommnung des Instrumentariums der Handelsförderung hinaus besonders auch die Einbeziehung der kulturellen und gesellschaftlichen Komponente der Außenpolitik wichtig. Die Zusammenarbeit bei Bildung und Ausbildung, bei Forschung und Wissenschaft, die Kooperation zwischen Hochschulen und wissenschaftlichen Institutionen schafft ein Beziehungsgeflecht, in das auch die außenwirtschaftlichen Interessen sicherer und dauerhafter eingebettet sind.

V

Es ist eine Binsenweisheit, daß es heute kaum noch einen Lebensbereich gibt, der nicht auch Gegenstand der Außenpolitik wäre. Aufgaben wie Umweltpolitik, Energie- und Rohstoffversorgung, Fragen der Verkehrspolitik und der regionalen Strukturförderung bestimmen inzwischen ebenso selbstverständlich die Inhalte der Außenpolitik wie Verteidigungsfragen oder Abrüstungsverhandlungen.

Wie eng Außenpolitik und Wirtschaft miteinander verknüpft sind, wird beispielhaft an einem Programm deutlich, das zwischen dem Auswärtigen Amt und dem Bundesverband der Deutschen Industrie angelaufen ist: Jüngere Führungskräfte aus der Wirtschaft werden für einige Jahre an eine Auslandsvertretung versetzt, wo sie mit ihren Fachkenntnissen innerhalb der Wirtschaftsabteilung tätig sind. Dieses Programm ist für alle Beteiligten von großem Nutzen. Angehörige des Auswärtigen Amts werden zu »Wirtschaftstagen« an deutsche Betriebe und Banken abgeordnet.

Ebenso gibt es aber auch kaum einen Bereich der Außenpolitik, der nicht auch einen wirtschaftlichen Bezug hätte. Das gilt für die Sicherheitspolitik ebenso wie für die Kulturpolitik oder z. B. die Seerechtspolitik. Alle Bereiche der Außenpolitik tragen dazu bei, das Netz der Außenbeziehungen, auf das die Bundesrepublik Deutschland als ein großer exportorientierter Industriestaat angewiesen ist, zu festigen und auszubauen. Und umgekehrt beruhen die Möglichkeiten der Bundesrepublik Deutschland, gestaltend auf die Weltpolitik einzuwirken, zu einem wesentlichen Teil auf der Kraft und Dynamik ihrer Wirtschaft und dem daraus erwachsenden Ansehen als große und leistungsfähige Wirtschaftsmacht.

F. Wilhelm Christians

Entwicklung des Welthandels –
Herausforderung und strategische Antwort
der Unternehmen

Wachstum und Strukturveränderungen im Welthandel

Der Welthandel (Exporte und Importe) hat sich zwischen 1960 und 1984 dem Wert nach um das 15fache auf knapp 4000 Milliarden US-Dollar erhöht. Im einzelnen verbergen sich dahinter durchaus unterschiedliche Entwicklungen.

Die Industrieländer haben ihren Anteil per Saldo mit rd. 63 % zwar in etwa gehalten, doch hatten sie Anfang der siebziger Jahre schon einmal über 70 % des gesamten Welthandels auf sich vereinigt. Innerhalb der Gruppe der Industrieländer hat es entscheidende Änderungen in der Beteiligung am internationalen Warenaustausch gegeben. Die Bundesrepublik Deutschland konnte ihren Anteil mit 8 % behaupten. Auch die US-Quote blieb mit 14 % unverändert. Die Beteiligung Japans ist dagegen mit zuletzt 8 % auf das 2,7fache angestiegen.

Unter den Entwicklungsländern hat sich die Quote der Ölexporteure, nicht zuletzt infolge der Ölpreiserhöhungen seit 1974, zwischen 1960 und 1984 um das 1,5fache auf 7,5 % ausgeweitet. Doch auch hier ist die Entwicklung nicht stetig verlaufen. 1980, nach der zweiten Ölkrise, war ihr Anteil auf zwischenzeitlich etwa 11 % gestiegen. Die nichtölexportierenden Entwicklungsländer insgesamt wickelten 1984 nahezu unverändert 16,5 % des Welthandels ab. Darunter hat allerdings der Anteil der sogenannten Schwellenländer von 6,5 % auf 8,5 % zugenommen.

Die Quote der Staatshandelsländer sank um 2 Prozentpunkte und liegt heute bei 10 %.

43

Im Verhältnis zum Wirtschaftswachstum ist die Expansion des internationalen Warenaustausches rascher verlaufen. Das heißt, die Volkswirtschaften sind in ihrer wirtschaftlichen Existenz näher aneinander herangerückt. So hat sich im Fall der Bundesrepublik Deutschland der Anteil der Exporte von Waren und Dienstleistungen am Sozialprodukt zwischen 1960 und 1984 von 20% auf gut 34% erhöht, derjenige der Importe von 17% auf 31,5%. Durchaus ähnlich war dies etwa in den USA und Japan. Freilich waren bei uns die Konsequenzen ausgeprägter. Denn immerhin ist das Niveau der Außenhandelsabhängigkeit wegen des kleinen Binnenmarktes bei uns weitaus höher; in den USA betrug die Exportquote zuletzt 10%, in Japan 17%.

In einzelnen Wirtschaftszweigen haben sich im Zuge der Intensivierung des internationalen Warenaustausches wahre Evolutionen vollzogen. Der, wenn auch nur gering, erhöhte Anteil der Bundesrepublik Deutschland am Welthandel darf über Marktanteilsverluste in wichtigen Schlüsselsektoren (Stahl, Feinmechanik/Optik, Schiffbau) nicht hinwegtäuschen. Der Maschinenbau ist trotz Anteilsverlusten am Weltmarkt unter allen Exportbranchen heute noch hinter der Automobilindustrie der zweitgrößte Devisenbringer. In dieser Branche hat sich der Anteil der Ausfuhr an der Produktion zwischen 1960 und 1984 von 38% auf 63,5% erhöht; zugleich ist aber auch der Anteil der Importe an der Inlandsversorgung auf mehr als das Dreifache, nämlich auf rund 41% gestiegen. Die Importkonkurrenz hat sich also wesentlich verstärkt.

Veränderte Unternehmensumfelder und -ziele

Diese nüchternen Zahlen sind letztlich Ausdruck veränderter Unternehmensumfelder und -ziele.

Staatsgrenzen sind insofern auch ökonomische Grenzen, als einzelne Volkswirtschaften sich hinsichtlich ihrer natürlichen Ressourcen, ihrer geographischen Lage sowie ihrer Fähigkeiten unterscheiden; zu diesen Fähigkeiten zählen etwa die Qualifikation und Flexibilität der Arbeitskräfte, Umfang und Qualität des Kapitalstocks, Leistungsfähigkeit des Managements, technologisches Know-how und dergleichen. Abgrenzend wirken nicht zuletzt unterschiedliche Grundlegungen in der Wirtschafts- und Sozialpolitik.

Der internationale Austausch hat die Aufgabe, diese Grenzziehungen zu überspringen. Die Nachfrage nach Waren und Dienstleistungen hält sich nicht an staatliche Grenzen, die aus den genannten Gründen zugleich ökonomische Grenzen sind. Die Unternehmen sind es, die mit ihren Produkt- und Standortentscheidungen diesen internationalen Austausch bewerkstelligen. Da die Standortbedingungen sich in einem steten Wandel befinden, stehen die Unternehmen in einem Prozeß permanenter Neuorientierung.

Mit der weltwirtschaftlichen Integration hat nicht nur die internationale Politik als Richtschnur für unternehmenspolitische Entscheidungen an Bedeutung gewonnen. Die modernen Technologien haben die Menschen weltweit inzwischen in einem System globaler Teilhabe verbunden. Was heute ökonomisch und politisch an irgendeiner Stelle des Globus geschieht, bleibt nicht ohne Auswirkungen auf den Rest der Welt.

Nicht zuletzt dadurch verliert die nationale Wirtschaftspolitik an Gestaltungsmöglichkeiten. Die Internationalisierung der Märkte hat dazu geführt, daß wir eine Diskrepanz im Verhältnis zwischen den Sachverhalten und den Eingriffen verzeichnen müssen, die sie steuern sollen: Internationalen Problemstrukturen stehen weitgehend nationale Entscheidungsprozeduren gegenüber. Weil das nicht übereingeht, zeigen sich in der Weltwirtschaft heute bedeutsame Widersprüche. An die Stelle oder mindestens an die Seite des Wettbewerbs der Unternehmen ist der Wettbewerb von Staaten getreten, die ihren nationalen Wirkungsbereich verteidigen.

Auch im Innern kam es zu einer maßgeblichen Veränderung unternehmenspolitischer Zielvorgaben. Die erste Nachkriegsaufgabe, den privaten Wohlstand zu heben, hatten die Unternehmer effizient gelöst. Nachdem dies erreicht war, etablierte sich ein umfangreicher gesellschaftspolitischer Bedürfniskatalog, dem die Unternehmer gerecht zu werden hatten. Er ist mit den Stichworten Humanisierung der Arbeitswelt, Beiträge zur sozialen Absicherung sowie Synthese von Wachstum, Wohlstand und Umweltschutz zu umreißen.

Das Dilemma besteht darin, daß der gesellschaftliche Bedürfniskatalog unbegrenzt ist, während die Möglichkeiten, diesen Katalog zu erfüllen, dagegen begrenzt sind.

Veränderte Branchen- und Produktprofile

Wäre der Unternehmerbegriff je ein statischer gewesen, in Phasen eines derartigen Strukturwandels und weltwirtschaftlicher Integration hätte er neu definiert werden müssen. Produktionsstandorte haben sich ins Ausland verlagert. Ganze Industriezweige haben den Prozeß entweder nicht überlebt, oder es sind auf der Grundlage einer harten Rationalisierung nur Segmente auf höchstem Qualitätsstandard übriggeblieben. Die gewachsene Konkurrenz auf den In- und Auslandsmärkten hat mehr oder weniger zu einem Austausch der Produktpalette geführt.

Auf diese Weise konnte sich die Textil- und Bekleidungsindustrie nach einem über Jahrzehnte dauernden harten Ausleseprozeß gut am Weltmarkt behaupten; wir sind heute der zweitgrößte Im- und Exporteur von Textilien. Unsere Chemie konnte ihren Anteil am Weltmarkt erhöhen – trotz der weltweiten Überkapazitäten im Kunststoff- und Faserbereich. Austausch der Produktpalette bedeutete im Maschinen- und Anlagenbau die Abkehr vom bloßen Produkt und die Hinwendung zu software-gestützten intelligenten Planungs- und Informationssystemen. In den Grundstoffgüterindustrien, etwa in der Stahlindustrie, war und ist der Einstieg von der Herstellung in die Verarbeitung besonders ausgeprägt. Aus ursprünglich monostrukturierten Unternehmen werden tiefgestaffelte, integrierte Technologiekonzerne. Parallel dazu vollzog sich vielfach – so vor allem im Stahlbereich – der Ausbau konzerneigener Handelsunternehmen, die ursprünglich nur den Verkaufsapparat für die eigenen Herstellungsprodukte gebildet hatten, zu von der Konzernproduktion losgelösten, eigenständigen, weltweit operierenden Handelsunternehmen.

Die Rationalisierungsprozesse haben über die Branchen hinweg zu einem scharfen Abbau bzw. zu Umsetzungen der Personalbestände geführt. Allein in der deutschen Stahlindustrie, die aufgrund gewaltiger Investitionsanstrengungen heute im Weltmaßstab eine Spitzentechnologie fährt, ist die Zahl der Arbeitnehmer in den letzten fünf Jahren um 24 % rückläufig gewesen. Damit ist der Beschäftigungsrückgang – im internationalen Vergleich – in der »untersubventionierten« deutschen Stahlindustrie aber geringer ausgefallen als im stärker subventionierenden Ausland (Großbritannien minus 60 %, Frankreich minus 29 %), dessen Kapazitäten technologisch überaltert sind.

Strukturwandel ist im Grunde ein permanenter Prozeß. Das, was heute in der Diskussion ist, unterscheidet sich vom »Normalen« durch Intensität und Breite der Veränderungen mit entsprechenden Anforderungen an Unternehmensmanagement und -strategie. Diese Phase des »Strukturwandels im Strukturwandel« ist noch keineswegs abgeschlossen. Für die Zukunft absehbar scheinen unter vielen relevanten Faktoren vier Veränderungen, die Auswirkungen auf das Anforderungsprofil des Managements haben werden:

– Die Firmenstrukturen werden durch die Auslagerung von Produktionsbereichen dezentraler, um eine größere Marktnähe und einen erhöhten Flexibilitätsgrad zu erreichen. Dabei wird es vermehrt auch zu den in den USA bereits sehr verbreiteten spin-offs und buy-outs kommen.

– Der hohe Anteil monotechnologischer Unternehmen nimmt weiter ab, weil die kreative Integration verschiedener Technologien Konkurrenzvorteile schafft.

– Die Produktion wird – wie etwa auch im Werkzeugmaschinenbau – weiter dematerialisiert (Know-how, Software, Servicefähigkeit).

– Die Abläufe im Technologie-Management werden durch Abkürzung der Transferzeiten zwischen spektakulären Erfindungen und preiswerter Massenproduktion sowie durch

Generationssprünge in den Produkten – zuletzt besonders deutlich auf dem Computersektor – schneller.

Diese Entwicklungslinien werden in Zukunft zunehmend den Erfolg und Bestand der Unternehmen determinieren.

Auslandsinvestitionen sichern Inlandsstandorte

Bei der Vielzahl der strategischen Antworten stehen im Hinblick auf die »außenwirtschaftlichen Beziehungen« der Erwerb von Beteiligungen sowie die Errichtung und der Ausbau von Unternehmen im Ausland mit an vorderer Stelle. Unternehmenspolitisch sind Auslandsinvestitionen Teil der notwendigen Entscheidungen zur optimalen Verwendung der Ressourcen. Letztlich will das Unternehmen damit seine Gesamtrentabilität erhöhen, um damit Ansprüche, die im Sinne einer »Sozialbilanz« gestellt werden, zu befriedigen.

Im Auslandsstatus der Bundesrepublik Deutschland hat sich auf der Aktivseite der Anteil der Direktinvestitionen an den gesamten Auslandsinvestitionen von 8,2 % im Jahre 1973 auf 12 % im Jahre 1983 (aktuelle vergleichbare Zahlen liegen nicht vor) erhöht. Selbst diese letzte Quote ist im Vergleich mit derjenigen im Auslandsstatus der USA (25,5 %) und Großbritannien (13,1 %) noch gering. Anders als im Auslandsstatus Amerikas und Großbritanniens, wo die Quote sich im Betrachtungszeitraum ermäßigt hat, ist sie bei uns jedoch – übrigens ähnlich wie im Falle Japans – gestiegen. 1980 hat das deutsche Unternehmensvermögen im Ausland – nicht zuletzt währungsbedingt – erstmals das ausländische Vermögen in der Bundesrepublik überschritten.

Regional konzentrieren sich die deutschen Auslandsinvestitionen zu etwa 80 %, unter deutlicher Führung der USA, auf die westlichen Industrieländer. Unter den Entwicklungsländern dominiert Lateinamerika, allen anderen Ländern voran Brasilien. Die Anlagen in Südostasien werden – übrigens sehr ähnlich wie die Entwicklung der Handelsbeziehungen – den künftigen Wachstumsaussichten dieser Region heute noch nicht gerecht. Hier drängt sich die Vermutung auf, daß die dortigen attraktiven Produktionsstandorte und Exportmärkte bisher deshalb vernachlässigt wurden, weil die Wettbewerbsfähigkeit auf anderen regionalen Teilmärkten, z. B. in der EG, stärker war. Es sei dahingestellt, inwieweit diese »stärkere Wettbewerbsfähigkeit« die Folge protektionistisch undurchlässiger Grenzen für Nicht-EG-Produzenten war oder ist. Insoweit dies der Fall ist, wäre es ehrlicher und nützlicher, bereits jetzt – etwa im Verhältnis zu den USA und zu Japan – einen Mangel an Wettbewerbsfähigkeit im Hinblick auf den ostasiatischen Markt einschließlich der Volksrepublik China zu konstatieren und daraus Konsequenzen zu ziehen. Wenig tröstlich ist in diesem Zusammenhang, wenn sich die deutsche Position in dieser Region alles in allem etwas günstiger darstellt als diejenige anderer EG-Anbieter.

Eine starke Konzentration weisen die deutschen Auslandsinvestitionen auch in ihrer Branchenstruktur auf. An vorderster Stelle steht die Chemie (17%), gefolgt von der Elektrotechnik und dem Straßenfahrzeugbau (je 11%) und dem Maschinenbau (7%). Überproportional gewachsen sind die Direktinvestitionen des Dienstleistungssektors. Vorrangig kam es dabei auch zu erheblichen Auslandsinvestitionen der Banken (8%).

Die Motive, unter denen die industriellen Unternehmen im Ausland investieren, sind unterschiedlich. Für ein rohstoffarmes Land ist die Sicherung der Rohstoffbasis unabweisbar. Auf solche Investitionen dürften etwa 10% der deutschen Auslandsinvestitionen entfallen. Zu solchen beschaffungsorientierten Auslandsinvestitionen gehört auch die Verlagerung von lohnintensiven Produktionen ins Ausland für spätere Importzwecke. Die Herausnahme lohnintensiver, nachfrageungerechter Produktionen aus der Produktionspalette im Inland bedeutet für die Unternehmen eine Anpassung an veränderte Nachfragestrukturen. Die Unternehmen stehen vielfach, wie seinerzeit etwa bei der Verlegung der VW-Käfer-Produktion nach Mexiko, vor der Alternative: Produktion oder Nichtproduktion. Insoweit sind Auslandsinvestitionen bei starren Faktorkosten (Löhnen) im Inland oft die einzige Möglichkeit, Kosten zu flexibilisieren und damit den Strukturwandel zu forcieren.

Im Vergleich zu den beschaffungsorientierten Auslandsinvestitionen fallen absatzorientierte stärker ins Gewicht. Von der Konzeption her zielen sie auf Absatzsicherung durch größere Marktnähe, auf Ausweitung bestehender Marktpositionen sowie auf die Erschließung neuer Auslandsmärkte. Nach einer, allerdings bereits älteren, Ifo-Befragung nennen 30 % der Firmen als Hauptgrund für Auslandsinvestitionen die Absatzsicherung durch größere Marktnähe. Der zweitwichtigste Grund – mit knapp 20 % der Meldungen – ist die Umgehung von Importrestriktionen. So waren z. B. protektionistische Zollbarrieren ein Hauptgrund für den starken Ausbau der deutschen Chemie in den USA und Südamerika. Schließlich ist die Präsenz im Ausland durch den Auf- und Ausbau von Engineering- und Service-Stützpunkten vielfach die Voraussetzung zur Erhaltung alter und zur Erschließung neuer Exportmärkte.

Insgesamt verhalten sich Auslandsinvestitionen und Exporte in der Regel komplementär: Bei den Anlagenbauern, bei denen Auslandsaufträge am gesamten Ordereingang oft mehr als die Hälfte ausmachen, fällt das Wachstum der Auslandsaufträge aus denjenigen Ländern überproportional aus, in denen sie mit eigenen Fertigungsstätten vertreten sind. Die unterstützende Funktion der Auslandsinvestitionen wird zudem dadurch belegt, daß die exportintensiven Branchen und Unternehmen auch die höchsten Investitionen im Ausland aufweisen. Zugleich sind Länder mit hohen deutschen Engagements auch Hauptabnehmer deutscher Waren.

Auslandsinvestitionen entlasten die internationale Schuldenszene

Anzeichen deuten darauf hin, daß in Zukunft das Schwergewicht bei den Auslandsengagements ohne Kapitalbeteiligung wie Kooperationen, Koproduktionen und Lizenzvergabe liegen wird. Eine der Ursachen dafür dürfte darin zu sehen sein, daß sich verstärkt kleinere und mittlere kapitalschwache Unternehmen auf diesem Weg in die Internationalisierung des Geschäfts bzw. in den Technologietransfer einschalten. Kooperationen spielen darüber hinaus in Ländern eine gewichtigere Rolle, in denen Direktinvestitionen – zumal mit Mehrheitsbeteiligung – auf Überfremdungsbefürchtungen stoßen.

Zwischen Direktinvestitionen im Ausland einerseits und dem Lizenzverkehr andererseits besteht häufig ein sehr enger Zusammenhang. Durch Verlagerung von Produktionsstätten ins Ausland stellen Muttergesellschaften ihren Tochterfirmen technisches Know-how zur Verfügung. Rund 10 % der Einnahmen der deutschen Unternehmen ohne maßgebliche ausländische Kapitalbeteiligung für Patente, Erfindungen und Verfahren stammen aus den Entwicklungsländern. Der mit der Lizenzvergabe verbundene Technologietransfer in diese Länder hat eine erhebliche entwicklungspolitische Bedeutung. Aus der Sicht der hiesigen Unternehmen gewährleistet die Strategie, technisches Wissen an verbundene Unternehmen im Ausland weiterzugeben, daß die Lizenzgeber die Vorteile einer Lizenzvergabe, wie z. B. die Überwindung von Standortnachteilen und Exporthemmnissen, erzielen, ohne gleichzeitig deren Nachteile in Kauf nehmen zu müssen. Diese könnten bei einer Lizenzvergabe an unverbundene Unternehmen darin bestehen, daß sich die Konkurrenz für die eigenen Produkte erhöht und dadurch sogar Marktanteile verlorengehen.

Auslandsinvestitionen selbst können im Hinblick auf den Nord-Süd-Dialog und hinsichtlich der Lösung der internationalen Schuldenkrise hilfreich sein. Sie bewirken eine Substitution von Importen und stärken den Export von – weltmarktpreisunabhängigeren – verarbeiteten Produkten. In diesen Fällen sind Auslandsinvestitionen letztlich das Ergebnis von Schubkräften aus dem industrialisierten Land und von Sogkräften, die von den Ländern der Dritten Welt ausgehen. Während der weltwirtschaftlichen Rezession hat auch das Klima für Auslandsinvestitionen gelitten. In jüngster Zeit scheint es, daß sich die Sogkräfte verstärkt haben. Diese Sogwirkung auf Direktinvestitionen der Industrieländer können die einzelnen Entwicklungsländer durch die Herstellung eines ausländerfreundlichen Investitionsklimas, insbesondere durch die Schaffung einer geeigneten Rechtsordnung, erheblich verstärken. Starke Sogwirkung geht auch von ihren Bemühungen zur Sanierung ihrer Wirtschaft aus, wie sie oft in Zusammenarbeit mit dem IWF, durch Befolgung von dessen Auflagenpolitik, angestrebt wird. Manches Entwicklungsland vermag so zugleich eine Phase umfassender Kapitalflucht zu beenden.

Paradoxerweise fließt aus den Entwicklungsländern heute aufgrund ihrer Zins- und Tilgungszahlungen auf die Auslandsverschuldung bereits mehr Kapital in die Industrieländer ab als sie von diesen (einschl. »fresh money«) erhalten. Auch deshalb wird von Entwicklungsländern zunehmend der Nutzen von Direktinvestitionen aus den Industrieländern bedacht – sogar Investitionen von »Multis« sind deshalb willkommen.

Sofern die Entwicklungsländer derart ihre Sogkraft weiter verstärkten, würde sich der Spielraum für die Einbeziehung der Auslandsinvestitionen in eine Politik des Abbaus der internationalen Schuldenproblematik vergrößern. Auch der Teil, den sie sich aus dem deutschen Kuchen »Auslandsinvestitionen« herausschneiden könnten, würde dann größer.

Die Problematik der Kompensationsgeschäfte

Wachsende Bedeutung haben bei der Abwicklung des Welthandels die Kompensationsgeschäfte erlangt. Der inzwischen erreichte Umfang ist schwer erfaßbar. Schätzungen gehen heute bis zu 30 % des Welthandelsvolumens. Auffallend ist die Dynamik. Für 1988 wird bereits eine Quote von etwa 40 % angenommen. Die Zahl der Länder, die ihren Warenaustausch zumindest teilweise auf der Grundlage von Kompensationsgeschäften abwickeln, hat sich in den letzten drei Jahren verdreifacht. Dabei konzentriert sich das Schwergewicht des Kompensationshandels auf den West-Ost-Handel und auf den Außenhandel mit den Entwicklungs- und Schwellenländern.

Das Wachstum des Kompensationshandels deutet auf seine wesentliche Ursache hin. Sie besteht in der gewachsenen Verschuldung und den knapper gewordenen Devisenreserven. Der Verfall der internationalen Rohstoffpreise veranlaßt viele Länder, die keine weltweiten Verteilungs- und Vermarktungsorganisationen aufgebaut haben, Importgeschäfte mit ausländischen Exporteuren nur abzuschließen, wenn diese die Vermarktung ihrer Produkte übernehmen. Das Eingehen auf Kompensationsforderungen ist häufig schon eine unabweisbare Voraussetzung dafür geworden, daß die exportierenden Unternehmen überhaupt ins Geschäft kommen.

Unternehmenspolitisch wird das Kompensationsgeschäft so mehr und mehr Bestandteil einer umfassenderen Marketingstrategie. Dadurch vermindert sich auch die Gefahr, daß im Zusammenhang mit Kompensationsgeschäften ansonsten intakte Märkte, häufig Märkte des Mittelstands, durch gelegentlich zugrundeliegende Dumpingpreise zerstört werden. Im Bereich der Fertigwaren kann die Problematik der Dumpingpreise dadurch gemildert werden, daß die exportierenden Unternehmen eigene »Handelskontorc« errichten oder sich zum Vertrieb der importierten Waren außenstehender Handelsunternehmen bedienen. Die derart vergrößerte Markttransparenz erlaubt den Verkauf zu marktgerechten Preisen. Auf diesem Wege wird eine Vergrößerung der regionalen Absatzmärkte bis hin zur Realisierung von sogenannten Dreiecksgeschäften erreicht. Ebenso erfolgreich hat sich die Strategie der Exporteure erwiesen, durch Technologietransfer die Kompensationsprodukte weltmarktkonform und damit preisgerechter zu gestalten. Künftig könnte weitere Abhilfe dadurch geschaffen werden, daß in stärkerem Umfang weniger kompensationsnahe mittelständische Unternehmen in den Handel mit den betroffenen Ländern eingeschaltet werden.

Protektionismus ist keine unternehmenspolitische Überlebensstrategie

Spürbar gebremst wurden Wachstum und Strukturwandel im Welthandel insbesondere in den Jahren der zurückliegenden

Rezession durch den Protektionismus. Der Protektionismus als der Versuch, Arbeitslosigkeit durch »beggar my neighbour«-Politik zu exportieren, feiert fröhliche Urständ. Eine zunehmende Anzahl der betroffenen Länder handelte nach dem kurzsichtigen Motto, wonach jeder sich selbst der Nächste ist. Inzwischen sind nahezu 50% des Welthandels reglementiert. Dabei hat nicht nur die Tendenz zur Reglementierung stark zugenommen, auch die dabei angewandten Verfahren sind immer feiner geworden: Selbstbeschränkungen, Kontingente, »buy national«-Kampagnen, Zölle, administrative Hemmnisse der verschiedensten Art. Industrienormen und andere Formen eines »Protektionismus à la carte« behindern den freien und ungehinderten Waren- und Dienstleistungsaustausch in der Welt.

Selbstkritisch haben wir festzustellen, daß auch Unternehmen gelegentlich ein ambivalentes Verhältnis zum Strukturwandel haben und im Hinblick auf den Protektionismus in der falschen Front stehen. Dabei sollten wir nie vergessen, daß Protektionismus letztlich den notwendigen Strukturwandel der Wirtschaft nur be- oder verhindert. Dieses vermeintlich geeignete wirtschaftspolitische Instrument trägt höchstens zur Erhaltung obsolet gewordener Wirtschaftsstrukturen bei.

Im Hinblick auf den Nord-Süd-Dialog bzw. auf die Problematik der internationalen Schuldenszene ist die Sachlage paradox. IWF, nationale Notenbanken und internationale Geschäftsbanken bemühen sich, Beiträge zur Lösung der internationalen Schuldenkrise zu leisten. Dagegen beeinträchtigen die Regierungen, insbesondere die der westlichen Industrieländer, die Grundlage derjenigen Komponente, die am ehesten zu einer fundamentalen Verbesserung der Lage der Verschuldungsländer geeignet wäre: das Exportpotential der betroffenen Länder. Diese Politik fällt um so negativer ins Gewicht, als die Entwicklungsländer ihr Exportsortiment spürbar industrialisiert haben. Kein Wunder, daß unter solchen Voraussetzungen in diesen Regionen und auf internationalen Handelskonferenzen das Stichwort von der »Reorganisation der Märkte« umgeht.

Den Unternehmen fällt die Aufgabe zu, dem vorzubeugen. Es geht zunächst einmal darum, den Strukturwandel im Innern zu bewältigen, auf etwa selbstgenutzte protektionistische Hürden zu verzichten, um so die Politiker, die sich legitimationsabhängig fühlen, zugunsten des Freihandels mobilisieren zu können. Der beschäftigungspolitisch orientierte Legitimationszwang der Politiker darf nicht noch zusätzlich durch bestandsorientierte, adynamische Forderungen von seiten der Unternehmen abgestützt werden. Die Unternehmen müssen realisieren, daß der Strukturwandel unabweisbar ist. Sie fördern ihn selbst dadurch, daß sie etwa den Schwellenländern durch den Export von Maschinen den Zutritt zu den Weltmärkten als Anbieter erschließen. Der damit vorprogrammierten Verstopfung traditioneller – nationaler und internationaler – Absatzfelder der Industrieländer ist nur durch den Ausbau neuer Märkte mit höherem technologischen Standard vorzubeugen.

Protektionistischer Wildwuchs ist die Folge einer unzureichend auf Strukturwandel angelegten Politik. Industriestrukturelle Anpassungsdefizite werden mit einem vermeintlich notwendigen Außenschutz bemäntelt. Staatliche Unterstützungen zur Anpassung mit außenwirtschaftlicher Wirkung werden vielfach nötig sein. Viel wäre indes gewonnen, wenn solche Unterstützungen zeitlich befristet und degressiv ausgestaltet würden. Darüber hinaus sollte international die Verpflichtung zur Koppelung von Außenschutz und industriestruktureller Anpassung etabliert werden. Wenn dies im Hinblick auf GATT und OECD auch noch unrealistisch erscheinen mag, sollte doch die EG Schrittmacherdienste leisten.

Es darf nicht Außenschutz *und* Industriestrukturpolitik die Devise sein, sondern Außenschutz durch Industriestrukturpolitik. Verfehlt ist eine Politik, die durch industriepolitische Versäumnisse in handelspolitische Zugzwänge gerät.

Banken begleiten Unternehmensstrategien

Im Zuge der gewachsenen Integration der deutschen Wirtschaft in die Weltwirtschaft haben sich Aufgabenstellung und Rolle der Banken erheblich geändert. Dies und die gewachsene Bedeutung der Bundesrepublik Deutschland im internationalen Waren- und Kapitalverkehr hat nicht zuletzt seinen Niederschlag in der Rolle der Deutschen Mark als internationale Fakturierungs- und Reservewährung gefunden. Während unser Anteil am Welthandel bei ca. 8,5 % liegt, werden nach Schätzungen der Bundesbank 12 bis 13 % des Welthandelsumsatzes in D-Mark abgewickelt; an den Reservewährungsbeständen der internationalen Währungsbehörden partizipiert die D-Mark zuletzt – nach höheren Quoten Ende der siebziger/Anfang der achtziger Jahre, also zur Zeit der Diversifizierung der internationalen Währungsreserven im Zuge der Dollarschwäche – mit 10,5 %. Außer dem führenden Reservewährungsland USA und dem Kapitalfluchthafen Schweiz hat kein Land für seine Währung eine dem eigenen Handel ungefähr entsprechende internationale Bedeutung erlangt, Großbritannien hat seine frühere Position nicht halten können.

In den Jahren des Wiederaufbaus nach dem Zweiten Weltkrieg haben sich die Banken zunächst auf das Geschäft mit dem Ausland beschränkt und weitreichende Korrespondenzbankverbindungen neu geknüpft, um dafür gerüstet zu sein, die Auslandsaktivitäten der deutschen Industrie und des Handels zu unterstützen und abzuwickeln. Dabei standen die technische Bewältigung des Zahlungsverkehrs sowie das Inkasso- und Akkreditivgeschäft sowie Rembourskredite im Vordergrund. Im Laufe der Zeit wurde die mittelfristige Finanzierung – insbesondere des Exports – zunehmend wichtiger. Die Kreditgewährung erfolgte im Wege der Lieferantenrefinanzierung an die Exporteure.

In den letzten zehn Jahren, als die Exporteure die gestiegenen Exportvolumina weder unter bilanziellen (die Eigenmittelquote der Unternehmen ist zwischen 1965 und 1983 von 29,8 % auf 18,5 % gesunken) noch unter Risikoaspekten verkraften konnten, wurden die Banken zu Finanziers der ausländischen Besteller, besonders solcher in den Entwicklungs- und Staatshandelsländern. In immer mehr Fällen wird inzwischen vom ausländischen Käufer, besonders von Anlagegütern, erwartet, daß der Exporteur eine 100 %-Finanzierung beibringt, das heißt, daß die deutschen Banken auch die An- und Zwischenzahlungen der ausländischen Auftraggeber mitfinanzieren müssen. Darüber hinaus haben die devisenschwachen Länder Parallelkredite zur Finanzierung der lokalen Kosten des Projektträgers oder, wie im Fall Brasilien, sogar solche für den laufenden Schuldendienst der öffentlichen Hand erwartet.

Insgesamt hat die Finanzierungsseite für die Ausfuhren eine Bedeutung erlangt, wie sie vor zwanzig Jahren undenkbar erschienen wäre. Diese Entwicklung ist nicht auf die Bundesrepublik beschränkt, sondern hat sich in ähnlicher Weise in allen wichtigen Industrieländern vollzogen. Adäquate Finanzierungsinstrumente und – komplementär zu den Güterströmen – ein immer feineres Netz von Finanzverbindungen waren für den Aufschwung des Welthandels eine wichtige Voraussetzung. Sie haben das Zusammenwachsen nationaler Wirtschaftsräume zu einem großen Weltmarkt entscheidend gefördert.

So schlossen sich die deutschen Banken Ende der sechziger Jahre mit befreundeten Banken aus anderen europäischen Ländern in Gruppierungen wie EBIC, Europartners, Inter-Alpha und ABECOR zusammen und gründeten an Bankplätzen wie Brüssel, London, New York und in Südostasien gemeinsame Tochterbanken.

Im Zuge der zunehmenden deutschen Investitionsgüterexporte und der damit in Zusammenhang stehenden Finanzierungsanforderungen erkannten die Kreditinstitute die Notwendigkeit, direkt am Euromarkt teilzunehmen. Insbesondere aus Mindestreservegründen begannen sie 1967, Tochterinstitute in Luxemburg zu gründen. Inzwischen sind 26 Tochterbanken in Luxemburg etabliert. Eigene Filialen und Tochterbanken außerhalb Luxemburgs wurden erst in den letzten zehn Jahren errichtet. Ende Oktober 1984 waren die deutschen Banken mit 95 Filialen sowie 64 Tochtergesellschaften im Ausland vertreten.

Die Abwicklung und Finanzierung des deutschen Außenhandels von Deutschland aus und im Ausland wird durch die in den letzten Jahren stark angewachsenen Risiken auf den internationalen Finanzmärkten, vor allem durch die Schuldenkrise vieler Entwicklungs- und Schwellenländer, stark erschwert. Zur Zeit befinden sich fast 60 Länder in Zahlungsschwierigkeiten bzw. im Stadium der Umschuldung, allen voran die Hauptländer Lateinamerikas – traditionelle deutsche Export- und Importmärkte. Die Auslandsschulden dieser Länder betrugen Ende 1984 etwa 520 Milliarden US-Dollar. Der deutsche Export in alle Entwicklungs- und Schwellenländer (ohne OPEC-Länder) erreichte 1984 ein Volumen von rd. 40 Milliarden DM, was einem Anteil von 8,1% an den Gesamtausfuhren entspricht. In die zahlungsgestörten Länder sind Exporte in Höhe von rd. 25 Milliarden DM bzw. 5,2% des Gesamtexports gegangen (zum Vergleich: Export in die Schweiz rd. 26 Milliarden DM).

Besonders betroffen von Zahlungsschwierigkeiten sind Erzeugnisse des investitionsgüterproduzierenden Gewerbes, die knapp zwei Drittel der Gesamtausfuhren in die Entwicklungsländer ausmachen; bei ihnen ist die »Mitlieferung« der Finanzierung von besonders großer Bedeutung. Angesichts der Bedeutung, die Finanzierungsfragen bei Exporten in zahlungsschwache Länder gewonnen haben, werden die Exportbemühungen in diesem Bereich durch die zunehmenden protektionistischen Tendenzen in der Exportfinanzierung der Industrieländer erschwert. Durch Subventionsmaßnahmen sowohl in der Exportkreditversicherung als auch in der Zinsgestaltung ist die Ausfuhrfinanzierung in die Gefahr geraten, zu einem Instrument weltweiter Wettbewerbsverzerrungen zu werden.

Dabei sind für die staatlichen Exportkreditversicherer durch die »Berner Union«, der die deutsche Hermes Kreditversicherungs-AG 1953 beigetreten ist, bereits 1934 international gültige Prinzipien »allgemeinen Wohlverhaltens« aufgestellt worden, zu denen Mindestbarzahlungsquoten für den Käufer von rd. 15 % des Auftragswerts, regelmäßige Kredittilgung in Halbjahresraten und ein maximaler Tilgungszeitraum gehören. Zusätzlich haben die 22 OECD-Länder seit 1976 im Rahmen der »Consensus«-Vereinbarungen u. a. Regeln für Mindestsätze der Zinsen für staatliche Exportförderungskredite aufgestellt sowie festgelegt, daß das Zuschußelement bei Mischfinanzierungen mindestens 20 % betragen soll, um Exportsubventionsmöglichkeiten einzudämmen. Dennoch ist die deutsche Exportfinanzierung durch die erheblichen Zinssubventionen anderer Länder im Nachteil, da die gesamten Finanzierungskosten in vielen Fällen im Vergleich – besonders zu Ländern wie Frankreich, Großbritannien und Italien – höher liegen.

Bis zur Erreichung des Ziels, daß für den Erfolg eines Exporteurs im internationalen Wettbewerb Qualität, Preis und Lieferfähigkeit seiner Produkte ausschlaggebend sind und nicht die Tatsache, daß er aus einem Land exportiert, das über »bessere« Subventionsmöglichkeiten als andere verfügt, ist noch ein weiter Weg zurückzulegen. Hier sind die deutschen Politiker aufgerufen, in den internationalen Gremien energisch gegen die Subventionsunsitten auch im Bereich der Exportfinanzierung vorzugehen.

Die verschlechterte Risikoeinschätzung für viele Entwicklungs- und Schwellenländer und die Tatsache, daß die Banken oft die Grenzen ihrer selbstgesetzten Länderlimite erreicht haben – dies nicht zuletzt aufgrund früher begleitender und ungedeckter Exportfinanzierungen –, haben die Bereitschaft zur Kreditvergabe ins Ausland deutlich gedämpft. Hinzu kommt, daß die Banken im Zuge der Umschuldungsmaßnahmen gezwungen waren und weiterhin sind, diesen Ländern »fresh money«-Kredite zur Verfügung zu stellen, und damit an die Grenzen der Belastbarkeit stoßen.

Um auch in Zukunft die Finanzierung des deutschen Exports in Problemländer aufrechtzuerhalten, muß dieses »fresh money« weitgehend abgesichert werden durch eine staatliche Deckung. Es kann nicht angehen, die Banken einerseits für ihre zu leichtfertige Kreditvergabe in der Vergangenheit zu schelten, sie zugleich zu ermahnen, neue Mittel bereitzustellen, aber die Fonds der staatlichen Deckungssysteme zu schließen. Eine zunehmende Versicherungsbereitschaft des Bundes – die sich in Teilbereichen auch andeutet – ist erforderlich. Die Risiken, die durch »Hermes« oder »Treuarbeit« nicht gedeckt werden, müssen zwischen Banken und Exporteuren geteilt werden.

Unternehmerische Verwendungsdefizite abbauen

Alles in allem ist die deutsche Wirtschaft in der derzeitigen Phase des weltweiten Strukturwandels auf einem guten Weg. Zur Abirrung von diesem Weg könnten am ehesten Angst vor dem Strukturwandel und neuesten Spitzentechnologien oder überhaupt die verbreitete Geringschätzung der Technik und Angst vor der Zukunft führen. Die These von einem technologischen Malus könnte – unserem Nationalcharakter entsprechend – lähmendes Selbstmitleid bewirken; doch in letzter Zeit hat sich das diesbezügliche Klima gebessert. Soweit diese These vom Ausland genährt wird, wie etwa von Bruce Nussbaum in seinem Buch »Das Ende unserer Zukunft« – scheint sie aber gelegentlich Wunschdenken zu sein.

Sicher haben wir eine Lücke zwischen entwickelten, hochtechnologischen Produkten und Verfahren und deren Anwendung. Wir behindern zu lange und zu teuer neue Technologien durch Subventionierung veralteter Technologie. Sicher haben wir auch ein Defizit in der Anwendung neuer Technologien im Vergleich insbesondere zu Japan und den USA. Dennoch: Unternehmen und Universitäten sind um die Anwendung von Forschungsergebnissen bemüht und haben Erfolge aufzuweisen.

Um die Durchsetzung zukunftsorientierter Technologien zu beschleunigen, sind im Innern die Politik und die Akzeptanz der Gesellschaft gefordert. Es geht um eine Synthese von Ökonomie, Humanisierung der Arbeitswelt und Ökologie. Es ist ein falsches Rezept, die Technologiepolitik konzeptionell von

Anfang an und um jeden Preis, das heißt auch um den Preis ihrer Verhinderung, so zu fahren, daß Humanisierung der Arbeitswelt und Ökologie einen Vorrang haben. Auch in der Geschichte wurde der Dampfhammer erst aus seinem muskelstrapazierenden Vorläufer entwickelt.

Im internationalen Rahmen geht es darum, mehr Konvergenz in einer zukunftsorientierten Politik zu finden. Die derzeitige konjunkturelle Belebungsphase muß dazu genutzt werden. Rezessive Phasen sind dialogzerstörende Phasen. In ihnen blüht die »beggar my neighbour«-Politik.

Wenn auch die Zielvorgabe klar ist, so ist doch noch nicht alles geklärt. Der Politiker, der sie zu realisieren hat, fühlt sich vielfach durch politischen Legitimationszwang gebremst. Der hiervon freie Unternehmer vermag mehr Schubkraft einzusetzen. – Hier liegt ein Verwendungsdefizit; hier wäre über eine andere Aufgabenverteilung zwischen Unternehmern und Politikern nachzudenken.

OTTO GRAF LAMBSDORFF

Der wirtschaftliche Strukturwandel und seine Anforderungen an die deutsche Industrie

I.
Priorität der Ordnungspolitik

Der stete Wandel wirtschaftlicher Strukturen ist das Wesensmerkmal einer dynamischen marktwirtschaftlichen Ordnung. Strukturwandel ist Ursache und Folge eines dauerhaften Wirtschaftswachstums. Die Wirtschaftspolitik muß daher für Rahmenbedingungen sorgen, die den Strukturwandel fördern. So gesehen ist Strukturpolitik in erster Linie Ordnungspolitik, die die Erhaltung eines funktionsfähigen Wettbewerbs zum Ziel hat, in dem die Wirtschaftssubjekte aus eigener Initiative und in eigener Verantwortung wirtschaftliche Aktivitäten entfalten.

In einer marktwirtschaftlichen Ordnung gilt das unbedingte Primat der strukturellen Selbststeuerung über den Markt. Es ist grundsätzlich Aufgabe der Marktteilnehmer, Strukturwandlungen rechtzeitig zu erkennen und ihr Verhalten an die veränderten wirtschaftlichen Gegebenheiten anzupassen. Zentrales Informations- und Steuerungsinstrument sind dabei die relativen Preise, die sich allein über Angebot und Nachfrage auf den jeweiligen Märkten einspielen sollen. Sie zeigen Richtung und Ausmaß des Strukturwandels auf und lösen als Impuls die notwendigen Anpassungsreaktionen aus. Das Ergebnis eines ungestörten Wettbewerbs ist die optimale Allokation der Ressourcen. Arbeit und Kapital werden dort eingesetzt, wo sie den gesamtwirtschaftlich höchsten Ertrag erwirtschaften.

Die ständige Ablösung vorhandener durch neue Strukturen ist also keine negative Begleiterscheinung, sondern Kennzeichen der Marktwirtschaft.

Nur auf diese Weise können selbständige Unternehmen ihre nationale und internationale Wettbewerbsfähigkeit erhalten, nur so ist dauerhaftes Wirtschaftswachstum möglich. Wirtschaftswachstum als volkswirtschaftliches Ziel ist dabei kein Selbstzweck, sondern zugleich conditio sine qua non für die Erreichung eines hohen Beschäftigungsstandes. Nur über den Strukturwandel und das damit verbundene Wirtschaftswachstum werden vorhandene Arbeitsplätze gesichert, werden neue Arbeitsplätze geschaffen.

Die Veränderung der Angebotsstruktur einer Volkswirtschaft ist das Ergebnis eines risikovollen Suchprozesses. Die Entwicklung neuer Produkte und Produktionsmethoden kann sich ebenso als Fehlschlag erweisen wie der Versuch, ein neues Produkt am Markt zu plazieren.

Die Entwicklung und Einführung wirtschaftlicher Neuerungen setzt daher neben den erforderlichen Investitionsmitteln eine spezifische Risikobereitschaft der Unternehmer voraus. Schon *Joseph A. Schumpeter* hat diese Risikobereitschaft als eine zentrale Eigenschaft dynamischer Unternehmer in einer Marktwirtschaft angesehen.

Es entspricht aber der wirtschaftlichen Rationalität, das Risiko von Verlusten nur dann einzugehen, wenn gleichzeitig die Chance besteht, einen angemessenen Innovationsgewinn zu erzielen. Werden Gewinne durch Besteuerung allerdings so weit beschnitten, daß sie das Innovationsrisiko nicht mehr angemessen entlohnen, oder wird ihre Realisierung durch staatliche Eingriffe verhindert, dann werden Innovationschancen nicht wahrgenommen. Vor diese Situation sah sich die deutsche Wirtschaft während der siebziger und zu Beginn der achtziger Jahre gestellt.

Damit ging ein Phänomen in der Gesellschaft der Bundesrepublik Deutschland einher, das sich als »Technologiefeindlichkeit« bezeichnen läßt. Viele gingen irrtümlich davon aus, daß im Strukturwandel der Grund für die steigende Zahl der Arbeitslosen zu sehen sei. Diese ungünstige gesellschaftliche Stimmung wirkte sich als zusätzliches Investitionshemmnis auf die Unternehmen aus. Bei einer positiveren Grundstimmung hätten erheblich mehr Arbeitsplätze geschaffen werden können.

Gleichzeitig herrschte bei vielen Regierungsverantwortlichen ein ständiges Denken in Umverteilungskategorien vor. Als Folge bewußter Umverteilungspolitik sanken die Unternehmensgewinne immer stärker.

Das Ensemble aller dieser Faktoren nahm den deutschen Unternehmen den notwendigen Anreiz, den Strukturwandel forciert zu betreiben. Die mangelnde Dynamik der deutschen Wirtschaft äußerte sich in einer anhaltenden Wachstumsschwäche und in ständigem Anstieg der Arbeitslosenquote während der letzten Dekade.

Den wirtschaftlichen Rahmenbedingungen und nicht zuletzt auch dem Klima, der Stimmung in Wirtschaft und Gesellschaft, kommt aber die zentrale Bedeutung für die Erhaltung und Schaffung von Leistungsanreizen zu. Eigeninitiative, Kreativität, Leistungs- und Risikobereitschaft sind unabdingbare Voraussetzungen für jeden Strukturwandel und damit für die Sicherung bestehender und die Schaffung neuer Arbeitsplätze. Sie sind die Grundlage des marktwirtschaftlichen Systems.

Mit der politischen Wende im Herbst 1982 verband sich die Rückbesinnung auf diese Grundlagen der Sozialen Marktwirtschaft.

Die Befreiung von überzogenen staatlichen Reglementierungen, das Zurückdrängen der Allgegenwärtigkeit, der Allzuständigkeit und der Allverantwortlichkeit des Staates, die Schaffung von ausreichendem wirtschaftlichen Spielraum für Schumpeters »dynamischen Unternehmer« hat sich die christlich-liberale Regierungskoalition zum Ziel gesetzt. Erste Erfolge sind bereits erkennbar: Dynamik und Flexibilität der deutschen Wirtschaft haben sich wieder erhöht.

Gleichzeitig ist es gelungen, der Wirtschaft den für Investitionen notwendigen Optimismus zurückzugeben. Auch in der Gesellschaft herrscht wieder eine positivere Einstellung zu den Wettbewerbsbedingungen einer Marktwirtschaft, die in einen freien Welthandel integriert ist.

Die Konsequenzen dieser Verhaltensänderungen liegen auf der Hand: In der Bundesrepublik wird wieder investiert, die gesamtwirtschaftlichen Wachstumsraten sind wieder positiv. Die deutsche Industrie hat ihre abwartende Haltung aufgegeben und begreift Strukturwandel wieder vermehrt als Chance, die genutzt werden muß, und nicht als Risiko, dem es auszuweichen gilt.

II.
Das »schleichende Gift«:
Subventionen behindern den notwendigen
Strukturwandel

Eigeninitiative, Kreativität und Risikobereitschaft müssen mit der Selbstverantwortlichkeit des Unternehmers für einzelwirtschaftliches Handeln korrespondieren. Das Investitionskalkül freier Unternehmer muß neben der Chance auf Gewinn immer auch das Risiko des Verlustes enthalten. Man kann nicht Gewinne privatisieren wollen und gleichzeitig Verluste (weiter) sozialisieren. Das aber ist die Konsequenz staatlicher Subventionen. Aus marktwirtschaftlicher Sicht sind Subventionen ein unsinniges und auch ein überflüssiges Instrument der Wirtschaftspolitik.

Subventionen verzerren den Wettbewerbsmechanismus, weil sie die relativen Preise als Indikatoren bevorstehenden oder sich bereits vollziehenden Strukturwandels verfälschen. Sie täuschen einzelnen Unternehmen, aber auch ganzen Branchen, eine Wettbewerbsfähigkeit vor, die tatsächlich nicht mehr besteht. Knappe Ressourcen werden in die falsche Richtung gelenkt. Der »Ausleseprozeß« über den Markt wird außer Kraft gesetzt. Der für die Wirtschaft so unerläßliche Innovationsdruck wird gehemmt oder sogar vollständig beseitigt. Die notwendige Anpassung an neue Strukturen erfolgt zu spät oder – im schlimmsten Fall – gar nicht. Unausweichliche Konsequenz ist die Gefahr zunehmenden Verlustes an Wettbewerbsfähigkeit. Das gilt für einzelne Unternehmen und Branchen, aber auch – über die Fehlsteuerung der gesamtwirtschaftlichen Ressourcen – für die Volkswirtschaft als Ganzes.

Die Stahlindustrie bietet ein abschreckendes Beispiel dafür, wie wirtschaftliche Schwierigkeiten im Zusammenhang mit Subventionen nicht nur erst geschaffen, sondern sogar noch zunehmend verstärkt werden. Der wettbewerbsverzerrende Subventionswettlauf war eine wesentliche Ursache für die Krise der europäischen Stahlindustrie. Unvermeidliches Ergebnis dieses Fehlverhaltens: ineffiziente Produktion, Ressourcenverschwendung und eine weitere Verschlechterung der internationalen Wettbewerbsfähigkeit.

Einen Ausweg aus dieser Situation bietet der 1981 in Brüssel festgelegte »Subventionskodex Stahl«. Er soll sicherstellen, daß die in den Ländern der Europäischen Gemeinschaft gezahlten Subventionen für Unternehmen der Stahlindustrie Ende 1985 auslaufen. Damit würde die Wiederherstellung des freien Wettbewerbs auf dem europäischen Stahlmarkt garantiert. Werden die im Subventionskodex vorgesehenen Fristen strikt eingehalten – so wie es der Ministerrat der Europäischen Gemeinschaft Ende März 1985 noch einmal bestätigt hat –, ist die Initiative der Europäischen Gemeinschaft richtungweisend für die Möglichkeiten des Subventionsabbaus.

In einer Sozialen Marktwirtschaft können kurzfristig Zielkonflikte auftreten, weil mit der Anpassung an neue Strukturen gesellschaftliche Kosten verbunden sind. Diese Zielkonflikte treten um so eher auf, je schneller die Anpassung an neue Strukturen vollzogen werden muß und je tiefgreifender die damit verbundene Umstrukturierung der Produktionsprozesse verläuft.

Vorübergehend können deshalb finanzielle staatliche Hilfen zur Abfederung unverhältnismäßiger sozialer Härten notwendig sein. Diese Maßnahmen müssen aber zielgerichtet auf die Wiederherstellung der Wettbewerbsfähigkeit der begünstigten

Unternehmen oder Wirtschaftszweige ausgerichtet sein. Subventionen müssen also zeitlich und auch dem Umfang nach begrenzt vergeben werden, und sie müssen an ein bestimmtes Verhalten des Subventionsempfängers geknüpft werden. Nur so kann sichergestellt werden, daß die als Anpassungshilfen gedachten Subventionen nicht zu Erhaltungssubventionen degenerieren, für die es aus rein ökonomischer Sicht keine Rechtfertigung mehr gibt.

Ökonomisch sind Erhaltungssubventionen – klassisches Beispiel: die Landwirtschaft – nur als direkte Einkommenstransfers zu interpretieren, die praktisch wie Zahlungen einer Zusatzrente zum Einkommen aus dem Marktprozeß für die in der Branche eingesetzten Produktionsfaktoren wirken.

Anpassungssubventionen werden mit dem Ziel vergeben, die Kosten des wirtschaftlichen Wandels für die von Strukturverschiebungen unmittelbar Betroffenen zu senken. Die Konsequenzen der damit verbundenen Verlagerung der Kosten auf andere Kostenträger werden vielfach nicht in Betracht gezogen.

In der Bundesrepublik geht die Praxis der Subventionsvergabe vor allem zu Lasten des Mittelstandes. Die Studie eines Mainzer Forschungsinstitutes zeigt, daß – gemessen am jeweiligen Umsatzanteil – kleine und mittlere Unternehmen in sehr viel geringerem Umfang in den Genuß staatlicher Beihilfen kommen als Großunternehmen. Ihre Wettbewerbsfähigkeit wird damit erheblich beschnitten. In der Bundesrepublik sind aber circa 99% aller Unternehmen den Kategorien »klein« oder »mittel« zuzuordnen.

Sie stellen etwa zwei Drittel der Arbeitsplätze und vier Fünftel der Ausbildungsplätze zur Verfügung und produzieren die Hälfte des Bruttoinlandsproduktes. Auch hat sich in den letzten Jahren erwiesen, daß gerade diese Unternehmen eine besondere Rolle bei der Erschließung neuer Wachstumsfelder und neuer Produkte spielen. Kleine und mittlere Unternehmen leisteten einen überdurchschnittlich hohen Beitrag zur Schaffung neuer Arbeits- und Ausbildungsplätze.

Die über Subventionen erzielte Sicherung von Einkommen

und Beschäftigten in geförderten Unternehmen, Wirtschaftszweigen oder Regionen gefährdet damit gleichzeitig nicht nur einen weit größeren Anteil bestehender Arbeitsplätze, sondern auch die Schaffung neuer Beschäftigungsfelder. Die Lösung des Arbeitslosenproblems ist und bleibt aber die Hauptaufgabe der achtziger Jahre.

Mit einer Wirtschaftspolitik, die das Besitzstanddenken unterstützt und damit letztlich das Problem des Strukturwandels auf ein Verteilungsproblem verengt, kann diese Aufgabe nicht gemeistert werden. Es wird übersehen, daß Strukturwandel und technischer Fortschritt unabdingbare Voraussetzungen für die Sicherung und die Verbesserung des heimischen Beschäftigungsstandes sind.

Über die Notwendigkeit des Abbaus der Subventionen herrscht in der Bundesrepublik inzwischen weitestgehend Einigkeit. Die Zustimmung im Allgemeinen ist aber gepaart mit dem Widerstand im Konkreten.

Im Bereich der Subventionen ist noch ein tiefgreifender Umdenkungsprozeß in weiten Teilen der deutschen Industrie erforderlich.

III.
Technischer Fortschritt und internationale Arbeitsteilung

Strukturwandel und technischer Fortschritt befinden sich in einem dauernden Wechselverhältnis. Der Strukturwandel bringt technischen Fortschritt hervor, die technischen Neuerungen haben wiederum den Strukturwandel zur Folge.

Der Prozeß des technischen Fortschritts vollzieht sich dabei auch in der internationalen Arbeitsteilung. Vorreiter des technischen Fortschritts sind die hochindustrialisierten Länder. Die in diesen Ländern eingeführten Neuerungen in Form von Prozeß- und Produktinnovationen verschaffen ihnen einen Vorsprung und begründen für die heimische Produktion Innovationsgewinne. Das in den Industrieländern entstandene neue

Wissen kann aber nicht dauerhaft bewahrt werden. Im Laufe der Zeit wird es Allgemeingut.

Die Industrieländer exportieren vor allem neue Produkte. Sie importieren Produkte, die mit allgemein verfügbaren Techniken in Entwicklungsländern und darunter besonders in Schwellenländern erzeugt werden. Die Grenze zwischen neuen Produkten und Produkten, die mit bekannten Techniken hergestellt werden, verschiebt sich durch die Diffusion des technischen Wissens von den Industrieländern in Schwellenländer und Entwicklungsländer ständig. Das hat zur Folge, daß der Prozeß der internationalen Arbeitsteilung durch ständige Veränderungen der komparativen Kosten und damit durch dauernden Strukturwandel gekennzeichnet ist. In dem Maße, in dem die Industrieländer Techniken anwenden, die nicht ausschließlich von der Spitzengruppe der Industrieländer beherrscht werden, geraten die betroffenen Sektoren der Industrieländer unter den Kostendruck von Schwellenländern, in denen auf weit geringerem Lohnniveau produziert wird. Diesem Kostendruck kann die »Alte Welt« auf Dauer nicht standhalten. Gelingt es den »überkommenen Industriezweigen« nicht, durch die Anwendung verbesserter Produktionstechniken die verlorene Wettbewerbsfähigkeit wiederzugewinnen, so ist das Ausscheiden der Unternehmen aus dem Markt und der Verlust von Arbeitsplätzen die notwendige Konsequenz.

Auch die empirische Analyse zeigt, daß die weitverbreitete Ansicht, technischer Fortschritt und Strukturwandel begründeten die hohe Arbeitslosigkeit, falsch ist. Das Gegenteil trifft zu: Wenn Volkswirtschaften eng verflochten sind, führt eine Dämpfung des Produktivitätsfortschritts nur zu einem Verlust an Wettbewerbsfähigkeit und damit zur Abnahme der Beschäftigung.

In der Bundesrepublik Deutschland ist die Mehrzahl der Arbeitsplätze in den siebziger Jahren in jenen Sektoren verlorengegangen, in denen der Produktivitätsfortschritt unterdurchschnittlich war und nicht in jenen, die überdurchschnittliche Produktivitätszuwächse aufweisen konnten.

Die unterlassene Modernisierung hat in weit höherem Maß Arbeitsplätze gefährdet als die vollzogene Modernisierung.

Bei Ausklammerung der Landwirtschaft entfielen in den siebziger Jahren nach einer Untersuchung des Deutschen Instituts für Wirtschaftsforschung 82 % der weggefallenen Arbeitsplätze auf Wirtschaftsbereiche mit unterdurchschnittlichem Produktivitätszuwachs.

Das zeigt, daß es zur ständigen Modernisierung und Umstrukturierung unserer Wirtschaft keine Alternative gibt. Es sind der technische Fortschritt und das wissenschaftliche »Know-how«, die unsere Wettbewerbsfähigkeit gegenüber den Ländern der sogenannten »Dritten Welt« begründen und langfristig sichern.

Die Bundesrepublik zählt nach wie vor zur Spitzengruppe der Industrieländer, in denen technisches Wissen entsteht und in denen aufgrund der Innovationsgewinne ein hohes Lohnniveau realisiert werden kann.

Die deutsche Industrie ist weltweit eine der größten Exporteure von Produkten der Spitzentechnik. Dazu zählen solche Erzeugnisse, für deren Entwicklung und Produktion neue Technologien erforderlich sind. Die internationale Wettbewerbsfähigkeit der deutschen Wirtschaft manifestiert sich in den anhaltend hohen Handelsbilanzüberschüssen der letzten Jahre.

Dieser Befund darf aber nicht darüber hinwegtäuschen, daß es in Deutschland Lücken im Bereich mancher Spitzentechnologien und in der Grundlagenforschung gibt. Im Gegensatz zum Beispiel zu Frankreich, wo der Export service-intensiver technologischer Spitzenprodukte bereits ein großes Gewicht hat, spielt dieser Bereich in der Bundesrepublik noch so gut wie gar keine Rolle.

Berücksichtigt man allerdings, daß die deutsche Industrie bei der praktischen Umsetzung von modernen Technologien in Produktion und Produkte auf den internationalen Märkten besonders erfolgreich ist, so bietet ihr Nachholbedarf auf dem Gebiet technologischer Neuerungen keinen Anlaß zur Sorge.

Trotzdem ist die Erforschung und Entwicklung neuer Technologien sicher eine der Hauptaufgaben und Herausforderungen für die deutsche Industrie in den nächsten Jahren und Jahrzehnten.

In diesem Zusammenhang wird immer wieder der Ruf nach staatlicher Innovationsförderung im Sinne der Industriepolitik laut. Gemeint ist dabei eine direkte staatliche Innovationsförderung. Staatliche Technologieförderung ist aber immer eine selektierende Förderung. Es werden Forschungsprioritäten gesetzt. Abgesehen davon, daß Bürokraten eine »förderungswürdige« Innovation sicher nicht besser erkennen können als ein Unternehmer, der sich täglich am Markt beweisen muß, widerspricht die direkte Innovationsförderung allen marktwirtschaftlichen Grundsätzen. Sie bedeutet in letzter Konsequenz nichts anderes als staatlich verordneten Strukturwandel.

Die Entscheidung über Art und Ausmaß der Entwicklung neuer Technologien muß – soweit wie möglich – dem Markt überlassen bleiben. Hier entscheidet es sich ja letztlich auch, ob eine Innovation tatsächlich förderungswürdig war, weil sich das neue Wissen als wirtschaftlich verwertbar oder eben als unbrauchbar herausstellt.

Staatliches Handeln ist aber nicht gänzlich überflüssig. Die Aufgabe des Staates im Rahmen einer Politik zur Verbesserung der Innovationstätigkeit besteht darin, strukturverfestigende Hemmnisse aller Art für private Initiativen zu beseitigen. Hierzu zählen vor allem eine leistungs- und investitionsfreundliche Wirtschafts- und Finanzpolitik, die Förderung von Existenzgründungen, die Stärkung der Marktkräfte durch die Wettbewerbspolitik.

IV.
Entwicklungslinien des sektoralen Strukturwandels

Seit dem Beginn der siebziger Jahre zeigt der Strukturwandel in der Bundesrepublik Deutschland ein Muster, das der sogenannten »Drei-Sektoren-Hypothese« entspricht. Einem niedri-

gen und weiter abnehmenden Anteil der Agrar- und Rohstoff-
produktion steht ein hoher, aber sinkender Anteil der Waren-
produktion und ein hoher, stetig steigender Anteil der Dienst-
leistungsproduktion gegenüber.

Die »Drei-Sektoren-Hypothese«, die Mitte dieses Jahrhunderts von *Colin Clark* und *Jean Fourastié* formuliert wurde,
führt den Wandel der Wirtschaftsstruktur auf typische wirtschaftliche Verhaltensweisen zurück, die sich im wesentlichen
durch die Intensität des technischen Fortschritts erklären.

Nach dieser These ist für die Landwirtschaft ein durch-
schnittlicher, für das verarbeitende Gewerbe ein hoher und für
den Dienstleistungssektor ein geringer oder gar kein technischer Fortschritt kennzeichnend.

Der Übergang von der Industrie- zur Dienstleistungsgesellschaft wird dadurch begründet, daß mit steigendem Wohlstand der Bevölkerung eine Verschiebung der Nachfrage zum
tertiären Sektor erfolgt. Die Produktion paßt sich der Nachfrage an. Die durch hohe Produktivitätsfortschritte im primä-
ren und sekundären Sektor freigesetzten Arbeitskräfte finden
schließlich im nachfragebegünstigten, aber produktivitäts-
schwachen tertiären Sektor ein Unterkommen.

Nach Fourastié, der den Dienstleistungssektor als »die große Hoffnung des 20. Jahrhunderts« bezeichnete, sollen in den
hochindustrialisierten Volkswirtschaften bereits Ende dieses
Jahrhunderts 80 % des Sozialprodukts und der Beschäftigten
auf den Dienstleistungsbereich entfallen.

Tatsächlich war die Entwicklung von Erwerbstätigkeit und
Arbeitslosigkeit in der Bundesrepublik in der letzten Dekade
durch beträchtliche sektorale Verschiebungen gekennzeichnet.
Abgenommen hat seit Anfang der siebziger Jahre die Zahl der
Erwerbstätigen im warenproduzierenden Gewerbe (um ca. 2
Millionen) und in der Landwirtschaft (um ca. 0,8 Millionen).
Zugenommen hat die Zahl der Erwerbstätigen im privaten
Dienstleistungsbereich (um ca. 0,8 Millionen) und im öffent-
lichen Dienst. Gleichzeitig stieg auch innerhalb des warenpro-
duzierenden Gewerbes die Beschäftigung in Dienstleistungs-
funktionen: Der Anteil derjenigen, die mit planerischen, pro-

duktionsvorbereitenden Aufgaben, mit Forschung und Entwicklung und mit Servicefunktionen beschäftigt sind, hat sich beträchtlich erhöht.

Der Anstieg der Beschäftigtenzahl im Dienstleistungsbereich reichte aber bei weitem nicht aus, um die im warenproduzierenden Gewerbe freigesetzten Arbeitskräfte aufzunehmen. Der Strukturwandel ist zwar sichtbar, aber nicht in ausreichendem Maße vorangetrieben worden. Das zeigt auch ein empirischer Vergleich der Bundesrepublik mit den Vereinigten Staaten.

In den USA arbeiten inzwischen fast 70 % aller Beschäftigten in Dienstleistungsberufen, 25 % im warenproduzierenden Gewerbe, die übrigen in der Landwirtschaft. Vom Tiefpunkt der Rezession von Dezember 1982 bis Dezember 1984 hat sich die Beschäftigung dort um insgesamt 7,3 Millionen erhöht. Von diesen zusätzlich Beschäftigten fanden fast 70 % ein Unterkommen im Dienstleistungsbereich.

Demgegenüber ist in der Bundesrepublik der Beschäftigtenanteil im warenproduzierenden Gewerbe mit ca. 40 % sehr viel höher, die Dienstleistungsquote mit etwa 55 % sehr viel niedriger als in den Vereinigten Staaten.

Diese Diskrepanz der Werte erklärt sich nicht allein durch Unterschiede in der statistischen Erfassung. Die Wirtschaft der USA ist dynamischer und kreativer als die der Bundesrepublik. Es gibt dort nicht nur mehr Beschäftigte in vergleichbaren Berufen, sondern auch mehr Berufsbilder. So ist zum Beispiel der Verkauf von Engineering-Leistungen in den USA ein etablierter eigenständiger Wirtschaftszweig.

Ganz allgemein ist die Ausgliederung tertiärer Funktionen aus dem industriellen Sektor in den Dienstleistungsbereich wesentlich weiter fortgeschritten als in der Bundesrepublik. Gleichzeitig ist die Nachfrage der Unternehmen nach professionellen Dienstleistungen wesentlich stärker ausgeprägt. So hat jede der acht großen Wirtschaftsprüfungsgesellschaften in den Vereinigten Staaten über 10 000 Beschäftigte – verglichen mit rund 1200 Mitarbeitern bei der größten deutschen Wirtschaftsprüfungsgesellschaft.

Aber auch das Dienstleistungsangebot für die privaten Haushalte geht zum Beispiel mit den Energiesachverständigen, den Beleuchtungsexperten und den Freizeitgestaltern für den Privathaushalt weit über das in der Bundesrepublik hinaus.

Ein weiteres Kennzeichen der größeren Dynamik der amerikanischen Wirtschaft ist die Zahl der Unternehmensgründungen in den letzten zehn Jahren – über zwei Millionen neue Unternehmen entstanden in den USA in diesem Zeitraum. Es entfielen dabei 85 % des Zuwachses der Selbständigen auf den Dienstleistungsbereich. Damit verbunden war eine ungewöhnlich hohe Zahl von neuen Arbeitsplätzen in kleinen und mittleren Unternehmen.

Untersuchungen für die Bundesrepublik haben keinerlei Hinweise für eine ähnliche Dynamik von Unternehmensgründungen und Beschäftigungseffekten in den Klein- und Mittelbetrieben ergeben.

In der deutschen Wirtschaft müssen deshalb *Dynamik und Flexibilität* weiter zunehmen. Hierfür muß die Wirtschaftspolitik die Rahmenbedingungen schaffen.

Es bleibt aber primär die Aufgabe der Privaten, diese Rahmenbedingungen durch Eigeninitiative, Kreativität, Leistungs- und Risikobereitschaft mit Leben zu erfüllen.

Die deutsche Industrie muß die Chancen wahrnehmen, die sich ihr bieten.

Auch hier gilt die alte Kästnersche Rezeptur: »Es gibt nichts Gutes – außer man tut es!«

JOHN DIEBOLD

Fragen an die deutsche Technologiepolitik

Technologiepolitik gehört bei führenden Wirtschaftlern und Politikern der Bundesrepublik Deutschland zu den zentralen Themen. Als Amerikaner, der in Deutschland unternehmerisch aktiv ist und zahlreiche Kontakte zu den genannten Personenkreisen unterhält, möchte ich mit sechs Fragen an die deutsche Technologiepolitik dazu beitragen, das Bewußtsein für die Kernprobleme zu vertiefen.

Frage 1:
Welche Rolle spielen Zielsetzungen in der Technologiepolitik?

Sofern es dabei um Arbeitsplätze und wirtschaftliche Dynamik geht, dürfte es sinnvoll sein, die amerikanischen Erfahrungen zu beachten: Seit 1965 wurden in den USA rund 35 Millionen neue Arbeitsplätze geschaffen. Hiervon haben nur 6 Millionen etwas mit Spitzentechnik zu tun. Der größte Teil wurde in Bereichen geschaffen, die mit einfacher oder gar keiner Technik zu tun haben. Interessant ist auch, daß zufällig die gleiche Zahl von Arbeitsplätzen – 6 Millionen – während dieser Zeit bei der öffentlichen Hand und den 1000 größten Unternehmen der Fortune-Rangliste abgebaut wurde. Der Nettozuwachs von 35 Millionen Arbeitsplätzen vollzog sich also in kleinen und mittelgroßen Unternehmen (mit bis zu 500 Beschäftigten). Ein weiterer interessanter Wandel liegt darin, daß bei uns in

75

Amerika alljährlich etwa 600 000 neue Unternehmen gegründet werden. Davon scheitern etwa 40 000. Aber die Zahl der Neugründungen ist siebenmal so groß wie in den wirtschaftlich guten fünfziger und sechziger Jahren.

Seitdem hat sich ein gesellschaftlicher Wandel vollzogen. Damals ging der Trend dahin, bei großen, stabilen Unternehmen oder bei Behörden tätig zu sein. Man wollte in einem Umfeld arbeiten, das Sicherheit und Stabilität gewährleistete. Heute zeigt die Jugend einen starken Hang zur Innovation, zum Unternehmergeist und zur Gründung neuer Geschäftszweige. Bezeichnend ist auch, daß nur wenige – etwa 1,5 % der Neugründungen – etwas mit Spitzentechnik zu tun haben. Hauptanliegen der Gründer ist es, Unternehmer zu sein.

Ein ganz anderer Aspekt ist, daß viele dieser kleinen Unternehmen die modernen Techniken nutzen. Nicht zuletzt die Informations- und Kommunikationstechnik trug dazu bei, sie sehr dynamisch zu machen, und das brachte einen weiteren Verstärkungseffekt.

Mir erscheint in dem Zusammenhang wichtig zu erkennen, wo die Ursache für die Schaffung neuer Arbeitsplätze liegt. Ich möchte die Bedeutung der Spitzentechnik nicht herunterspielen, aber die Dynamik und die Möglichkeiten zur Schaffung neuer Arbeitsplätze kommen nicht aus dieser Richtung. Deshalb kann man in große politische Schwierigkeiten geraten, wenn man das Gewicht wirtschaftlicher Entwicklung zu stark auf die Spitzentechnik legt.

Frage 2:
Welche Lehren können aus dem amerikanischen Silicon Valley gezogen werden?

Falsche Schlüsse lassen sich sehr leicht ziehen, wenn man sich beim Blick nach Silicon Valley auf die finanziellen Aspekte, auf Wagniskapital oder auf den handels- und steuerrechtlichen Rahmen konzentriert. Das alles ist wichtig, ergibt aber nur einen Teil des Bildes. Dies sind nicht die einzigen Gründe, weshalb die USA solch eine führende Rolle in der Spitzentechnik innehaben. Die kulturellen und sozialen Faktoren sind zumindest ebenso wichtig und spielen für das Verständnis der amerikanischen Verhältnisse eine bedeutende Rolle. Faktoren wie Arbeitsmobilität, Risikobereitschaft, die Fähigkeit, Fehlschläge hinzunehmen und, ohne durch diese gebrandmarkt zu sein, einen Neuanfang machen zu können oder die Beziehungen zwischen Wissenschaft und Wirtschaft spielen eine sehr große Rolle. Hinzu kommt, daß wir in den Vereinigten Staaten sehr marktorientiert sind.

Die neuen Techniken unterliegen einem raschen Wandel und werden von sehr rascher Innovation getragen. Außerdem besitzen wir eine starke Antipathie gegen jede Art von zentraler Planung. Ein einfaches Beispiel ist der Personalcomputer. Er war von niemandem eingeplant, auch nicht von irgendeinem Großunternehmen. Der Personalcomputer war plötzlich da, er kam quasi über Nacht. Seine tatsächliche Entwicklung war letztlich die Marktreaktion auf Versuche und Innovationen. Vom Markt her entstand ein starker Antrieb, der sich in vollem Gegensatz zu den Vorhersagen über die Zukunft der Informationstechnik bewegte.

So etwas passiert immer wieder. Die Videospiele, die inzwischen mehr als das Doppelte des Marktes der Filmindustrie ausmachen, stammen nicht von einem der großen Unternehmen. Die Videospiele kamen quasi aus der Tiefe. Auch sie waren von niemandem geplant.

Bei den Überlegungen für eine nationale Strategie in der Spitzentechnik ist es sehr wichtig, zu sich selbst zu finden. Dazu gehört der Blick ins 19. Jahrhundert, was damals an Rhein, Ruhr und Elbe geschah: Welche Bedingungen führten zum Beispiel damals zum Aufbau der chemischen Industrie und der Elektroindustrie? Beides waren Schwellenbranchen, die auf Forschung und Entwicklung basierten. Sie bilden Analogien zu dem, was wir heute als Spitzentechnik bezeichnen. Ich glaube, daß es eine Nachforschung wert ist, ob die Bewegung, die Wilhelm von Humboldt 1809 in Gang setzte, etwas damit zu tun hatte.

Bis 1914 herrschte in Deutschland an den Universitäten ein enger Zusammenhang zwischen Lehre und Forschung. Dieser galt, im Sinne Humboldts, als wichtige Quelle zur Wissensvermehrung. Damals gab es auch enge Beziehungen zwischen Wirtschaft und Wissenschaft. Wie aber steht es heute damit?

Vieles, was damals geschah, läßt sich nicht wiederholen. So gab es zum Beispiel im preußischen Kultusministerium einen Dr. Althoff, der, rund drei Jahrzehnte lang vor dem Ersten Weltkrieg, in sehr autokratischer Weise Einfluß auf die Berufungen an den Hochschulen nahm. Das und vieles andere läßt sich nicht wiederholen. Aber die institutionalisierte Innovation, die zu jener Zeit stattfand, und die Bedingungen, die damals für die wissenschaftlichen Institutionen bestanden, erscheinen mir einer Analyse wert, wenn man darüber nachdenkt, wie Deutschlands Zukunft in der Spitzentechnik aussehen soll. Vor allem die institutionellen Aspekte sind sehr bedeutsam.

Auch die größte amerikanische Erfolgsstory beruhte auf der politischen Schaffung bestimmter Institutionen. Und das war im Agrarsektor. Es begann in der Mitte des 19. Jahrhunderts mit einem Gesetz über die Gründung der Land Grant Colleges, das Abraham Lincoln unterzeichnete. Dieses Gesetz gab den Anstoß zu einer ganzen Reihe weiterer politischer Institutionen gegen Ende des 19. Jahrhunderts und in den ersten zwei Jahrzehnten dieses Jahrhunderts. Eine ganze Serie von Forschungseinrichtungen wurde geschaffen.

Damals entstanden auch die Country Agents. Das war ein System für den Technologietransfer von den Forschungseinrichtungen zum Unternehmer und zum Farmer. Es führte zu der enormen Produktivitätssteigerung der amerikanischen Landwirtschaft.

Auch Deutschland besaß – beginnend mit Wilhelm von Humboldt – etliche besonders wirkungsreiche Gründer neuer Institutionen. Ein eingehendes Studium derartiger Vorgänge wäre bei der Analyse der politischen Auswirkungen der Spitzentechnik sehr wichtig.

Frage 3:
Welche politischen Wahlmöglichkeiten bestehen?

Die vorhandenen Optionen lassen sich auf drei zusammenführen: Eine ist, sich auf die Anwendung von Techniken zu konzentrieren. Man kann zum Beispiel Mikroprozessoren einsetzen und sich weniger um ihre Herstellung kümmern. In Silicon Valley glaubt zum Beispiel niemand daran, daß Europa in diesem Bereich künftig im Rennen sein wird. Jeder glaubt, daß sich der große Wettstreit allein zwischen Japan und den USA abspielen wird. Für Europa kann eine der Optionen sein, sich tatsächlich aus dem Produktionswettrennen zurückzuziehen und sich ganz auf die Anwendung zu konzentrieren.

Die zweite Option ist, den Rückstand aufzuholen. Das ist wahrscheinlich sehr schwierig, aber offenbar ist es die Option, auf die man sich bisher festgelegt hat. Die Frage bleibt, wie man aufholt.

Die dritte Option ist, die heutigen Techniken zu kaufen oder in Lizenz zu nehmen und sich voll auf die kommende Technologie zu konzentrieren und darin wieder die Führung zu übernehmen.

Auch wenn sich Europa teils de facto und teils bewußt für die zweite Option entschieden hat, sollte man sich der Existenz der beiden anderen Optionen bewußt bleiben.

Frage 4:
Welche spezielle deutsche Politik soll verfolgt werden?

Einleitend ist zu prüfen, inwieweit Deutschland, wenn es um die Spitzentechnik geht, in den Kategorien der Europäischen Gemeinschaft denkt und inwieweit es sich nach rein deutschen Bedürfnissen richtet. Dabei sollte man fragen: Wie erfolgreich waren bisher die Anstrengungen der EG? Und die daran anschließende Frage lautet: Strebt Deutschland nach einer Partnerschaft innerhalb der EG oder nach Partnerschaften mit Japan und/oder den Vereinigten Staaten? Und die unvermeidliche dritte Frage heißt: Blickt Deutschland primär auf Regierungsvereinbarungen oder werden Partnerschaften zwischen einzelnen Firmen bevorzugt? Es bestehen Modelle für beide Formen.

Eine andere wichtige Frage ist zum Beispiel die Beschaffungspolitik der öffentlichen Hand, insbesondere der Bundesregierung. Vereinfacht gesagt, hat die Beschaffungspolitik der öffentlichen Hand in Europa bisher mehr die großen als die kleinen Unternehmen bevorzugt. Auch nationale Angebote werden gegenüber dem Weltmarktangebot vorgezogen. Zwischen den einzelnen Ländern gibt es allerdings starke Unterschiede.

Ein besonders gutes Beispiel für die Bedeutung staatlicher Beschaffungspolitik ist die Deutsche Bundespost. Sie hat – jetzt und in Zukunft – entscheidenden Einfluß auf die Wettbewerbsfähigkeit deutscher Technik, besonders im Hinblick auf die Informations- und Kommunikationstechnik. Auch ein anderer Punkt innerhalb der deutschen Politik berührt die Bundespost. Hier geht es um Kommunikationsnetze, die Anschließbarkeit von Geräten und um die Gebühren für Postleistungen. Und die entscheidende Frage lautet, ob man sich gegenüber der internationalen Kommunikationsgemeinschaft stärker abschließen oder öffnen will.

Die Technik ist schneller als die Politik. Dies muß man sehen, wenn man über Technologiepolitik nachdenkt. Viele Länder sind bemüht, die neue Technik selbst zu liefern. Und je größer der Protektionismus in einem Land ist, desto stärker ist dieses Bemühen. Aber die Kosten dafür sind enorm. Sie müssen letzten Endes von der Gesellschaft, das heißt von dem Anwender getragen werden.

Nehmen wir das Beispiel Brasilien. Dort entstanden 140 Unternehmen zur Herstellung von Computern. Die Kosten für die Anwender – seien es Unternehmen der Petrochemie, Architekten, Forscher oder Studenten – sind doppelt so hoch wie in anderen Ländern. Dadurch wird die Gesellschaft enorm zurückgeworfen. Die Kehrseite wird erst später deutlich. Zum Beispiel wird die Verbindung zweier Personalcomputer bereits von der Sicherheitspolizei registriert. Und je autoritärer eine Gesellschaft ist, desto größere Beachtung finden solche Vernetzungen. Aber gerade auf der freien Vernetzung beruht die Dynamik einer Wirtschaft. Daran muß man auch denken, wenn man die Rolle der Deutschen Bundespost betrachtet.

Frage 5:
Welche Aspekte bestimmen die nächsten Phasen der Informationstechnik?

Zu den Überlegungen, wie man in der nächsten Technologiephase eine führende Position erreichen kann, drei Aspekte:

Einer heißt Software. In der Computertechnik wird der Hardware immer noch viel zu viel Beachtung geschenkt. Aber die entscheidende Größe ist die Software. In der öffentlichen Technologiediskussion hört man wenig darüber.

Der zweite Aspekt heißt Biotechnik. Wir werden ein Zusammenwachsen von Biotechnik und Informationstechnik erleben. Die Computer, die nach der Von-Neumann-Ära kommen, werden das Werk von Neurobiologen sein. Hier geht es um die Erforschung der Organisation des Gehirns und des Nervensystems. Bereits heute gibt es Forschungen und Entwicklungen im Bereich molekularer Schaltkreise. Fragen der Gentechnik sind mit der Entwicklung molekularer Schaltkreise verbunden. Es gibt also zwei Berührungspunkte zwischen Biotechnik und Informationstechnik.

Der dritte Aspekt scheint in der näheren Zukunft zu liegen. Er betrifft eine Revolution, die noch nicht stattgefunden hat und daher die Führerschaft noch sehr offen ist: moderne Fabrikautomationssysteme. Bisher hat man sich, soweit überhaupt, auf Roboter konzentriert. Aber das ist nur ein Teilaspekt. Viel bedeutungsvoller ist die Integration der Fertigungsautomationssysteme. Deutschland hat eine lange Tradition im Export ganzer Fabrikanlagen. In diesem Bereich ergeben sich durch die Integration der Fertigungsautomationssysteme neue Weltmarktchancen, die sehr gut mit den Erfahrungen und Fähigkeiten der deutschen Industrie zusammenpassen.

Das sind nur drei Beispiele. Ein ganz anderes Problem ist es, mehr Unternehmergeist in die Großunternehmen zu bringen. Hier hat Deutschland offensichtlich Schwierigkeiten.

Eine weitere Chance besteht in einer verstärkten Präsenz deutscher Unternehmen in den USA. Die ist leichter erreichbar als eine verstärkte Präsenz in Japan. Bisher aber waren viele deutsche Firmen bei ihren US-Engagements zu zaghaft. Überhaupt sollten die Deutschen mehr Nutzen aus ihrer internationalen Erfahrung ziehen. Die meisten US-Firmen haben viel weniger Erfahrung im internationalen Handel. Ein simples Beispiel unterstreicht das: Olivetti-Chef de Benedetti berichtete, daß von der amerikanischen AT & T-Delegation, die nach Ivrea kam, fast alle zum ersten Mal in ihrem Leben einen Reisepaß beantragten. Und das als Angehörige des größten amerikanischen Unternehmens.

Frage 6:
Welche Rolle spielt die politische Führerschaft in diesen Fragen?

Umfangreiche und tiefe gesellschaftliche Veränderungen müssen stattfinden, um umfassende Innovationen anzuregen und technisch an die Spitze zu gelangen. Das erfordert gezielte politische Führerschaft und entsprechende Prioritätensetzung. Dabei hat die Formulierung einer übergreifenden Zielvorstellung entscheidende Bedeutung. Diese Zielvorstellung muß eher eine gesellschaftliche als eine rein technische sein. Wer sich auf die reine Technik konzentriert, muß unweigerlich scheitern. Um eine technische Führerschaft anzustreben, sind zahlreiche spezifische institutionelle Änderungen nötig. Zwar weiß ich nicht, welche interministeriellen Koordinationen bereits bestehen. Aber neue Techniken sind nicht nur ein Thema für das Technologieministerium oder das Außenministerium, sondern ein Querschnittsthema. Wenn Unternehmergeist gefragt ist, der nicht allein auf die Spitzentechnik begrenzt ist, benötigt man ein hohes Maß an gesellschaftlicher Herausforderung.

Die Frage ist doch, weshalb staatliche Technologiepolitik bisher so ineffektiv war. Frankreich hat zwar eine glänzende übergreifende Zielvorstellung in der Technologiepolitik entwickelt. Aber warum scheiterte man dort? Und weshalb stellen die Franzosen heute das Thema Staat so stark heraus?

Mein Eindruck ist, daß die Europäer je ihre nationale Politik stärker unter die Lupe nehmen müssen. Einige Aufgaben könnte nämlich durchaus die Europäische Gemeinschaft übernehmen. Das wird am Beispiel Telekommunikation deutlich: Bei der Entwicklung der heutigen Generation von digitalen Vermittlungssystemen waren in Europa 10 Firmen aktiv. Sie unternahmen 10 verschiedene technische Ansätze und wendeten dafür mehr als 10 Milliarden Dollar auf. Man schätzt, daß annähernd 25% der Softwareentwicklungskapazität auf die Entwicklung dieser Vermittlungssysteme entfiel. Demgegenüber gab Japan nur zwischen 1,5 und 2 Milliarden aus. Personell setzte Japan 10 Prozent seiner Softwareentwicklungskapazität ein. In Nordamerika gab es drei Firmen, die Vermittlungssysteme entwickelten. Sie gaben etwa 3 Milliarden Dollar aus.

Hier ist ebenfalls die staatliche Politik angesprochen, soweit sie auf Arbeitsplatzmobilität, auf neue Vorgehensweisen und auch auf die Akzeptanz amerikanischer Tochtergesellschaften in der EG Einfluß hat. Mit anderen Worten: Die nationalen Interessen und die EG-Interessen sollten gegeneinander abgewogen werden.

Von der Beantwortung der gestellten Fragen wird es abhängen, wie sich die künftige deutsche Technologiepolitik entwickeln und welchen Weg sie in der Spitzentechnik nehmen wird. Die gemeinsame Zukunft von Europäern und Amerikanern wird davon maßgeblich beeinflußt sein.

Hans L. Merkle

Überlegungen zu den Aufgaben und Chancen der deutschen Wirtschaft im Blick auf das Jahr 2000

Die Konjunkturforschung hat in diesem Jahrhundert ihren Aufstieg erlebt, aber auch mehr Niederlagen als Siege; sie kann mehr sozusagen unvermeidliche Zufallserfolge als in sich konsistente und folgerichtig eingetretene Vorhersagen für sich verbuchen. Zahlreiche berühmt gewordene Männer wären hier zu erwähnen, deren wissenschaftliches Werk sich nicht auf die Erhellung von Vergangenheit und Gegenwart beschränkte, sondern in die Zukunft hinüberwies und die doch letzten Endes erkennen mußten, daß die – zeitenweise als Lösung angesehene – Extrapolation sorgfältig analysierter historischer Zahlenreihen der späteren tatsächlichen Entwicklung nicht Rechnung trägt. Wissenschaftler wie Schumpeter und Kondratjew haben die Zyklizität der wirtschaftlichen Vorgänge aufgedeckt und untersucht; wir anerkennen die Richtigkeit der Beobachtung als solche, ohne daß wir es heute noch als zulässig betrachteten, quantitative und insbesondere auch zeitlich definierte Schlüsse daraus zu ziehen.

Die grundsätzliche Schwierigkeit der wirtschaftlichen Vorhersage liegt nicht in der gegebenen oder angestrebten Wirtschaftsordnung. Marktwirtschaft entzieht sich der Prognose ebenso wie Planwirtschaft; wir wissen im übrigen, daß es diese Idealtypen in der Wirklichkeit nicht gibt und daß es sich bei den Realtypen um Mischformen handelt. Je näher sich eine Wirtschaftsordnung am Markt orientiert, desto mehr tritt an die Stelle vorhersagbarer, rechenbarer, rationaler Entscheidung der Wirtschaftssubjekte die eher von Erwartung geprägte Meinungsbildung. Während wir den Entscheidungen der zahlreichen Teilnehmer einer Marktwirtschaft eine größere Wahrscheinlichkeit der »Richtigkeit« ihres Entschlusses zuschreiben und damit der großen Zahl subjektiver Handlungen objektive Ausgleichskraft zubilligen, ist der Entscheidungsmechanismus der Planwirtschaft eher politisch-ideologisch als ökonomisch-rationell bestimmt. Jeder der beiden Grundtypen der Wirtschaftsordnung ist folglich eine nur psychologisch verstehbare, rational aber nicht nachvollziehbare Unbestimmtheit eigentümlich, die es erschwert, Schlüsse von heute auf morgen zu ziehen.

Nach Jahrhunderten, wenn nicht Jahrtausenden ernsthafter Versuche, die wirtschaftliche Zukunft vorherzusagen, muß man also das Scheitern aller Bemühungen feststellen; zu dem gleichen Ergebnis wäre man schon früher gekommen, hätte man sich klargemacht, daß es »Wirtschaft« im abstrakten, isolierten Sinn nicht gibt, weil alle wirtschaftlichen Vorgänge nur im Zusammenhang mit der politischen und der gesellschaftlichen, der wissenschaftlichen und, alles in allem, der menschlichen Entwicklung gesehen werden dürfen.

Es wäre also vermessen, eine Prognose für das Jahr 2000 zu stellen, so verlockend es andererseits wäre, sich auf den Einfluß zu verlassen, den Prognosen oft – und häufig gezielt – auf den tatsächlichen Verlauf nehmen. Anstelle einer Vorhersage tritt hier deshalb der Versuch, einige Querschnitte zu legen und daran Überlegungen zu knüpfen, was geschehen würde und was getan werden müßte, um in der deutschen, darüber hinaus in der europäischen Wirtschaft mit dem Strukturwandel fertig zu werden, der seit eh und je im Gang ist, wenn auch im letzten Viertel unseres Jahrhunderts dramatischer und fordernder. Der Versuchung, ein Szenario für das Jahr 2000 zu entwerfen, wird freilich widerstanden.

Wirtschaftsstruktur und Leistung

Nicht ohne Absicht steht eine Strukturfrage an der Spitze. Professor Helmut Arndt schrieb in der Frankfurter Allgemeinen Zeitung vom 31. 7. 1985, nicht jeder Wettbewerb sei schützenswert, wobei im Vorspann die Redaktion darauf aufmerksam macht, daß sie die Auffassung des Berliner Nationalökonomen »so« nicht teile. Dieser weist auf die Verzerrungen hin, die durch die »Nachfragemacht« bestimmter Einzelhandelsgruppen entweder schon entstanden sind oder befürchtet werden müssen. Man kann Arndt in diesem Punkt auch als Anhänger einer marktorientierten Wirtschaftsordnung die Gefolgschaft nicht verweigern. Das Entscheidungskriterium ist nicht die Schwarz-Weiß-Grenze zwischen »geordnetem« und »freiem« Wettbewerb, vielmehr die Grauzone, in der sich vielfältige Überschneidungen von Wettbewerbsfreiheit und Wettbewerbsmacht bewegen. Die Forderung der Vertreter der Marktwirtschaft ist klar: Freier Wettbewerb für alle, für Verkäufer und Käufer, Begrenzung der Marktmacht, weder Monopol noch Oligopol auf dieser oder jener Seite des Marktplatzes. Die Wirklichkeit ist weit davon entfernt, und die Aussichten, durch konsequentes Festhalten an den Prinzipien der Marktwirtschaft zu funktionierenden Märkten zu kommen, sind beschränkt. Man muß aber den kompromißlosen Anhängern der Marktwirtschaft zugute halten, daß jeder Einbruch in das System einen Kaskadeneffekt haben könnte. Dem muß man gegenüberstellen, daß wir das Jahr 2000 in wirtschaftlicher Freiheit – und damit in Freiheit überhaupt – nur erreichen werden, wenn es uns gelingt, Karl Marx ins Unrecht zu versetzen, insoweit er die unaufhaltsam fortschreitende Zusammenballung wirtschaftlicher Macht in kapitalistischen Großgebilden voraussagte. Das bedeutet in anderen Worten, daß der Prozeß der Polarisierung, in dem wir uns seit Kriegsende befinden, aufgehalten werden muß und daß unsere Gesellschafts- und Wirtschaftspolitik Mittel und Wege finden muß, um den »Mittelstand« am Leben zu erhalten, wobei der Begriff »Mittelstand« nicht eindeutig definiert ist und keinesfalls romantisch aufgefaßt werden darf. Es kommt hier einfach darauf an, eine wirtschaftliche Struktur zu erhalten, die einer möglichst großen Zahl von Staatsbürgern die Möglichkeit gibt, einen wirtschaftlich unabhängigen Lebensweg zu gehen.

An einer solchen Unabhängigkeit müßten in Zukunft gerade diejenigen partizipieren, die bis heute in den Statistiken als »abhängig Beschäftigte« geführt werden. Der Weg in die Unabhängigkeit, den man heute noch als Illusion empfinden mag, wird über eine Klippe nach der anderen führen, die aber überwindbar sind; zu den Voraussetzungen des Gelingens gehört nicht nur die Befreiung des einzelnen durch ein umfassendes Bildungsangebot, sondern auch seine Befreiung aus dem Herdenstatus berufsständischer oder gewerkschaftlicher Bestrebungen. Es bleibt die Frage, ob das Millionenheer der »Abhängigen« den festen Willen hat, aus der Abhängigkeit herauszutreten, indem sie neben den Chancen auch die Risiken, neben den Rechten auch die Pflichten übernehmen.

Der Weg nach Europa

Für den Unternehmer, der versucht, seine Geschäftspolitik auf die Jahrtausendwende einzurichten, hängt viel davon ab, ob wir den Weg nach Europa weitergehen – oder ob wir uns möglicherweise schon auf dem Rückzug befinden. Das letztere klingt ketzerisch und ist zumindest entmutigend für die vielen, die sich nach wie vor um Europa denkend und handelnd bemühen. Doch ist die Frage berechtigt. Vergleicht man die Bestrebungen, Europa nach vielen Jahrhunderten der Auseinandersetzungen und Zerreißungen wieder zusammenzuführen, so liegt der Ton auf »wieder«, das heißt auf der geschichtlichen Tatsache, daß es Europa als Einheit schon einmal gegeben hat. Dieser Kontinent hatte schon einmal ein gemeinsames Denken und Wollen entwickelt – in einer Zeit, in der man von Aachen nach Paris eine Woche lang reiste, während die Reise nach Rom, über die Alpen hinweg, einer lange im voraus zu planenden Expedition gleichkam, die zudem nur während bestimmter Jahreszeiten möglich oder ratsam war. Beide Reisen erfordern heute kaum mehr als eine Stunde Flugzeit, und doch scheint eine gemeinsame politische Willensbildung weiter entfernt zu sein als je. Deklarationen helfen nicht darüber hinweg, daß Theorie und Praxis der Wirtschaftsordnung und des Wirtschaftens in den Ländern der Europäischen Gemeinschaft auseinanderstreben, was uns die Augen gegenüber den erreichten Vorteilen eines weitgehend zollfreien Warenverkehrs nicht verschließt. Auch muß man einräumen, daß es in Brüssel in vieler Hinsicht nicht an Einsicht und Erkenntnis fehlt; als Defizit bleiben einerseits die enge Begrenzung der politischen Handlungsfähigkeit der Europäischen Gemeinschaft, das heißt die vertragsgemäße Blockierung rascher und gültiger Willensbildung, andererseits die geradezu als Kompensation dieser fundamentalen Schwäche aufzufassende exzessive Selbstbeschäftigung mit legislativen (aber nicht immer und überall durchsetzbaren) und administrativen Maßnahmen und Vorkehrungen. Brüssel ist zum Alptraum einer Bürokratie geworden, nicht etwa zum Sturmbock oder zumindest zum Schutzwall Europas gegen andere Mächte.

Damit bleibt im Blick auf das Jahr 2000 noch immer offen, was von Europa, von europäischer Zusammenarbeit erwartet werden kann, was nun doch zu einer Prognose zwingt: Vieles spricht dafür, daß der – eher ungewollte – äußere Druck auf Kerneuropa so groß werden wird, daß die zentripetalen die zentrifugalen Kräfte übertreffen werden. Die Europäische Gemeinschaft wird zwar auch in der übersehbaren Zukunft in Worten stärker sein als in Taten. Aber die Überwindung der Grenzen wird Fortschritte machen; für viele Produkte wird man von einem gemeinsamen Markt ausgehen können. Doch wird auch in Zukunft das nationale Interesse in mehr oder weniger subtiler Weise verteidigt werden, und eine Reihe »heiliger Kühe« wird weiterhin tabu sein; über manches wird weiterhin gesprochen werden dürfen, falls es nicht zu Absprachen kommt. Brüssel wird sich noch mehr als bisher zum Fürsprecher einer Wettbewerbswirtschaft machen; wer von den Mitgliedern der Gemeinschaft schon heute dem Wettbewerbsgedanken anhängt, wird Brüssel folgen, die anderen Länder werden zögern wie bisher.

Eine Änderung in Substanz und Methode der Gemeinschaft, die immer aufs neue versuchen wird, kraftvoller aufzutreten als sie ist, kann erst erwartet werden, wenn die Wirtschaft Europas und die für sie Verantwortlichen begonnen haben werden, Europa zu wollen, coûte que coûte. So gefährlich diese Formel ist – und im Grunde für den Wirtschaftenden unerlaubt –, so bedenklich wäre es doch, eine politische Notwendigkeit mit dem Rechenstift verhindern zu wollen. Bliebe den Staatsmännern diese Einsicht verschlossen – denkbare Motive und Argumente lassen wir beiseite –, wird es an den Unternehmern liegen, ob Europa zustande kommt. Besteht dazu die Bereitschaft, die gegebenenfalls Organisation voraussetzt, kann der große europäische Markt in die Unternehmensplanung als Faktum einbezogen werden – mit dem Gegenposten verschärften nachbarlichen Wettbewerbs.

Die größere Welt

Die außereuropäische Welt wird Gesicht und Gewicht im Laufe der nächsten 15 Jahre im Vergleich zu Europa essentiell ändern. Eine Tour d'horizon kann notwendigerweise nur kursorisch sein; Wahrscheinlichkeiten müssen anstelle von Tatsachen und Zahlen treten. Gewinn und Verlust, Chancen und Risiken lassen sich gegeneinander nicht aufrechnen; die Interdependenzen sind nach Quantität und Qualität so stark, daß ein nennenswerter Rückschlag in einem der Schwerpunktgebiete nicht in einer Art von Durchschnittsrechnung durch einen Aufschwung in einer anderen Region kompensiert werden würde. Vielmehr wäre eher eine Summierung der Defekte, ein »Aufschaukeln« zu befürchten.

Die Schwellenländer – die Dritte und die Vierte Welt – sind wegen ihrer inneren Zerrüttung in einer besonders unglücklichen Lage: Sie finden nicht mehr zur eigenen Lösung ihrer Probleme zurück, mit denen sie jahrhundertelang ohne fremde Hilfe fertig geworden sind, freilich unter einem anderen Anspruchsprofil. Für viele von ihnen ist der Schuldendienst drückend geworden; der ihnen neuerdings zuteil gewordene Rat, ihn einzustellen, könnte zu ihrer Kreditunwürdigkeit auf lange

Jahre führen und ist deshalb nicht mehr als eine politische Entgleisung. Von der Aufrechterhaltung des Schuldendienstes in dieser oder jener Form sind die Gläubigerbanken und -länder berührt, was die erwähnte Interdependenz charakterisiert und die Zahl der Ungewißheiten erhöht, denen aber die Gewißheit gegenübersteht, daß die Ausfuhranstrengungen der sich entwickelnden Länder rasch zunehmen werden; einige davon werden Japan als Billigproduzenten ergänzen oder ablösen, und ein freihändlerisches, antiprotektionistisches Europa wird sich noch mehr als bisher seiner Haut wehren müssen.

Es bleibt also fraglich, ob die europäische Industrie aus dem wirtschaftlichen Verlauf in der außereuropäischen Welt während der nächsten 15 Jahre per Saldo mit zusätzlicher Beschäftigung rechnen kann. Ein großer Teil der maßgeblichen Faktoren bleibt variabel; dies gilt vor allem für alle Bewegungen, die auf politische und ökonomische Präferenzen zurückgehen und folglich nicht determiniert sind. Objektivierbar ist im Gegensatz dazu die Leistungsfähigkeit der europäischen Industrie in bezug auf Innovation und auf Kostenkontrolle. Dabei zeigt die jüngste Erfahrung, daß Leistungsvorsprünge durch Bewegungen der Wechselkurse – soweit diese nicht eindeutig auf komparative Kostenelemente zurückgehen – sowohl abgeschwächt als auch verstärkt werden können.

Angebot und Nachfrage

Die Streitfrage, ob es die Aufgabe der Industrie sei, Bedarf zu decken oder Bedarf zu wecken, läuft auf ein Scheinproblem hinaus, das freilich den Gegnern unserer industriellen Welt Stoff zur Polemik liefert. Die Beispiele, in denen in der Tat Bedarf durch überzeugendes – der Gegner würde sagen: verlockendes, verführerisches – Angebot geweckt würde, sind in der allgemeinen Form irreführend, weil die Erfahrung lehrt, daß, von Augenblickserfolgen abgesehen, nur latenter Bedarf ans Tageslicht gebracht werden kann, Bedarf also, der sich früher oder später selbst gemeldet haben würde. Latenter Be-

darf scheint, und ist wohl in der Regel, im Unbewußten angesiedelt, und insofern ist die Formel Bedarfsweckung zulässig
und richtig. Das ändert nichts daran, daß es die Industrie mit
der Deckung objektiven, wenn auch teilweise noch nicht arti-
kulierten Bedarfs zu tun hat. Andererseits liegt hier die Erklä-
rung für manchen erfolglosen Werbefeldzug, der Bedarf
hervorrufen sollte, der objektiv nicht – oder noch nicht –
existierte.

Es ist hier nicht das Anliegen, industrieller, kommerzieller
Werbung das Wort zu reden – oder sie zu verdammen. Vielmehr stellt sich die Frage nach dem mutmaßlichen Bedarf der
Endverbraucher, der in den nächsten Jahren von der Wirtschaft gedeckt werden muß. Um die Antwort kurz zu fassen:
Es gibt keine Anhaltspunkte dafür, daß sich das Bedarfsvolumen während des nächsten Jahrzehnts in der Größenordnung
ändern wird, soweit sich das nicht demographisch – also aus
der Bevölkerungsstruktur und ihrer vorhersehbaren Entwicklung – erkennen oder berechnen läßt. Daß, um ein Beispiel zu
nennen, der Altersaufbau der deutschen Bevölkerung im Jahr
2000 ein essentiell anderes Bild bieten wird als der heutige,
rechnet zu den Naturkonstanten und erlaubt nicht den Schluß,
das Bedarfsvolumen eines definierten Normalverbrauchers
werde sich erhöhen oder vermindern. Was hier gesagt werden
soll, ist lediglich, daß es keine Anzeichen für eine quantitative
Änderung des Bedarfsniveaus gibt.

Die gefährlichste Konsequenz nun, die ein deutscher Industrieller aus dieser Aussage ziehen könnte, wäre die Annahme,
es werde alles beim alten bleiben. Das ist aus einer Reihe von
Gründen nicht zu erwarten. Denn qualitativ ist alles offen; die
Verbraucherentscheidung von morgen und übermorgen läßt
sich nicht vorhersagen, sieht man von der an Sicherheit gren-
zenden Wahrscheinlichkeit ab, daß eben nicht nur die Zusammensetzung des in Zukunft gefragten Warenkorbs unbestimmt
bleibt, sondern auch die Forderungen, die der Verbraucher sowohl an die Eigenschaften der ihm angebotenen Güter und
Leistungen stellen wird als auch an die Art und Weise, in der
sie ihm angeboten werden – zum Beispiel in welchen Verknüp-

fungen zwischen einem Gebrauchsgut und dazugehörender oder denkbarer Dienstleistung. Hier sind Rückwirkungen nicht nur technischen Charakters, sondern vor allem auch organisatorischer Natur zu erwarten, die vor Unternehmensstrukturen nicht haltmachen werden.

Der Einwand ist überfällig, daß hier nur vom Verbraucher die Rede ist, während doch die deutsche Wirtschaft weitgehend – statistisch wohl überwiegend – ein Gefüge zeigt, bei dem innerwirtschaftliche Lieferungen und Leistungen den Löwenanteil ausmachen. Das gilt nicht nur für die Rohstoffe und Bauelemente erzeugende Industrie, sondern im besonderen für die Sparten, die Produktionsgüter herstellen. Aber die Evolution der Fertigungstechnologie hat zur Folge, daß die Maschinen von gestern, ja auch die von heute, morgen keinen Markt mehr haben werden. Es muß also in diesem Zusammenhang der Begriff Verbraucher im weitesten Sinn des Wortes verstanden werden, zumal letzten Endes der von ihm modifizierte Bedarfsbegriff bis zum Rohstofferzeuger durchschlagen wird.

Der Einfluß der »Alternativen« auf die Bedarfsgröße ist in der übersehbaren Zukunft vernachlässigbar. Diese Annahme bedeutet keine Unterschätzung einer »geistigen Situation der Zeit«, die man als fast unvermeidliche Gegenbewegung zu einer, ihrerseits unvermeidlichen, Periode der Konsumüberschätzung auffassen muß und die, neben offensichtlich politischen Elementen, ethisch-philosophische Wurzeln hat; es ist nicht wahrscheinlich, daß diese stark genug sein werden, um größere Teile der Verbraucherschaft in den Stand der Bedürfnislosigkeit zu versetzen. Hier ist vom Bedarfsvolumen die Rede, nicht von der Art der Nachfrage, die vermutlich von asketischen Strömungen nicht unbeeinflußt bleiben wird. Diese Überlegungen zur Nachfragestruktur der nächsten fünfzehn Jahre haben im wesentlichen die Bundesrepublik im Auge. Für die Europäische Gemeinschaft und für die weitere industrielle Welt kann von gleichen Grundhaltungen ausgegangen werden. Völlig anders ist – wie schon oben gestreift – der zukünftige Bedarf der sich entwickelnden Länder anzusetzen, der, nach europäisch-nordamerikanischen Maßstäben, in weiten Teilen der Welt das Existenzminimum unterschreitet und, nicht zuletzt aus menschlichen Gründen, erweitert werden muß. Es wäre ein Rückfall in die Kolonialzeit, wollten die Industrieländer diesen erweiterten Bedarf decken; von Schwierigkeiten der Zahlungsbilanzen abgesehen, wäre das eine grobe Unterschätzung des Potentials der Dritten und Vierten Welt, die ihre eigenen Versäumnisse überwinden muß, jenseits aller mehr oder weniger verständlichen, an Außenstehende gerichteten Vorwürfe. Die Beschäftigungswirkung auf die Industrieländer wird von Gegensätzen geprägt sein; verstärkte Exporte aus den Schwellenländern müssen aufgenommen werden (was die Marktbedingungen nicht verbessern wird), während die Chance besteht, daß die Industrieländer am Aufbau der Infrastruktur und der Produktionskapazitäten teilnehmen.

Die gedankliche Zerlegung der Welt in Industrie- und Nicht-Industrieländer birgt die Gefahr der Über-Vereinfachung in sich; die besondere Situation zweier wichtiger Gruppen bleibt dabei auf der Strecke: einerseits die Teilnahme der Staatshandelsländer am Weltmarkt, andererseits die Problematik rohstoffbesitzender, (noch) nicht industrialisierter Länder. Während weite Ausschläge der Nachfrage nach Industriegütern von Land zu Land und von Kategorie zu Kategorie die Unternehmungen der Bundesrepublik und des übrigen Europa immer wieder treffen werden, sollte im Mittel von einem Wachstumstrend ausgegangen werden, der über der Zeit ungleichmäßig und im Maß verhalten verlaufen dürfte.

Jede Perspektive, die über die Grenzen einer Region hinausgreift, hat zur Prämisse, daß die Beziehungen zwischen den Regionen zumindest ihre derzeitige Qualität beibehalten werden, daß dem Welthandel keine weiteren Steine in den Weg gelegt werden, daß protektionistische Anwandlungen im Keime erstickt werden, kurzum: daß Fair play auch in Zukunft Richtschnur internationaler Zusammenarbeit sein wird. Fair play auch, was Auslandsinvestitionen angeht, die sich aus vielerlei Gründen weiterhin aufdrängen, sei es, weil anders Technologietransfer (ein ungenauer und teilweise wirklichkeitsfremder, aber geläufig gewordener Begriff) nicht möglich wäre, oder sei es, um Fertigungskapazitäten näher an die Märkte heranzubringen.

»Informationsgesellschaft« und Bildung

Für die Unternehmenspolitik der nächsten fünfzehn Jahre haben die neueren Begriffe der »Dienstleistungsgesellschaft« und der »Informationsgesellschaft« eine große, wenn auch vermutlich nicht umwerfende Bedeutung. Dabei ist die Grenzziehung zwischen »produzierender« und »dienstleistender« Gesellschaft unscharf. Banken und Versicherungen, die man zu den Dienstleistungsberufen zählt, bieten zunehmend »Produkte« an; die (produzierende) Industrie aber verkauft immer mehr Dienstleistungen. Die Differenzierung zwischen Hardware und Software gewinnt an Gewicht, wobei sowohl der Handel (ein Dienstleistungsberuf) als auch die Industrie beides auf den Markt bringen. Die Kategorien überschneiden sich also, wobei ohne Zweifel der nordamerikanische Vorgang – Zunahme der Dienstleistungen im Verhältnis zur produzierenden Industrie, gemessen an der Zahl der Beschäftigten – auch in Europa und in der Bundesrepublik Schule machen wird.

Die Informationsgesellschaft, von der man immer mehr spricht, ohne genau zu sagen, was man meint, benutzt sowohl Hardware als auch Software. Ihre Anhänger scheinen davon auszugehen, das menschliche Informationsbedürfnis sei entweder noch unterentwickelt oder aber unbefriedigt; es fehlte dem Menschen eher an Information als an Luft, Wasser, Brot, Wärme und Werkzeugen. Die Befürworter einer mehr auf Informationsverzehr eingestellten Gesellschaft sind bisher die Antwort auf die Frage schuldig geblieben, auf welche Weise ein Mehr an zuverlässiger Information beschafft werden könne und wozu der Gesellschaft dieses Mehr an Information diene. Während also die Herleitung und die Nutzung eines Mehr an Information die offenen Flanken der angestrebten Gesellschaftsform sind, steigt das Angebot an Hardware und an Software für die Verarbeitung und den Transport von Information stetig. Wissenschaftlicher Fortschritt auf diesem Gebiet ist unverkennbar; doch bleiben die inhaltlichen Probleme gegenüber den formalen und technischen Lösungen bisher im Halbdunkel dialektischer Auseinandersetzung. Ob letzten Endes eine mit Information überfütterte Gesellschaft ihrerseits verstummen wird, liegt jenseits der vorliegenden wirtschaftlichen Betrachtung; für die unternehmerische Planung der nächsten fünfzehn Jahre sollte davon ausgegangen werden, daß die deutsche, die europäische Wirtschaft weiterhin auf einer produzierenden Industrie aufbauen wird, deren Akzente sich, teilweise wesentlich, verschieben werden. Dabei wird der Schonung der Naturschätze im weitesten Sinn des Wortes, also der Vermeidung von Verlusten in einer globalen Umwelt-Bilanz, ein größeres Gewicht als bisher beigemessen werden – eine Zielsetzung, die es nicht erlaubt, das bisher schon Angestrebte, das bisher schon Erreichte zu negieren oder auch nur kleiner zu machen.

Beizupflichten wäre freilich den Promotoren einer Informationsgesellschaft, wenn es ihr Ziel sein sollte, ernsthafte Anstrengungen zu einer nicht nur graduellen Erhöhung des Bildungsniveaus in der Bundesrepublik zu machen. Im vorigen Jahrhundert und tief in das laufende Jahrhundert hinein war Deutschland eine »pädagogische Provinz« schlechthin; das deutsche Schul- und Hochschulwesen konnte sich mit dem französischen messen; Kerneuropa war in dieser Hinsicht Vorbild der umgebenden Welt. Es wäre ungerecht, den Rückschlag, den das deutsche Bildungswesen erlebt und erlitten hat, nur *einer* Ursache in die Schuhe zu schieben. Die schon weltanschaulich falsch angelegte Bildungsreform in der Bundesrepublik der sechziger Jahre war vielleicht nur der Schlußstein eines Niedergangs, der dreißig Jahre vorher eingesetzt hatte; keine Gruppe, keine Schicht ist frei von Verantwortung.

Gewiß, das Schlagwort von der Chancengleichheit war Ausgangspunkt jener Bildungsreform, in der nicht etwa nur Fehler einer leidvollen Vergangenheit gutgemacht, sondern neue, erneut grundlegende Fehler begangen wurden. Chancengleichheit, als ethische Forderung durchweg anerkannt, nicht etwa nur als politischer Anspruch hingenommen, wurde pervertiert zur Risikolosigkeit; wer unter dem Zeichen der Chancengleichheit antrat, sollte den Erfolg in der Tasche haben. Das Ergebnis ist bekannt. Quantität trat vor Qualität! Die Massenuniversität führte zur Nivellierung der Ansprüche; der kleinste gemeinsame Nenner wurde zur Meßlatte; die Bürokratisierung vor allem der hohen Schulen führte zum Kräfteverzehr. Von den zur Hochschulreife führenden Schulen ist thematisch und sachlich Vergleichbares bekannt.

Der Unternehmer steht diesem Bild nicht hilflos gegenüber. Er kann nicht nur die politischen Kräfte über die Folgen einer verfehlten Bildungsreform informieren (hier ist dieser Begriff am Platz); vielmehr liegt es in seiner Hand, unmittelbar schul-, bildungs- und forschungspolitisch mitzuarbeiten (zumal sich hier vieles regional abspielt). Er kann Schulen und Hochschulen fördern; die Stiftungsuniversität mag meist ein unerreichbares Denkmodell sein, der Stiftungslehrstuhl aber ist in Reichweite.

Mehr als jede Mitwirkung in der öffentlichen Erziehung und Bildung sind die betrieblichen Maßnahmen zur Aus- und Fortbildung sein ureigenstes Feld, das er bestellen muß, wenn er den Anforderungen kommender Jahrzehnte gewachsen sein will. Trifft die hier geäußerte Vermutung eines fundamentalen Defizits im Bildungswesen zu, so kann rasche Abhilfe nur auf der Ebene der Unternehmungen und der Betriebe geschaffen werden, zumal hier der Leistungsbegriff, in der öffentlichen Meinung bewußt abgewertet, noch immer seine Heimat hat.

Um so leichter wird es dem Unternehmer fallen, auf dem hier umschriebenen Gebiet zu »investieren«, als der Rückgang der Geburtenzahlen in der Bundesrepublik vom Anfang der siebziger Jahre schon in den neunziger Jahren zu einem entsprechenden Rückgang des Angebots an Arbeitskräften führen wird, dem nur durch Erhöhung des – vor allem systemorientierten – Wissens, Könnens und Denkvermögens begegnet werden kann. Daß im übrigen neue Techniken, neue Technologien einen höheren Bildungsstand, eine höhere Qualifikation des Mitarbeiters erfordern als bisher, ist ein Gemeinplatz, vor allem aber eine konkrete Herausforderung des Unternehmers.

Würde freilich ein umfassendes Angebot an Bildung schlechthin als Option zu einem tatenlosen Dasein aufgefaßt, nicht als
eine staatsbürgerliche Pflicht zur Leistung, entstünde die Gefahr, daß wir – die Deutschen des zwanzigsten Jahrhunderts –
gegenüber aufstrebenden Nationen unseren Rang verspielten.

Standortpolitik und Fertigungsoptimierung

Die deutsche Industrie ist dabei, ihre Standortpolitik zu überdenken, Entscheidungen zu treffen und trotz politischer, re-
gionaler und örtlicher Widerstände zu verwirklichen.

Kriegs- und Nachkriegsjahre waren, aus verschiedenen
Gründen und, nach Sparten in unterschiedlichem Maß, eine
Phase der Dezentralisierung, der Streuung von Standorten –
zunächst aus militärischer Veranlassung, dann weil sich die Be-
völkerungsdichte zugunsten kleinerer und mittlerer Orte verschoben hatte, ferner wegen des Platz- und Raumangebots auf
dem flachen Land, nicht zuletzt aber auch wegen der finanziellen und steuerlichen Förderung, die aus ursprünglich industrie-
fernen Gebieten Anziehungspunkte machte.

Strukturpolitisch mag die Standortstreuung im ganzen von
Vorteil gewesen sein, aber doch nicht ohne Gefahren, einerseits für die teilweise ungeordnete Zersiedelung des der Bundesrepublik nur beschränkt gegebenen Raumes, andererseits
für die Kostenpolitik, für die Rationalisierungsspielräume –
nicht immer entstanden optimale Betriebseinheiten – und möglicherweise auch für die Transparenz der Unternehmungen.

Ein Blick nach draußen, in die internationale Wettbewerbs-
landschaft, zeigt, daß vor allem die »neue Konkurrenz« konsequent den Weg der optimalen Fertigungseinheiten geht, von
vornherein alle Vorteile der Großmengenfertigung nutzt (zu-
gegebenermaßen teilweise unter Verzicht auf Flexibilität), wobei es sich freilich bei der von hier aus zu beobachtenden Konzentration meist um die Endfertigungswerke handelt, während
für die Zulieferung gerade aus Fernost eine andere sozioöko-
nomische Kultur anzunehmen ist.

Wie immer wir Ursache und Wirkung der internationalen Konkurrenz einschätzen: In der übersehbaren Zeit läuft die deutsche Wirtschaft Gefahr, an Weltrang zu verlieren – entgegen mancher Schwarzmalerei nicht in erster Linie wegen technischen Rückstands, der in der Breite des deutschen Angebots gar nicht gegeben ist, sondern wegen ihrer Kostenlage. Ein unverdächtiger Zeuge, Jürgen Vahlberg (MdB, SPD) hat dazu am 3. Juli 1985 in einem Vortrag vor dem Gesprächskreis Politik und Wissenschaft des Forschungsinstituts der Friedrich-Ebert-Stiftung über »Wirtschaftspolitik in den 80er Jahren« gesagt, einerseits sei »die Wettbewerbsfähigkeit unserer Wirtschaft ... unverzichtbar«, andererseits sei unsere Wirtschaftslandschaft gekennzeichnet durch ein relativ hohes Lohnniveau und ein – im internationalen Vergleich – anspruchsvolles soziales Netz. Er zog, was an dieser Stelle nicht im Vordergrund steht, den Schluß, »daß wir nicht nur die Schlüsseltechnologien der Vergangenheit, sondern auch die der Zukunft beherrschen müssen«.

Bei allem Gewicht, das der Innovation zukommt, ist ein neues Erzeugnis, soweit es auch, wie meist, dem Konkurrenten zugänglich ist, international nur wettbewerbsfähig, wenn es, unter Berücksichtigung der Systemleistung, nicht teurer ist als bei einem anderen Hersteller; dabei ist es für den Kunden in der Regel unerheblich, unter welchen sozialen und kulturellen Bedingungen produziert wird.

In weitem Bogen führt uns das zurück zu der Notwendigkeit – im engen Sinn des Wortes –, den günstigsten Standort zu wählen und jeder Zersplitterung von Standorten zu widerstehen. Das Ergebnis kalkulierter Entscheidung ist häufig die Rekonzentration, das Aufgeben kleiner Standorte, die Zusammenführung der Produktion verwandter Erzeugnisse in *einem* Betrieb. Dieser Prozeß ist im Gang; er wird bis zum Jahr 2000 eine Standortbereinigung in der Bundesrepublik mit sich bringen, die nicht ohne Wunden abgeht; weder politischer noch administrativer noch gewerkschaftlicher Widerstand – so verständlich solche Bestrebungen sein mögen – dürfen und können ihn hemmen.

Er wird letzten Endes bestimmt sein von der Beobachtung, daß wirtschaftliche Regionen um so mehr auf Außenhandel (Export und Import) angewiesen sind, je kleiner sie im Weltmaßstab sind. Das Prinzip der internationalen Arbeitsteilung ist imperativ, soweit nicht der Versuch der Autarkie gemacht wird, der bisher in allen Fällen zur Verarmung führte, insbesondere wegen des damit verbundenen Verzichts auf optimale Seriengröße der Produktion.

Mehr oder weniger arbeiten?

Was immer auf dem weiten Feld der Produktionstechnik – hier ist der Begriff Technologie angebracht – geschieht, hat das Niveau der Arbeitskosten zur Ursache und die Verringerung des Arbeitsaufwands je Produkteinheit zur Folge. Dies klingt apodiktisch, zumal die Verbesserung der Fertigungstechnik primär auch andere Gründe haben kann, darunter Erhöhung und Vergleichmäßigung der Qualität oder die Einführung neuer Methoden der Entwurfstechnik, der Fertigungssteuerung und ihrer Verknüpfung zu geschlossenen Systemen. Aber auch diese Beweggründe können und müssen rechnerisch zumindest partiell als Funktionen der Arbeitskosten aufgefaßt werden, und selbst die Investitionskosten, die in die Vergleichsrechnung eingehen, sind ihrerseits überwiegend bestimmt von den Arbeitskosten.

Wenn in einem Land wie der Bundesrepublik die Arbeitskosten je Zeiteinheit »davongelaufen« sind – und das ist der Fall, wie der internationale Vergleich der Arbeitskosten aufdeckt –, muß jede Untersuchung der Fertigungsverfahren die Erhöhung der Arbeitsproduktivität zum Ziel haben. Das bedeutet, unter der Annahme gleichbleibenden Bedarfs an Gütern und Leistungen, eine Verringerung des Bedarfs an Arbeitszeit, bei gleichbleibender Stundenzahl je Woche (Monat, Jahr) folglich eine Verringerung des Bedarfs an Arbeitskräften.

Welches Modell auch immer zugrunde gelegt wird: Jede Arbeitszeitverkürzung, die über den Rationalisierungsfaktor hinausgeht (bei dessen Ermittlung die zu seiner Erreichung entstandenen Kapitalkosten eingesetzt werden müssen), führt notwendigerweise zu einer Kürzung des Reallohns; eine Verringerung der Wochenarbeitszeit bei vollem Lohnausgleich ist volkswirtschaftlich gesehen unmöglich. Die gewerkschaftliche Forderung des Jahres 1984 erstickte das sachliche Gespräch.

Die kommenden fünfzehn Jahre werden unter dem Zeichen fortschreitender Rationalisierung stehen; es bleibt hier beiseite, daß dieser Begriff über die Fertigungstechnologie weit hinausreicht und jede Anwendung kühler Vernunft auf den gesamten Prozeß einbegreift, vom Konzept des Erzeugnisses und der Leistung bis zur Bedienung des Endverbrauchers. Alle unternehmerischen Schritte müssen im weltwirtschaftlichen Kontext darauf abzielen, daß die Arbeitsproduktivität stärker steigt als die Arbeitskosten. Angesichts einer vermutlich zunächst anhaltenden Arbeitslosigkeit wird man dann der Kürzung der Arbeitszeit weder ausweichen können noch wollen; soll dies ohne Schaden für die Gesamtwirtschaft geschehen, ist ein gehäuftes Maß an gutem Willen auf allen Seiten eine Grundvoraussetzung, während es zu den Grundbedingungen gehört, daß ein Konsensus über neue Formen der Arbeitsorganisation gefunden wird, der eine volle Nutzung der Betriebsanlagen auch in Zukunft erlaubt. Ob dieser Konsensus – der eine vernünftige Einigung über die faktische Lohnentwicklung enthalten muß – zustande kommt, wird ein Prüfstein dafür sein, ob die deutsche Wirtschaft das Jahr 2000 unversehrt erreichen wird.

Schwerpunkte

Die gezogenen Querschnitte zeigen, daß sich der unveränderten Fortsetzung bisheriger Unternehmenspolitik Widerstände entgegenstellen; es müssen also, ohne Bruch erprobter Grundsätze, neue Schwerpunkte des Vorgehens gesucht und gesetzt werden. So wichtig wie die Wahl der Schwerpunkte ist die Erhöhung der Reaktionsgeschwindigkeit – ein Terminus, der nicht ohne Schwäche ist, weil es für das Meistern der Zukunft eher auf Angriff als auf Verteidigung ankommt. Es geht also um die Erhöhung der Aktionsgeschwindigkeit. Nur wenn schnell, dennoch überlegt gehandelt wird, besteht die Chance, daß Europa, und darin die Bundesrepublik, das Gesetz des Handelns wieder an sich nimmt, das diesen Kontinent über Jahrtausende ausgezeichnet hat.

Als Schwerpunkte des unternehmerischen Handelns kristallisieren sich, mit der erforderlichen fachlichen Differenzierung, immer mehr heraus:

– eine von Innovation getragene *Produktpolitik,* die ein hohes Maß an Forschung und Entwicklung sowohl voraussetzt als auch in Gang bringt, eine hohe Marktpräsenz im In- und Ausland verlangt und die sich in einer Integration von Lieferung und Leistung niederschlägt,

– eine auf internationalen Wettbewerb (in Ein- und Ausfuhr) abgestellte *Kostenpolitik,* die einerseits auf ausgefeilte Fertigungstechnologie zurückgreift, andererseits aber den meist bedeutenden Anteil der allgemeinen Kosten (Verwaltung, Warenwirtschaft, Vertrieb und Verteilung) nicht außer acht läßt, von der Nutzung des Weltmarktes für die Beschaffung ganz abgesehen,

– eine auf lange Sicht planende *Personalpolitik,* die Qualität vor Quantität pflegt, vorhersehbare zukünftige Lücken zu schließen versucht, dem Mitarbeiter fachliches Wissen und geschäftliche Erfahrung sowohl »on the job« als auch durch gezielte Ausbildung verschafft, die aber letzten Endes Persönlichkeit dem bloßen Wissen vorzieht.

Finanzierung

Wenn unter den Schwerpunkten die Finanzierung nicht ausdrücklich erwähnt ist, so deshalb, weil es keine Meinungsverschiedenheit darüber geben kann, daß Beschaffung, Erhaltung und Mehrung des Kapitals eine zentrale Aufgabe des »Unternehmens«, unabhängig von den Zeitläuften, ist – eine Aufgabe, die am Anfang jeder Unternehmung steht, das heißt der Lösung und Bewältigung aller anderen Aufgaben vorangeht, mit ihnen einhergeht und in ihnen aufgeht.

Zu unterstellen, daß jeder Finanzierungsauftrag erfüllt werden kann, wenn ihm eine unternehmerisch gesunde Idee zugrunde liegt, ist gewiß eine eher kühne Annahme, die aber dennoch berechtigt ist in einer Welt, die zur Kapitalbildung bereit (und bei rationeller Produktion von Gütern und Leistungen auch in der Lage) ist und die Kapitalbildung durch Werterhaltung und Erfolg belohnt. Dies ist eine Prämisse, deren Gültigkeit für die industrialisierten Regionen bejaht wird, auch wenn die Sparquoten stark streuen; in ihnen kommen neben unmittelbar wirtschaftlichen Faktoren vor allem Erwartungen unterschiedlicher Natur zum Ausdruck. Alle bisherigen Beobachtungen erlauben aber die Vermutung, daß in dem betrachteten Zeitabschnitt – bis zum Jahr 2000 – ernsthafte Finanzierungsschwierigkeiten für ernsthafte Unternehmungen nicht auftreten werden, solange und soweit von zinspflichtigem Fremdkapital die Rede ist.

Das Problem des Unternehmers tritt erst an der – freilich für die Nachhaltigkeit des Erfolgs auch in unvermeidlichen Phasen des Rückschlags entscheidenden – Stelle auf, an der es um die Relation von Fremdkapital zu Eigenkapital, genauer gesagt, wenn es um das Eigenkapital geht, das im Notfall geopfert werden kann und das folglich letzten Endes den Maßstab für die Höhe der vertretbaren Wagnisse abgibt. Die Möglichkeiten zur Bildung von Eigenkapital sind jedoch in der Bundesrepublik beschränkt. Liegen auf der einen Seite die Sätze der persönlichen Einkommensteuer im internationalen Vergleich im Mittelfeld, so ist andererseits die Unternehmensbesteuerung in ihrer Systematik (Körperschaftsteuer, Gewerbeertragsteuer, Gewerbekapitalsteuer, Vermögensteuer, Gesellschaftsteuer), der Höhe der Sätze, der Abschreibungsmethoden und der Handhabung in der Betriebsprüfung exorbitant hoch; sie liegt an der Spitze der Industrienationen, beschränkt die Bildung von Eigenkapital und führt bei bloßem Gewinnausfall zum Substanzverlust. Die Appelle offizieller Stellen an die Wirtschaft, von der größere Bereitschaft zur Innovation, überhaupt zum Wagnis erwartet wird, entbehren realer Substanz, solange nicht der Fiskus den Mut aufbringt, durch die längst zugesagte Reform der Unternehmensbesteuerung eine temporäre Verminderung der Steuereingänge zu erleiden, mit der Chance höherer Unternehmens- und damit Steuererträge in übersehbarer Zukunft.

In der Auseinandersetzung der Wirtschaftsnationen würde die Hebelwirkung sachgemäßer, leistungsfördernder Unternehmensbesteuerung schon in den nächsten Jahren, gewiß aber in der Zeit bis zum Jahr 2000 für die Bundesrepublik zu einem ausschlaggebenden Faktor werden, der eine Reihe naturgegebener Standortnachteile ausgleichen könnte.

Die politisch gefärbte Vermutung, eine Senkung der Steuerlast der Unternehmungen – und eine Reform müßte dies zum Ziel haben – würde nur »die Reichen reicher« machen und dabei die Investitionstätigkeit nicht anregen, ist in jeder Hinsicht falsch; das Vorgehen anderer Länder hat zu lebhaften Impulsen für die Modernisierung des Produktionsapparates geführt und auch Direktinvestitionen im Ausland gefördert.

Die Vorbereitung auf das Jahr 2000 verlangt vom deutschen Unternehmer skeptischen Mut, eine Wortprägung, die ambivalent klingt, kein Rezept enthält und Erfolg nicht verbürgt. Es gibt keine Anzeichen dafür, daß die vor uns liegende Zeit eine Periode der Katastrophen sein wird. Aber die Großwetterlage wird nicht immer günstig sein; das Kennwort lautet also: auf der Hut sein.

TEIL II

Die Unternehmensstrategien und ihre Verwirklichung

Franz Josef Weisweiler (†)

Marktorientierte Produktplanung als Mittel strategischen Managements

Mannesmann hat sich in den letzten zwanzig Jahren von einem vertikal aufgebauten Montankonzern zu einem überwiegend horizontal gegliederten Investitionsgüterunternehmen mit einem breitgefächerten Leistungsprogramm entwickelt. Die Produktpalette reicht heute von Rohren aus selbst erschmolzenem Stahl über ein weites Spektrum von Erzeugnissen des Maschinen- und Anlagenbaus bis hin zu ausgewählten Geräten und Systemen der Elektrotechnik und Elektronik.

Vorangetrieben wurde dieser Strukturwandel vor allem durch externes Wachstum. Die wichtigsten Teilschritte auf diesem Weg waren:

- der 1968 eingeleitete Einstieg bei dem Hydraulikhersteller Rexroth mit der vollständigen Übernahme im Jahre 1975,
- der Erwerb der Aktienmehrheit der Demag 1973,
- der Kauf des Meß- und Regeltechnikanbieters Hartmann & Braun 1981 und
- die Akquisition der Kienzle Apparate GmbH mit Arbeitsschwerpunkten in der Datenerfassung und Informationsverarbeitung 1981/82.

Diese Diversifikation auf Konzernebene erschloß Mannesmann nicht nur zusätzliche Wachstumspotentiale. Sie verbreiterte auch die technologische Basis des Gesamtunternehmens und eröffnete damit eine neue Dimension von Möglichkeiten der internen Produktinnovation. Zum vollwertigen Instrument für die Realisierung strategischer Ziele aufgewertet, wird sie die künftige Unternehmenspolitik in sehr viel stärkerem Maße prägen als bisher. Zwar wird es auch weiterhin externes

Wachstum zur gezielten Abrundung der Erzeugnispalette geben, doch soll die interne Produktinnovation zum eigentlichen Motor für die Steigerung des Wachstumspotentials und der Ertragskraft werden. Sie wird Mannesmann zu einem selbstgängigen Unternehmen machen, das sich von innen heraus immer wieder neu an die Anforderungen der sich ständig rascher wandelnden Umwelt anpaßt.

Das bedeutet keine strategische Kehrtwendung, sondern nur eine Gewichtsverlagerung. Sie räumt dem intern-innovativen Wachstum den Primat ein, der ihm von Beginn der Diversifikation an auf lange Sicht immer schon zugedacht war. Damit gewinnt die marktorientierte Produktplanung eine zentrale Bedeutung als Mittel strategischen Managements. Einige der Probleme, die dabei zu bewältigen sind, werden im folgenden am Beispiel der Entwicklung der Großhydraulikbagger bei Demag Baumaschinen erläutert.

Mannesmann Demag Baumaschinen blickt auf eine inzwischen fünfundsechzigjährige Tradition in der Baggerfertigung zurück. Die ersten, damals noch dampfbetriebenen Seilbagger wurden 1920 produziert. Die steigende Nachfrage nach einer zunehmend breiteren Palette stetig verbesserter Modelle führte 1935 zur Errichtung eines eigenen Baggerwerks in Düsseldorf-Benrath.

Mit dem 1954 vorgestellten ersten Vollhydraulikbagger der Welt wurde Demag Baumaschinen zum Wegbereiter für die Substitution der Seilbagger. Die gut regelbare und zugleich wirtschaftliche Wandlung von Kraft (Druck) in Geschwindigkeit (Fördermenge), die unkomplizierte Leistungsübertragung durch Rohre und Schläuche sowie die verbesserte Kinematik des Grabwerkzeugs bildeten fortan die Grundlagen für das Vordringen der Hydraulik. Die am unteren Ende des Erzeugnisspektrums einsetzende Ablösung der Seilbagger spiegelte sich in der fortschreitenden Umschichtung der Produktpalette wider. Mitte der siebziger Jahre umfaßte das Demag-Programm neben drei noch verbliebenen Seilbaggermodellen elf verschiedene Hydraulikbagger mit Betriebsgewichten zwischen

13 und 100 t. Damit war allerdings auch hier ein entscheidender Einschnitt erreicht. Mit Etablierung in der Gewichtsklasse oberhalb von etwa 50 t ab Anfang der siebziger Jahre begann sich das bis dahin homogene Geschäft in zwei getrennte Produktlinien mit jeweils eigenem strategischen Anforderungsprofil aufzuspalten.

Die Hydraulikbagger des unteren bis mittleren Leistungsbereichs hatten sich im Zuge der inzwischen nahezu abgeschlossenen Substitution der entsprechenden Seilbagger zu einem typischen Serienprodukt entwickelt, das mit relativ großen Stückzahlen im Breitengeschäft vor allem an die Bauwirtschaft abgesetzt wurde. Hinsichtlich der dort geforderten Funktionen mittlerweile weitgehend ausgereift, boten sie kaum noch nachhaltige technische Profilierungsmöglichkeiten. Zum entscheidenden strategischen Erfolgsfaktor war eine schlagkräftige, international flächendeckend ausgebaute Vertriebsorganisation geworden, die durch hinreichend hohe Marktanteile Kostendegressionspotentiale gegenüber dem Wettbewerb erschloß.

Im Gegensatz dazu lief die Substitution der im schweren Erdbau, in Steinbrüchen und Tagebauen eingesetzten Seilbagger des oberen Leistungsbereichs in der ersten Hälfte der siebziger Jahre gerade erst an. Hydraulikbagger in der Gewichtsklasse über 100 t standen überhaupt noch nicht zur Verfügung. Die für sie erforderlichen Hochdruckpumpen, Steuerblöcke und Antriebe mußten erst noch neu entwickelt oder an die speziellen Anwendungserfordernisse angepaßt werden. Für die weltweit nur in begrenzten Stückzahlen benötigten Großgeräte kam auch auf lange Sicht nur eine Einzel- oder Kleinserienfertigung in Betracht, die gezielt an den Bedarfsschwerpunkten vermarktet wird.

Demag Baumaschinen stand damit für die Baggerfertigung an einem entscheidenden strategischen Wendepunkt. Bei relativ geringen Marktanteilen im unteren bis mittleren Leistungsbereich und guter Wettbewerbsposition in der Gewichtsklasse oberhalb 50 t hätte die weitere Pflege beider Produktlinien primär zu einer Stärkung des unteren Erzeugnisspektrums ge-

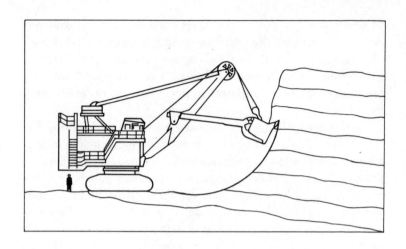

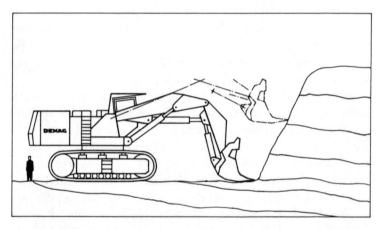

Bild 1: Undifferenzierter Abbau der anstehenden Formation mit dem Seilbagger (oben) und selektive Abbaumöglichkeit mit dem Hydraulikbagger (unten)

zwungen. Mangels nachhaltiger technischer Profilierungsmöglichkeiten hätten dazu nach hohen investiven Vorleistungen für Fertigung und Vertrieb letztlich Marktanteile über den Preis gekauft werden müssen, und das bei einem Produkt, das praktisch ausschließlich von einer einzigen, ausgesprochen konjunkturanfälligen Branche mit schon damals sehr begrenz-

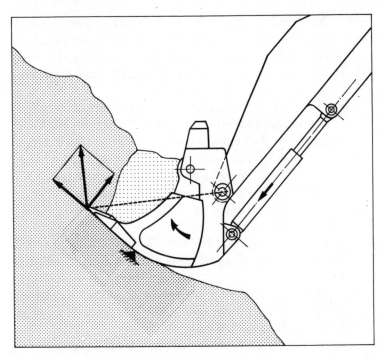

Bild 2: Abstützwirkung des Haufwerks auf die Schaufel des Hydraulikbaggers beim Grabvorgang

tem Wachstumspotential, nämlich der Bauwirtschaft, nachgefragt wurde.

Mannesmann Demag entschied sich daher für einen anderen Weg, für die Konzentration auf die großen Geräte der mittleren und oberen Gewichtsklassen. Unter Nutzung der vorhandenen Fertigungsanlagen und Vertriebswege sollten Investitionen in die Produktentwicklung die Grundlage für eine Schrittmacherrolle bei der Substitution der schweren Seilbagger schaffen. Basis für das angestrebte Verdrängungswachstum war die prinzipielle technische Überlegenheit der Hydraulikbagger, die sich gerade in den anvisierten Zielmärkten schwerer Erdbau, Steinbruch und Tagebau in folgenden wesentlichen Vorteilen ausdrückt:

– Der Hydraulikbagger erlaubt durch den gesteuerten Einsatz seines Grabwerkzeuges einen selektiven Abbau im gesamten Arbeitsbereich, während der Seilbagger seinen feststehenden Löffel bei jedem Arbeitsspiel durch alle Schichten der anstehenden Formation zieht *(Bild 1)*.

– Die Schaufel des Hydraulikbaggers stützt sich beim Lösen des Materials im Haufwerk ab. Hohe Grabkräfte beanspruchen daher nur die Schaufel und den vorderen Teil der Einrichtung *(Bild 2)*. Der Seilbagger muß dagegen die an dem langen Hebelarm des Auslegers angreifenden Kräfte ausschließlich mit seinem Standmoment aufnehmen. Gleiche Schaufelgrößen erfordern daher zusätzliche Gegengewichte, die das Betriebsgewicht drastisch erhöhen.

– Anders als Seilbagger lassen sich die Hydraulikbagger anstelle der üblichen Klappschaufel auch mit einem Tieflöffel ausrüsten *(Bild 3)*. Er erschließt eine ganze Reihe zusätzlicher Abbauvarianten und ermöglicht außerdem in einigen Fällen größere Ladeleistungen durch geringere Hubhöhen und kleinere Schwenkwinkel.

Bei der Umsetzung dieser Vorteile der Hydraulikbagger für die Substitution der schweren Seilbagger konnte sich Demag Baumaschinen neben der traditionell starken Marktstellung im oberen Leistungsbereich auf ein weiteres strukturelles Plus gegenüber dem Wettbewerb stützen, auf den Know-how-Transfer und auf die höhere Eigenfertigungstiefe im Konzernverbund. Die Zusammenarbeit mit den Hydraulik- und Getriebetechnikbereichen von Mannesmann Rexroth bei der Neu- und Weiterentwicklung der Schlüsselkomponenten bot die Basis für die Begründung einer technologischen Spitzenposition.

Als Mitte der siebziger Jahre die Grundsatzentscheidung für die Spezialisierung auf Großgeräte fiel, blieb das für die am Markt angebotene Produktpalette zunächst ohne Auswirkungen. Die drei damals in der Leistungsklasse oberhalb 50 t Betriebsgewicht angesiedelten Modelle H 51, H 71 und H 101 für den schweren Erdbau und den Einsatz in Steinbrüchen trugen mit etwa 50 % zu den Baggerumsätzen bei. Die andere

Bild 3: Klappschaufelbetrieb (oben) und Tieflöffelbetrieb (unten) von Hydraulikbaggern

113

Hälfte erzielte Demag Baumaschinen mit dem Verkauf wesentlich höherer Stückzahlen kleiner und mittlerer Einheiten an die Bauwirtschaft. Großhydraulikbagger, wie sie für die angestrebte Ablösung der schweren Seilbagger im Tagebau benötigt wurden, standen nicht einmal auf dem Reißbrett zur Verfügung. Um die Kontinuität des Geschäfts zu wahren, um drastische Umsatz- und Beschäftigungseinbrüche zu vermeiden, mußte daher das untere Programmspektrum zunächst noch so lange beibehalten werden, bis erste Markterfolge bei der Ausweitung des Leistungsangebots nach oben eine tragfähige Grundlage für den faktischen Vollzug der vorgesehenen Spezialisierung geschaffen hatten.

Am Anfang des Weges zur Verwirklichung der neuen strategischen Konzeption stand eine Produktplanung, die sich an den Anforderungen der Anwender in den drei Hauptzielgruppen schwerer Erdbau, Steinbruch und Tagebau ausrichtete. Marktanalysen ergaben, daß 90 % der Bagger in diesen drei Bereichen als Ladegerät für Schwerlastkraftwagen (Dumper) genutzt werden. Als wirtschaftlich hatte sich dabei in der Mehrzahl der Fälle eine Betriebsweise durchgesetzt, bei der vier bis sechs solcher Transportfahrzeuge einem Bagger zugeordnet sind und von ihm in je vier oder fünf Arbeitsspielen beladen werden. Erfolge bei der Substitution der Seilbagger setzten voraus, daß sich die Hydraulikbagger in diesen etablierten Systemverbund nahtlos einfügten. Bei etwa gleicher Taktzeit für ein Arbeitsspiel mußte daher das Schaufelvolumen auf die Transportkapazität der Dumper abgestimmt werden. Da die Größe des Grabwerkzeugs zugleich auch die konstruktive Auslegung des gesamten Baggers prägt, leitete sich die grundlegende Modellabstufung der langfristig angestrebten Produktpalette aus den gängigen Schwerlastwagentypen ab (Bild 4).

In diese neue Programmkonzeption ließen sich von den Mitte der siebziger Jahre angebotenen Geräten die beiden vorwiegend auf den Einsatz im schweren Erdbau und in Steinbrüchen hin ausgelegten Bagger H 51 und H 71 ohne größeren Konstruktions- und Entwicklungsaufwand einpassen. Der Trend zu höheren Transportleistungen in den einzelnen Dumperklas-

Typ		Schaufelinhalt (Schüttgewicht 1,8 t/m³) m³	durchschnittliche Ladeleistung t/h	zugehörige Schwerlast- kraftwagengröße t
H 40		2,5	360	15 - 20
H 55		3,3	500	25 - 30
H 85		5,5	850	35 - 50
H 121		7,5	1.200	50 - 70
H 185		11	1.700	85 - 100
H 241		14	2.200	110 - 150
H 485		23	3.500	150 - 200

Bild 4: Baggerprogramm Mannesmann Demag Baumaschinen

sen machte bis zum Anfang der achtziger Jahre lediglich eine Anhebung der Schaufelgrößen auf 3,3 bzw. 5,5 m³ erforderlich. Bei Steigerung des Betriebsgewichts auf 55 bzw. 85 t reichte dafür in beiden Fällen der Einbau stärkerer Motoren und leistungsfähigerer, aber noch marktgängiger Hydraulikkomponenten aus.

Mit einer anderen Ausgangslage sah sich Demag Baumaschinen bei seinem bisherigen Spitzenmodell H 101 konfrontiert. Ausgerüstet mit einer auf 7,5 m³ vergrößerten Standardschaufel für die Beladung von Schwerlastwagen der 60-t-Klasse, sollte es künftig als H 121 nicht nur höchsten Leistungsanforderungen auf Großbaustellen und in Steinbrüchen gerecht werden, sondern zugleich auch einen ersten Einstieg in das Tagebaugeschäft ermöglichen. Dieser zusätzliche Anwendungsbereich stellte jedoch prinzipiell höhere Ansprüche an die Dauerbelastbarkeit als die bisherigen Einsatzgebiete.

Bagger arbeiten in Tagebaubetrieben als Schlüsselgeräte mit Flaschenhalscharakter. Sie bestimmen die Förderleistung der gesamten Mine. Bei überwiegend dreischichtigem Einsatz erreichen sie über 5000 Betriebsstunden im Jahr. Die Kunden erwarten, daß sie diese Zeit ohne wesentliche Störungen und Stillstände durchstehen. Vergleichbare Stundenleistungen erreichen Hydraulikbagger in der Bauwirtschaft und in Steinbruchbetrieben bei durchweg einschichtiger Fahrweise erst nach drei oder vier Jahren. Dementsprechend höher sind auch die Ansprüche an die Dauerbelastbarkeit und Ausfallsicherheit aller Komponenten beim Tagebaueinsatz.

Diesen gesteigerten Anforderungen wurde schon der frühere H 101 in allen wesentlichen Baugruppen mit Ausnahme der Hydraulikpumpen gerecht. Der Übergang auf das leistungsfähigere, tagebaugeeignete Nachfolgemodell H 121 verlangte daher neben dem Einsatz eines stärkeren Motors vor allem die Verwendung verbesserter Axialkolbeneinheiten mit höherer Standzeit unter Dauerlast. In gemeinsamen Entwicklungsarbeiten gelang Demag Baumaschinen und den Hydraulikbereichen von Mannesmann Rexroth eine Reihe konstruktiver Detailverbesserungen, durch die die geforderte Mindestlebensdauer auch hier sicher überschritten wurde.

Mit der erfolgreichen Markteinführung des H 121 im Jahre 1977 hatte Demag Baumaschinen seinen Hydraulikbaggern zwar die Tür zum Tagebaugeschäft geöffnet, der eigentliche Kernbereich blieb aber weiterhin unerreichbar. Hier beherrschten die schweren Seilbagger mit Schaufelgrößen von 12, 17 und 21 m³ und Betriebsgewichten von 480, 620 und 850 t unangefochten das Feld. Sie beluden Dumper mit Transportkapazitäten von 100 t und mehr.

Als Mannesmann Demag daher 1977 mit der Entwicklung eines Großhydraulikbaggers dieser Leistungsklasse begann, war das ein Schritt in bisher unbetretenes technisches Neuland. Gegenüber dem H 121 in den wesentlichen Kenngrößen praktisch verdoppelt, sollte der geplante H 241 mit einer 14-m³-Schaufel Schwerlastwagen der 120-t-Klasse beladen. Alle

Schlüsselkomponenten wie Hydraulikpumpen, Steuerblöcke und Hydromotoren, Fahrwerks-, Drehwerks- und Verteilergetriebe mußten neu entwickelt oder konstruktiv von Grund auf überarbeitet werden *(Bild 5)*. Die 1-Motoren-Konzeption – überwiegend vom Wettbewerb bis heute noch nicht nachvollzogen – wurde beibehalten. Sie verband einfacheren Aufbau und leichtere Zugänglichkeit mit Vorteilen bei der Wartung und Wirtschaftlichkeit, zumal dieselben Dieselaggregate wie bei den zugehörigen Dumpern vorgesehen waren. Die gerade bei den schweren Seilbaggern relativ verbreitete Antriebsalternative Elektromotor wurde von vornherein als Kundenoption eingeplant. Das Gesamtgerät erhielt einen modularen Aufbau, so daß es zunächst komplett im Werk montiert und auf seine Funktionsfähigkeit geprüft, dann für die Auslieferung in transportfähige Baugruppen zerlegt und am Einsatzort ohne Schweißarbeiten in kürzester Zeit betriebsbereit gemacht werden konnte.

Dank der bereits beim H 121 bewährten Zusammenarbeit mit den Schwesterbereichen der Rexroth-Gruppe, die sich diesmal auch auf die Getriebetechnik erstreckte, wurde der erste Prototyp bereits Ende 1978 fertiggestellt. Die Lieferungen an Kunden begannen 1979. Und das Jahr 1980 brachte mit dem Absatz von zehn Geräten den entscheidenden Durchbruch im Markt.

Damit hatte Demag Baumaschinen den Einstieg in die Substitution der schweren Seilbagger für den Tagebaubetrieb geschafft und zugleich seine Stellung im oberen Leistungsbereich der Hydraulikbagger so weit gefestigt, daß die bereits fünf Jahre zuvor in der Produktentwicklung eingeleitete Spezialisierung auf Großgeräte nun auch im Markt vollzogen werden konnte. Demag Baumaschinen stellte die Fertigung von Serienbaggern mit weniger als 50 t Betriebsgewicht mit Ausnahme des H 40 ein, der als Vielzweckgerät zur Abrundung der Produktpalette weiter angeboten wird.

Mit diesem Schritt war zwar die strategische Umorientierung des Geschäftsbereichs abgeschlossen, nicht jedoch die Mitte der siebziger Jahre konzipierte Ausweitung des Ferti-

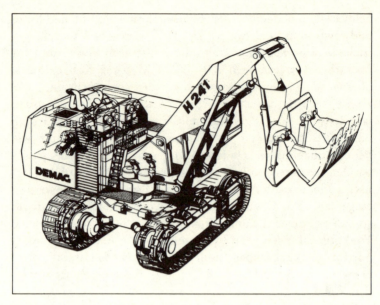

Bild 5: Skelettbild des Mannesmann Demag Großhydraulikbaggers H 241

gungsprogramms nach oben *(Bild 4)*. Um für alle Tagebauanwendungen eine Alternative zu den etablierten Seilbaggern bieten zu können, fehlte noch ein mittelgroßes Gerät, das die Leistungslücke zwischen dem H 121 und dem H 241 schloß, und ein Spitzenmodell, das gegen die 850-t-Seilbagger mit ihrer 21-m³-Schaufel für die Beladung von 170-t-Dumpern antreten konnte.

Demag Baumaschinen konzentrierte sich zunächst auf die Konstruktion des mittelgroßen Geräts. Unter Rückgriff auf bewährte Schlüsselkomponenten, die teils vom H 121, teils vom H 241 übernommen wurden, entstand in nur einjähriger Entwicklung der H 185. Er wurde 1983 in den ersten Exemplaren an die Kundschaft ausgeliefert.

Wesentlich anspruchsvoller gestalten sich dagegen die zur Zeit noch andauernden Arbeiten an dem neuen Spitzenmodell, dem H 485. Wie schon beim H 241, so müssen wegen des Lei-

118

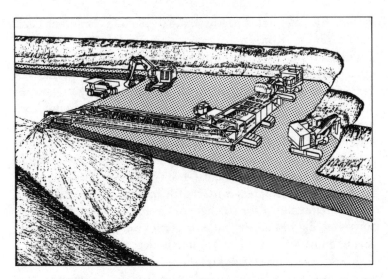

Bild 6: Systemverbund von Großhydraulikbaggern mit einem mobilen Durchlaufbrecher im Festgesteintagebau

stungssprungs auch hier wesentliche Baugruppen von Grund auf durchkonstruiert und teilweise neu entwickelt werden. Wenn 1986 die ersten Geräte ihren Betrieb aufnehmen, wird Demag Baumaschinen erstmals über das volle vor zehn Jahren konzipierte Produktprogramm verfügen, das das gesamte Baggern zugängliche Spektrum der Leistungsanforderungen vom schweren Erdbau über Steinbrüche bis hin zu Tagebaubetrieben abdeckt. Die daraus resultierenden zusätzlichen Wachstumspotentiale werden die inzwischen etablierte Weltmarktführerschaft bei Großhydraulikbaggern weiter festigen, die sich heute in der Lieferung von über 200 Großgeräten mit Betriebsgewichten von mehr als 100 t ausdrückt.

Die langfristig angelegte, marktorientierte Produktplanung bei den Hydraulikbaggern war aber nicht nur für Demag Baumaschinen ein Erfolg. Die gemeinschaftliche Komponentenentwicklung mit den Hydraulik- und Getriebetechnikbereichen von Mannesmann Rexroth erschloß auch diesen Schwesterge-

119

sellschaften zusätzliche Absatzmöglichkeiten innerhalb und außerhalb des Konzerns. Darüber hinaus öffneten die neuen Großgeräte den Weg zu innovativen Problemlösungen im Festgesteintagebau, in dem der Abraum wegen der geringeren Schneid- und Reißkräfte nicht mit Schaufelradbaggern gewonnen werden kann. Im Systemverbund mit eigens dafür konstruierten mobilen Durchlaufbrechern, die Grobgestein auf bandfähige Stückgrößen zerkleinern und über einen Abwurfausleger direktverstürzen *(Bild 6)* oder an eine Bandförderanlage übergeben, schaffen die Großhydraulikbagger die Möglichkeit, den besonders wirtschaftlichen und umweltfreundlichen Streifenabbau für solche Kohle- und Erzlagerstätten einzusetzen, die bisher nur mit weniger leistungsfähigen oder kostenungünstigeren Gewinnungsmethoden zugänglich waren.

Marktorientierte Produktplanung, die wie in diesem Fall zu einem dreifachen Erfolg auf den Ebenen des Komponenten-, des Geräte- und des Systemgeschäfts führt, wird sicher nur eine seltene Ausnahme bleiben. Sie zeigt jedoch, daß die Ansätze besonders aussichtsreich sind, die Entwicklungssynergien zwischen Komponentenherstellern und Systemintegratoren ausnutzen. Denn diese Projekte erschließen doppelte Marktchancen. In diesem Sinne wird die Produktplanung bei den Großhydraulikbaggern für Mannesmann richtungweisend sein.

WERNER BREITSCHWERDT

Zwänge des Marktes als Aufgabe für Forschung und Entwicklung

1.
Technischer Fortschritt – die unternehmerische Herausforderung unserer Zeit

Ein Land wie die Bundesrepublik Deutschland, das kaum über eigene Energievorkommen und Rohstoffe verfügt, wäre ohne herausragendes technisches Wissen und Können in der modernen arbeitsteiligen Weltwirtschaft zur Bedeutungslosigkeit verurteilt. Diese Erkenntnis erklärt nicht nur die Wurzeln unseres wirtschaftlichen und sozialen Wohlstands, sondern zeigt uns auch den einzig erfolgversprechenden Weg in die Zukunft.

Vor dem Hintergrund von mehr als zwei Millionen Arbeitslosen in unserem Land, dem Zwang, auf internationalen Märkten wettbewerbsfähig zu bleiben, und der zunehmenden Dynamik des technologischen Wandels besitzt die Frage nach der Erschließung weiterer wirtschaftlichen Wachstums für unsere Volkswirtschaft hohe Aktualität. Wir dürfen unsere Augen auch nicht davor verschließen, daß die weltwirtschaftliche Arbeitsteilung seit längerem strukturellen Veränderungen unterliegt. Die Fertigung technisch einfacher Massengüter verlagert sich aufgrund komparativer Kostenvorteile zunehmend in die Schwellen- und Entwicklungsländer. Für uns kann sich daraus nur eine Konsequenz ergeben: Entwicklung noch anspruchsvollerer Produkte und Verfahren, und das bedeutet Intensivierung des technischen Fortschritts.[1]

Zwar verfügt die Bundesrepublik als zweitgrößte Handelsnation und drittgrößter Technologie-Exporteur der Welt über einen hohen industriellen Leistungsstand. Wir sollten uns jedoch klar darüber sein, daß sich dieser im internationalen Wettbewerb ständig von neuem beweisen muß und dem strukturellen Wandel anzupassen ist. Letztlich ist sogar noch mehr als nur Anpassung erforderlich: Wir müssen immer wieder technische Vorsprünge erarbeiten.[2]

Erhaltung und Stärkung unserer Wettbewerbsfähigkeit im Weltmarkt sind unternehmerische Strategiefragen. Denn technisches Wissen und Können müssen von den Unternehmen und ihren Ingenieuren unter hohem Einsatz menschlicher und finanzieller Ressourcen und bei vollem Risiko hart erarbeitet werden.[3] Der Staat kann dabei nur mittelbar durch die Schaffung eines innovations- und investitionsfreundlichen Klimas helfen.[4] Dazu gehört vor allem auch die Förderung von Grundlagenforschung, die sich nicht nur in Universitäten und wissenschaftlichen Einrichtungen, sondern zu einem erheblichen Teil auch in der privaten Wirtschaft vollzieht. Deshalb ist es besonders wichtig, durch gezielte Maßnahmen die Bereitschaft der Unternehmen zur Forschung weiter zu fördern und ihre Finanzierbarkeit zu erleichtern.

Deutsche Unternehmen stehen der Forschung und Entwicklung sehr aufgeschlossen gegenüber. Die Forschungsintensität, das heißt der Anteil der Forschungs- und Entwicklungsaufwendungen am Umsatz, ist bei uns höher als in jedem anderen Industrieland.[5]

Die Stärke der deutschen Wirtschaft liegt im internationalen Vergleich vor allem bei solchen Produkten, die in ihrer technischen Konzeption einen verhältnismäßig hohen Reifegrad besitzen. Kennzeichnend hierfür sind Branchen wie Maschinenbau, Elektrotechnik, Chemische Industrie und Automobilwirtschaft. Diese haben im vergangenen Jahr mit ihrem qualitativ hochwertigen Angebot und maßgeschneiderten Problemlösungen mehr als die Hälfte der gesamten deutschen Exporterlöse erzielt und zu deren Anstieg maßgeblich beigetragen.

Dennoch werden gerade manchen Produkten dieser Schlüsselbranchen der deutschen Wirtschaft im Vergleich zu den sogenannten neuen »Hochtechnologie-Bereichen«, mit den

Schwerpunkten Computer- und Halbleitertechnik, Telekommunikation oder auch Gentechnologie, mitunter eher bescheidene Wachstumsaussichten vorausgesagt.[6]

Solche Betrachtungen beruhen meines Erachtens auf grundsätzlichen Mißverständnissen über die Bedeutung neuer Basistechnologien und die künftigen Entwicklungschancen unserer traditionellen Produkte.[7] Natürlich fördern wir Technologien wie etwa die Mikroelektronik, die Entstehung neuer und besonders wachstumsintensiver Industriezweige. Ausmaß und Tempo einer solchen Entwicklung sollten jedoch nicht überschätzt werden.[8] Basiserfindungen, die einen völlig neuen Bedarf erzeugen, sind sehr viel seltener als solche Innovationen, die zur Attraktivitätssteigerung vorhandener Produkte dienen.

Worauf es ankommt, ist die intelligente Kombination neuer Technologien mit marktgängigen Produkten. Hier liegen die besonderen Chancen der deutschen Industrie im internationalen Wettbewerb. Allein der »Blaupausenexport« schafft noch keine neuen Arbeitsplätze. Was wir brauchen, ist eine neue unternehmerische Perspektive: die des qualitativen Wachstums.

Sie gewinnt vor dem Hintergrund zunehmender Sättigungserscheinungen in einigen unserer traditionellen Märkte besondere Bedeutung. Natürlich läßt die Dynamik eines Marktes mit seiner zunehmenden Durchdringung nach. Solange aber ein Bedarf vorhanden ist und die Menschheit bemüht bleibt, ihren Lebensstandard weiter zu erhöhen, kann mit neuen Produktideen und technischem Fortschritt immer wieder zusätzliche Nachfrage und damit letztlich auch quantitatives Wachstum erreicht werden.[9] Denn die Tatsache, daß der Absatz auf einem Markt stagniert, deutet darauf hin, daß eine technische und qualitative Veränderung des Angebots erforderlich ist.

Ziel jeder verantwortungsbewußten Unternehmensführung muß es sein, sich durch neue technische Ideen rechtzeitig auf solche Marktsignale einzustellen, das heißt: dem Zwang des Marktes zuvorzukommen. Dabei kann es entsprechend den Produkten und Märkten sowie den technischen, wirtschaftlichen und personellen Möglichkeiten eines Unternehmens im einzelnen recht unterschiedliche Strategien geben, denen jedoch eines gemeinsam sein sollte: die konsequente Ausrichtung auf technische Innovation.

2.
Qualitatives Wachstum durch technischen Fortschritt am Beispiel der deutschen Automobilindustrie

Im folgenden sollen solche Strategien anhand konkreter Beispiele aus der deutschen Automobilindustrie näher erläutert werden. Seit der ersten Ölpreiskrise betreibt diese Branche eine Strategie der forcierten Produkt- und Prozeßinnovation. Sie hat sich auf diese Weise nicht nur den Ruf erworben, technisch führend in der Welt zu sein und sich damit auch eine starke Position im Weltmarkt verschafft, sondern sie hat sich zugleich wie wohl noch kaum eine andere Branche zuvor den Weg des qualitativen Wachstums eröffnet.

Während in den sechziger Jahren das Wachstum der deutschen Automobilindustrie weitgehend durch den Anstieg der produzierten Stückzahlen bestimmt war, hat sich ihre reale Wertschöpfung seit der ersten Ölpreiskrise marktbedingt bei nahezu gleicher stückzahlmäßiger Produktion um durchschnittlich gut 4 % pro Jahr erhöht. Trotz zunehmender Automatisierung der Fertigung konnte somit auch die Zahl der Beschäftigten weiter gesteigert werden.

Das hohe Innovationspotential der deutschen Automobilindustrie beschränkt sich allerdings nicht nur auf die Herstellerfirmen. Denn die Entwicklung von Serienteilen und -komponenten erfolgt in enger Zusammenarbeit mit den Zulieferern, die gerade auch im mittelständischen Bereich über einen außerordentlich hohen Stand an technischem Wissen verfügen. Dem kommt das in der deutschen Automobilindustrie praktizierte System entgegen, daß ein Zulieferer in der Regel mehrere Herstellerfirmen beliefert. Dadurch wird auf sehr viel breiterer Basis, als es in einem einzelnen Automobilunternehmen möglich wäre, eine Art Gemeinschaftsentwicklung betrieben – ein Aspekt, der zur Stärkung der Wettbewerbsfähigkeit deutscher Automobilhersteller beigetragen hat.

3.
Forschung und Entwicklung in einem Automobilunternehmen – Strategien zur langfristigen Beherrschung des Wandels im Markt

Um die Frage nach dem Erfolgsrezept deutscher Automobilentwicklung zu beantworten, bedarf es zunächst einer technischen Charakterisierung des Produktes selbst.

Das Automobil besteht aus einer Vielzahl von zum Teil hochkomplexen Einzeltechniken. So wichtig diese auch sind, der technische Wert und die Qualität eines Automobils werden letztlich dadurch bestimmt, wie alle Einzelteile zu einem harmonischen Ganzen zusammengefügt werden. Nicht der beste Motor, das beste Fahrwerk oder die formschönste Karosserie allein sind Maßstab des Erfolgs. Entscheidend ist das Auto in seiner Gesamtkonzeption. Und hier hat sich die deutsche Automobilindustrie einen deutlichen Wettbewerbsvorsprung erarbeitet, der sich in einer Vielzahl neuer Modelle eindrucksvoll dokumentiert.

Die Optimierung eines Fahrzeugkonzeptes setzt langwierige Erprobungen voraus. Selbst wenn bereits viele Einzeltechniken vorhanden sind, dauert die Entwicklung eines technisch anspruchsvollen neuen Automobils von der ersten Idee bis zur Marktreife des Fahrzeugs in der Regel fünf bis sieben Jahre.

Erfolgreiche Automobilentwicklung darf daher auch nicht primär auf Schnelligkeit bei der marktgängigen Umsetzung neuer Ideen ausgerichtet sein. Hierin unterscheidet sie sich von der Vorgehensweise in vielen anderen Branchen, deren Produkte durch immer kürzere Lebenszyklen gekennzeichnet sind und wo sich durch den Neuheiteneffekt mitunter erhebliche Innovationsgewinne realisieren lassen. Die Chance, mit einer nur zu 90 % erprobten Lösung einen Wettbewerbsvorteil zu erzielen, ist im Automobilgeschäft gegenüber dem damit verbundenen hohen Risiko einer dauerhaften Image-Schädigung nur gering zu bewerten. Prestige und Image werden im Automobilbau in besonderem Maße durch Produkt- und Fertigungsqualität bestimmt und sind durch das Marketing nur begrenzt beeinflußbar. Dies mußten auch die von den Herstellkosten besonders begünstigten japanischen Anbieter erfahren.

Während der Laufzeit eines Modells hat der Automobilingenieur nur begrenzte Möglichkeiten, neuen Anforderungen gerecht zu werden. Selbst kleinere technische Veränderungen sind mit der vorgegebenen konstruktiven Auslegung eines Fahrzeugs häufig nicht kompatibel. So setzt beispielsweise der Übergang von eingeglasten zu verklebten Windschutzscheiben eine völlig neue Konstruktion voraus, die sinnvoll erst bei einem Modellwechsel realisierbar ist. Ähnliches gilt auch bei einer Verlegung der Tankanlage, z. B. an möglichst sicherer Stelle über der Hinterachse. Außerdem ist zu berücksichtigen, daß jede technische Änderung an einem bestehenden Konzept Gesamtabstimmung und Harmonie eines Fahrzeugs gefährden kann.

Die Konsequenz daraus kann nur lauten: Mit jedem neuen Modell ist nicht nur dem aktuellen Käufergeschmack bestmöglich gerecht zu werden, sondern es sind zugleich auch solche Eigenschaften zu verwirklichen, die der Markt erst in einigen Jahren fordern wird. Wie in kaum einer anderen Branche kommt es in der Automobilindustrie darauf an, nicht nur auf die heutigen Anforderungen des Marktes zu reagieren, sondern die künftige Marktentwicklung durch das Produkt mitzugestalten. Würden wir so lange warten, bis uns der Markt zu produktpolitischen Maßnahmen zwingt, dann dürfte die Reaktion in der Regel zu spät erfolgen und mit einem unvertretbar hohen Aufwand verbunden sein.

Denn einem relativ häufigen Modellwechsel stehen vor allem auch wirtschaftliche Zwänge entgegen. Mit der heute einzusetzenden Fertigungstechnologie muß ein Modell der qualitativ anspruchsvollen Kategorie bei mittlerer Seriengröße fast ein Jahrzehnt produziert werden, um Entwicklungskosten und Investitionen in Milliardenhöhe wieder zurückzuerwirtschaften. Somit läßt sich auch der Versuch, jedem Modetrend im Markt hinterherzulaufen, mit einer effizienten Automobilentwicklung nicht in Einklang bringen. Natürlich müssen auch Trends mitgemacht werden, die ursprünglich nicht Gegenstand des eigenen Konzeptes waren, weil der Markt es einfach verlangt. Dennoch zeigt sich immer wieder: Ein ausgewogenes Fahrzeugkonzept setzt eine langfristige und an eindeutig definierten Zielsetzungen orientierte Entwicklung voraus.

Soweit sich diese Zielsetzungen ausschließlich aus den Anforderungen des Marktes ableiten, sind sie für den Automobilkonstrukteur weitgehend beherrschbar. Denn es hat sich gezeigt, daß sich diese – abgesehen von umwälzenden Entwicklungen wie den von den Ölpreiskrisen hervorgerufenen – nur über größere Zeiträume verschieben. Zumeist gehen solche Veränderungen einher mit einem Wandel in den wirtschaftlichen, politischen, verkehrstechnischen und in jüngster Zeit auch ökologischen Rahmenbedingungen und Wertvorstellungen.

Während es in der ersten Hälfte der fast hundertjährigen Geschichte des Automobils zunächst vor allem auf Eigenschaften wie Qualität, Komfort, Zuverlässigkeit und Transportgüte ankam, stehen darüber hinaus heute Zielsetzungen wie Sicherheit, Verbrauchssparsamkeit und Umweltfreundlichkeit der Fahrzeuge im Vordergrund. Aber nicht nur die Zahl der Entwicklungsparameter ist gestiegen, sie sind auch in ihrer Wertigkeit näher aneinandergerückt, was den Entwicklungsprozeß noch komplexer und damit langfristiger gestaltet.

Diesem Trend gegenläufig sind kurzfristige Veränderungen in den politischen Anforderungen an das Automobil. Es scheint dem Zeitgeist zu entsprechen, daß wir zunehmend der Gefahr erliegen, Akzente, die von momentanen Strömungen gesetzt werden, als die allein richtigen zu betrachten und andere Wertigkeiten weitgehend zu vernachlässigen.

So wurde in der politischen Diskussion um das schadstoffärmere Auto der Aspekt der Verbrauchssparsamkeit, der noch vor drei Jahren höchste Priorität besaß, kaum mehr berücksichtigt, obwohl die geforderten Maßnahmen zur Schadstoffreduzierung in ihrer Wirkung auch verbrauchssteigernd sind. Abrupte Kurswechsel verursachen Unsicherheiten, durch die unsere langfristig ausgerichtete Entwicklungsarbeit und damit auch die Wettbewerbsfähigkeit unserer Industrie auf Dauer Schaden nehmen können.

Daß dies bisher noch nicht geschehen ist, verdanken wir letztlich der Tatsache, daß wir neben der laufenden Serienentwicklung auch intensive Forschungsarbeit betreiben. Denn diese gibt der Produktentwicklung eine relativ hohe Reaktionsflexibilität.

Eine wirkungsvolle Forschungsarbeit muß zwar am Produkt ausgerichtet, jedoch weit über den Lebenszyklus des aktuellen Produktprogramms hinaus angelegt sein. Sie darf auch nicht nur auf solche Gebiete beschränkt bleiben, die zu den traditionellen Techniken des Unternehmens gehören. Während bei der technischen Entwicklung serienreifer Automobile die konkret erkennbaren bzw. sich abzeichnenden Anforderungen des Marktes im Vordergrund stehen, ist die Arbeit des Forschers vor allem auch auf alternative Marktverläufe zu richten.

Das setzt schöpferische Phantasie voraus, die sich mit traditionellen unternehmerischen Erfolgsmaßstäben kaum messen läßt. Der tatsächliche Wert einer Forschungsarbeit entzieht sich weitgehend der Planbarkeit. Insofern mag der modern gewordene Begriff des »Innovationsmanagements« irreführend sein. Management bedeutet: Steuerung durch betriebswirtschaftliche Erfolgsindikatoren. Wer dieses Prinzip strikt auf die Forschung anwendet, wird sich selbst um den Erfolg dieser Tätigkeit bringen. Denn es muß klar unterschieden werden zwischen dem Freiraum des Forschers auf der einen und der Verantwortung des Unternehmers auf der anderen Seite. In einem wirklich innovationsorientierten Unternehmen wird der Forschungsbereich stets mehr technische Ideen hervorbringen, als im Markt verwertbar sind. Aufgabe der Unternehmensführung ist es, daraus jene auszuwählen, die den größten Markterfolg versprechen. Ein Mangel an solchen technischen Alternativen käme einem Mangel an Zukunftschancen gleich.

4.
Technischer Fortschritt im Automobil – Antworten auf die Fragen von morgen

Die deutsche Automobilindustrie verfügt über ein hohes technisches Problemlösungspotential, das weit über die Anforderungen der Märkte von heute hinausgeht. Dies sei anhand von drei Schwerpunkten unserer Forschungs- und Entwicklungsarbeit erläutert, und zwar der Energiefrage, der Umweltschonung und der Anwendung neuer Technologien.

4.1 Auto und Energie

In unserer Entwicklungsarbeit gehen wir davon aus, daß Erdöl als Basis für motorische Kraftstoffe nach wie vor in vielerlei Hinsicht konkurrenzlos ist: Es besitzt die höchste Energiedichte, den besten Primärenergie-Ausnutzungsgrad und den vergleichsweise günstigsten Preis.

Dennoch wissen wir natürlich, daß die Erdölvorräte dieser Welt endlich sind. Zwar können wir nach heutigen Erkenntnissen unterstellen, daß aufgrund der bekannten Vorräte bei gleichbleibendem Verbrauch eine Versorgung mit derzeitiger Fördertechnik für mindestens die nächsten dreißig Jahre gesichert ist.[10] Diese Einschätzung betrifft jedoch nur die physische Verfügbarkeit des Erdöls. Eine ähnliche Prognose über seine politische Verfügbarkeit und die künftige Preisentwicklung wäre mit sehr viel größeren Risiken behaftet.

Die gesamte deutsche Automobilindustrie hat nach den Energiepreiskrisen in den siebziger Jahren ihre Entwicklungsarbeit darauf ausgerichtet, die vorhandenen Energien noch rationeller zu verwenden. Seit 1977 sank der durchschnittliche Kraftstoffverbrauch bei Fahrzeugen aus deutscher Produktion um fast 20 %. Noch vor zehn Jahren sagten Marktforscher das Ende des großen und leistungsstarken Pkw voraus, weil es damals nicht vorstellbar war, daß diese Autos den erhöhten Anforderungen an Verbrauchssparsamkeit gerecht werden können. Bei diesen Fahrzeugen wurde jedoch der mit Abstand spektakulärste Einsparungserfolg erzielt. Heute zeigt dieses Marktsegment das größte Wachstum.

Erreicht wurde dies durch erhebliche Fortschritte auf den Gebieten Aerodynamik, Leichtbauweise, Verbrennungsverfahren und Optimierung des Antriebsstranges. Dabei dürfte das mögliche Potential noch keineswegs ausgeschöpft sein.

Dennoch untersuchen wir in unseren Forschungsabteilungen bereits heute auch Kraftstoffvarianten. Hierzu gehören Alkohole, die aus Kohle, Biomasse, Erdgas oder synthetisch aufgebaut werden, Wasserstoff, der z. B. mit Hilfe von Sonnen- oder Kernenergie über Elektrizität aus Wasser gewonnen werden kann, verschiedene Arten des Elektro- und Gasantriebs und eine Reihe von Hybrid-Antrieben. Die keramische Gasturbine könnte von allen Antriebsmaschinen am leichtesten mit unterschiedlichen Kraftstoffen betrieben werden.

Die Beschäftigung mit diesen Alternativen soll die Entscheidungen bei der heutigen Entwicklung der Antriebsmaschinen absichern und die Vorarbeiten leisten für einen möglicherweise notwendig werdenden partiellen Ersatz von Erdöl, lokal oder für bestimmte Einsatzfälle. Die unternehmenspolitische Bedeutung dieser Forschungsarbeit wird möglicherweise erst in Jahrzehnten erkennbar und bewertbar sein. Allerdings kann schon heute nicht ausgeschlossen werden, daß sie dann für die Überlebensfähigkeit der Automobilunternehmen entscheidend sein wird.

4.2 Auto und Umwelt

Auch die Beschäftigung mit Fragen einer weitergehenden Umweltschonung stellt uns vor vielschichtige und über die aktuelle Entwicklungsarbeit hinausreichende Probleme. Denn die Wirkungszusammenhänge im komplizierten Ökologiesystem sind bisher noch kaum erforscht.

Für die Automobilentwicklung geht es um die konkrete Anwendung technischer Lösungen zur Begrenzung möglicher Umweltbelastungen.

Lange bevor das Phänomen der Waldschäden in der Öffentlichkeit Beachtung fand, hatte die deutsche Automobilindustrie bereits Maßnahmen zur Verringerung des Schadstoffausstoßes von Kraftfahrzeugen eingeleitet. So konnte in den vergangenen fünfzehn Jahren allein durch Fortschritte bei der vorhandenen Motorentechnik der Ausstoß von Stickoxyden bei den in der Bundesrepublik Deutschland neu zugelassenen Personenwagen um rund ein Drittel gesenkt werden. Die Reduzierung der anderen Schadstoffe war sogar doppelt so hoch. Damit sind Emissionswerte erreicht, die deutlich unter den gesetzlich zugelassenen Werten liegen.

Sobald neue und bessere Lösungen gefunden sind und diese auch in wirtschaftlich tragbarem Rahmen realisiert werden können, lassen wir sie in die Serienproduktion einfließen. Dies gilt beispielsweise für katalytische Abgasreinigungsanlagen, deren Einsatz zur Erreichung so strenger Abgasgrenzwerte wie den US-amerikanischen erforderlich ist. Die seit 1974 in den USA und ab 1976 in Japan eingesetzte erste Generation der Katalysatortechnik war auf das Konzept niederverdichteter Motoren, das heißt für unverbleites Normalbenzin, ausgelegt, was beträchtliche Einbußen bei Leistung und erheblichen Kraftstoffmehrverbrauch zur Folge hatte. Heute kommt bereits eine zweite Generation von Katalysatorfahrzeugen auf den Markt, die es erlaubt, das sparsame und leistungsstarke Hochverdichtungskonzept der Motoren beizubehalten und somit den bei Katalysatorbetrieb zwangsläufigen Benzinmehrverbrauch deutlich reduziert. Voraussetzung ist jedoch die Verfügbarkeit unverbleiten Superbenzins.

Darüber hinaus wird es bei der Abgasreinigungstechnik zweifellos weitere Fortschritte geben, um beide Ziele, Umweltfreundlichkeit und Verbrauchssparsamkeit, noch besser miteinander in Einklang zu bringen.

In unserer Forschungsarbeit besitzt auch die Untersuchung der Wirkungszusammenhänge hohe Priorität. Denn ohne deren Kenntnis ist eine wirksame Verbesserung unserer Umweltsituation auf Dauer nicht erreichbar. Die deutsche Automobilindustrie betreibt eigene Wirkungsforschung und beteiligt sich

an Programmen zur Untersuchung der Ursachen von Waldschäden. Wir machen jedoch eine Ursächlichkeit der Autoab-
gase an diesem Phänomen in keiner Weise zur Voraussetzung
für das Angebot noch schadstoffärmerer Autos. Denn die Umweltschonung ist längst zu einem eigenständigen Entwick-
lungsziel der Automobilindustrie geworden.

4.3 Auto und neue Technologien

Ein weiterer Schwerpunkt unserer Forschung und Entwicklung
ergibt sich aus der Verfügbarkeit neuer Technologien.

Die Mikroelektronik, die Bio- bzw. die Gentechnologie
oder auch neue Werkstoffe sind nicht mit dem Ziel einer ganz
bestimmten Produktanwendung entstanden. Diese hat sich erst
später durch produktbezogene Forschungsarbeit ergeben.

Am Anfang der Beschäftigung mit neuen Technologien stehen meist einfache Substitutionsüberlegungen. Erst in einer
nachfolgenden Phase werden ihre speziellen Eigenschaften genutzt, um bestimmte Funktionen zu erweitern oder Fertigungsverfahren anzupassen. In einer dritten Phase entwickeln sich
dann mitunter völlig neue Produktkonzeptionen.

Die Automobilentwicklung befindet sich bei der Anwendung
der Mikroelektronik zur Zeit in der zweiten Phase. Wir benutzen
die Mikroelektronik, um Komponenten zu entwickeln, die früher
mangels geeigneter Technologien nicht darstellbar waren. Dazu
gehört z. B. das Antiblockiersystem. Zwar war es schon für die Au-
tomobilingenieure der zwanziger Jahre von seiner Funktion her
wünschenswert, doch kann es erst heute mit der schnellen minia-
turisierten und kostengünstigen Mikroelektronik realisiert werden. Gleiches gilt auch für den Airbag. In beiden Fällen waren
Entwicklungszeiten von rund zwanzig Jahren erforderlich, bis
serienreife Lösungen vorlagen.

Die Mikroelektronik ist für den Automobilingenieur somit
längst keine Substitutionstechnologie mehr, sondern er nutzt
sie für neue innovative Möglichkeiten im Produkt, darüber
hinaus aber auch in Entwicklung und Fertigung. So ist in der

modernen Automobilkonstruktion die Verwendung der Mikroelektronik bereits zur Überlebensfrage geworden: Ohne Einsatz von CAD- und CAM-Systemen wäre der heute erreichte technische Stand unserer Fahrzeuge undenkbar.

Zur Entwicklung der in Mercedes-Benz-Fahrzeugen eingesetzten Raumlenker-Hinterachse mußten beispielsweise 8 Achsmodelle mit insgesamt 77 Varianten untersucht werden. Ohne Einsatz des Computers wäre entweder die zehnfache Kapazität an Ingenieuren oder dreißig Jahre Konstruktions- und Rechenzeit erforderlich gewesen. Das bedeutet, der mit der Raumlenker-Hinterachse erreichte technische Fortschritt hätte mit herkömmlichen Methoden in diesem Jahrhundert nicht mehr realisiert werden können.

In der Fertigung hilft uns die Elektronik, den Menschen an seinem Arbeitsplatz noch mehr zu entlasten. Zugleich ermöglicht sie eine weitere Steigerung von Produktivität, Flexibilität und Qualität der Produktion.

Auch wenn die dritte Anwendungsphase der Mikroelektronik im Automobil noch nicht Gegenstand unserer Serienentwicklung ist, so beschäftigt sie unsere Forscher schon seit langem. Im Mittelpunkt der Untersuchungen steht dabei die Frage, wie sich mit Hilfe der Mikroelektronik die Informationstechnik in unsere Fahrzeuge integrieren läßt. Das heißt, wir richten unsere Untersuchungen letztlich auf eine weitere Automatisierung des Verkehrsflusses, wie sie im Flugverkehr bereits in hohem Maße verwirklicht worden ist.

5.
Förderung des technischen Fortschritts durch freie Märkte und Weltoffenheit

Die geschilderten technischen Entwicklungen werden dem Automobilmarkt weitere Impulse geben, denn sie stehen im Einklang mit den Bedürfnissen und Wertvorstellungen unserer Kunden und werden dazu beitragen, daß wir diesen noch besser als bisher gerecht werden.

Dabei können wir von einem ganz sicher ausgehen: Der Wunsch nach individueller Mobilität entspricht einem Grundbedürfnis des Menschen und wird daher auch weiterhin uneingeschränkt Bestand haben. Der Stellenwert, den die Mobilität in unserem Leben hat, wird mit weiterer Verbreitung der Kommunikationstechnik voraussichtlich sogar noch größer werden. Das Automobil bleibt auf absehbare Zeit konkurrenzlos in der Erfüllung dieses Wunsches. Sein Platz ganz vorn in der Prioritätenskala des Verbrauchers ist unangefochten. Unzweifelhaft ist jedoch auch, daß es weiter steigenden Anforderungen gerecht werden muß. Unsere Autos des Jahres 2000 werden daher noch sicherer, umweltfreundlicher und verbrauchssparsamer sein als die heutigen Fahrzeuge. Daraus ergeben sich Wachstumschancen, die allerdings nur jene Unternehmen nutzen können, die dem technischen und qualitativen Fortschritt höchste Priorität einräumen.

Die deutsche Automobilindustrie hat im letzten Jahrzehnt bewiesen, daß sie über ausreichende technische Kreativität verfügt, um sich im immer härter werdenden Wettbewerb auf den Weltmärkten zu behaupten. Insofern haben wir allen Grund, weiteren technischen Fortschritt nicht als Zwang, sondern als Chance im Markt zu sehen.

Das setzt jedoch neben einer weiterhin intensiven Forschungs- und Entwicklungsarbeit vor allem zweierlei voraus: eindeutige politische Vorgaben, an denen wir unsere Arbeit langfristig ausrichten, und weltweit freie Märkte, in denen wir uns mit technisch überzeugenden Produkten dem Wettbewerb stellen können. Die Geschichte hat gezeigt, daß sich technischer, wirtschaftlicher und sozialer Fortschritt am wirkungsvollsten in freien Märkten verwirklichen läßt, wo dem Austausch von Technologie und Kapital keine Grenzen gesetzt sind.

Angesichts des immer enger werdenden Beziehungsgeflechtes zwischen den Volkswirtschaften der Welt muß dies in internationalem Maßstab gesehen werden.[11] Für eine so stark exportorientierte Wirtschaft wie die deutsche muß alles Denken und Handeln auf weltwirtschaftliche Wechselbeziehungen ausgerichtet sein. Wir sollten daher Forschung und Entwicklung auch keineswegs als eine Art Wettbewerb der Nationen betrachten. Worauf es ankommt, ist die konsequente Nutzung jener Chancen, die sich aus einer multinationalen Zusammenarbeit ergeben können; das gilt für die Forschung und Entwicklung ebenso wie für die übrigen Bereiche unseres unternehmerischen Wirkens.

Anmerkungen

[1] Vgl. Liebe, Bodo: *Möglichkeiten und Wege zur Gestaltung der wirtschaftlichen Zukunft*, in: VDI-Bericht 538, Besser als der Wettbewerb – Marktzwänge und Lösungswege, Düsseldorf, 1984, S. 6.

[2] Vgl. Sachverständigenrat zur Begutachtung der gesamtwirtschaftlichen Entwicklung, *Jahresgutachten 1984/85*, S. 168.

[3] »Selbst das Vorbild ›Silicon Valley‹ ist gerade nicht das Produkt staatlicher Planung. Es ist entstanden, obwohl man zunächst nur in Garagen und Hinterhöfen die Produktion aufnehmen konnte. Es ist das Ergebnis spontaner Initiative.« Prof. Dr. J. Starbatty: *Verführung zum offensiven Merkantilismus*, in: Frankfurter Allgemeine Zeitung vom 25. 2. 1985, S. 10.

[4] Vgl. Sachverständigenrat zur Begutachtung der gesamtwirtschaftlichen Entwicklung, *Jahresgutachten 1984/85*, S. 167.

[5] Vgl. *Die Weltwirtschaft*, 1984 Heft 1, hrsg. vom Institut für Weltwirtschaft Kiel, S. 70.

[6] Eine geradezu apokalyptische Vision für die deutsche Industrie zeichnet Nussbaum, Bruce: *Das Ende unserer Zukunft. Revolutionäre Technologien drängen die europäische Wirtschaft ins Abseits*, München 1984, S. 91 ff.

[7] Vgl. hierzu auch Drucker, Peter F.: *Illusion der Technik*, in: Manager-Magazin, Nr. 4/85, S. 198.

[8] Hierauf hat insbesondere Professor Hans L. Merkle hingewiesen. Vor der US-Handelskammer in Frankfurt betonte er, daß der sogenannte »High-Tech«-Bereich auch künftig nur einen relativ geringen Teil unserer industriellen Gesamtproduktion darstellen werde. Dieser sei derzeit je nach Berechnungsweise zwischen 5 und 15 % anzusetzen. Vgl. *Süddeutsche Zeitung* vom 24. 9. 1984.

[9] Vgl. Giersch, Herbert: *Sättigungsgrenzen?*, in: Wirtschaftswoche Nr. 16/83, S. 44.

[10] Vgl. *Mineralölzahlen 1983*, hrsg. vom Mineralölwirtschaftsverband Hamburg 1984, S. 59.

[11] Vgl. Liebe, Bodo: »*Was macht die Umsetzung von strategischen Konzepten so schwierig?*« *Erfahrungen mit der Unternehmensstrategie*, in: VDI-Z, Heft 18, September 1984, S. 640.

135

WALTER EVERSHEIM

Veränderte Strukturen durch neue Fertigungstechnologien

Einleitung

Die Strukturen von Unternehmen, insbesondere derjenigen, die der Produktionsgüterindustrie zuzurechnen sind, haben sich seit Beginn des Industriezeitalters (zweite Hälfte 19. Jahrhundert) mehrfach verändert. Warum ist also das Thema der Strukturveränderung besonders in den achtziger Jahren und in der Zukunft von aktuellem Interesse? Welche Rolle spielte die Produktionstechnik bei den vollzogenen und welche Bedeutung kommt den Fertigungstechnologien bei den noch zu erwartenden strukturellen Veränderungen zu?

An dieser Stelle muß bereits betont werden, daß unter Fertigungstechnologien nicht nur die Bearbeitungsverfahren und -prozesse zu verstehen sind, sondern auch das Zusammenwirken von Personal und Maschinen sowie die Informationstechniken. Wie noch aus späteren Ausführungen hervorgehen wird, gewinnt der Faktor »Information« neben den klassischen Produktionsfaktoren Material, Arbeit, Maschinen und Kapital zunehmend an Einfluß auf die Unternehmensergebnisse. Der Entwicklung von Informations- und Kommunikationstechnologien muß demnach entsprechende Aufmerksamkeit gewidmet werden.

Es ist zu beobachten, daß sich die technische Entwicklung nicht stetig, sondern in Form von Innovationsschüben vollzieht. Entsprechend Schumpeters Zyklentheorie [1]* sind diese

---

* Die Zahlen in eckigen Klammern beziehen sich auf das Verzeichnis des Schrifttums am Ende dieses Beitrags.

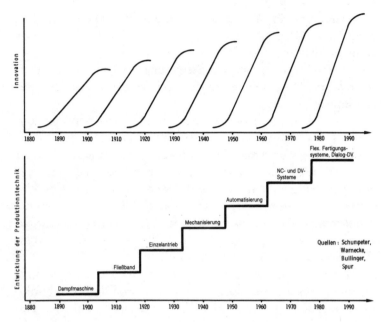

Bild 1: Innovationszyklen in der Produktionstechnik [1, 2]

Innovationsphasen im Zusammenhang mit dem Konjunktur-
verlauf zu sehen *(Bild 1)*. Nach Schumpeters Theorie ist die
wirtschaftliche Entwicklung bestimmt durch das Wirken selb-
ständiger Kräfte. Im Anschluß an Perioden ausgesprochener
Innovationsschwäche nutzen dynamische Unternehmen neues
technisches Wissen zur Realisierung von Neuerungen. Sie verschaffen sich dadurch einen temporären Vorsprung vor der
Konkurrenz. Die meisten Unternehmen der entsprechenden
Branchen sehen sich gezwungen, im Interesse ihrer Wettbewerbsfähigkeit ebenfalls die neuen Technologien zu nutzen.
Dabei ist zu beobachten, daß Erfindungen in immer kürzerer
Zeit Marktreife erlangen. Die Innovationszyklen werden kür-
zer, ihr Verlauf steiler.

Das Globalziel, Wettbewerbsfähigkeit zu erhalten oder zu
verbessern, kann durch unterschiedliche Teilzielvorgaben erreicht werden. Während in den Jahren des Wiederaufbaus Me-

chanisierung und Automatisierung zur Produktivitätssteigerung im Vordergrund standen, wurden Teilziele wie Informationsverarbeitung (NC-Werkzeugmaschinen*, EDV-Systeme, Computer Aided Design) zur Steigerung der Flexibilität gegenüber Marktschwankungen in den sechziger und siebziger Jahren immer wichtiger.

Es ist sicherlich schwierig, hier Ursachen und Wirkung voneinander zu trennen. Größere Variantenvielfalt auf den Märkten und steigende Arbeitskosten förderten stark den Trend zu mehr Flexibilität bei gleichzeitiger Automatisierung. Andererseits begünstigte die technische Entwicklung der Elektronikindustrie mit leistungsstarken Hard- und Softwaresystemen die Realisierung von flexibel automatisierten Fertigungseinrichtungen im Sinne der japanischen MECATRONICS (Verbindung von Mechanik und Elektronik).

Die vergangenen Jahre waren gekennzeichnet durch die Entwicklung einer neuen Generation von Produktionstechnologien unter dem bestimmenden Einfluß der elektronischen Datenverarbeitung. Einige, jedoch bisher zu wenige Unternehmen haben durch konsequenten Einsatz der Computertechnologien bereits großen wirtschaftlichen Erfolg erlangt. Ein entsprechender wirtschaftlicher Aufschwung wird folgen, wenn die technischen Errungenschaften in den nächsten Jahren auf breiter Basis in die Praxis umgesetzt werden.

In der künftigen hochautomatisierten Fabrik werden dann flexibel automatisierte Fertigungszellen und -systeme, Industrieroboter und »intelligente« Maschinen, eingebunden in ein fabrikübergreifendes Informationsverarbeitungssystem, in einer rechnerintegrierten Fertigung (Computer Integrated Manufacturing, CIM) produzieren. Mit der Einführung dieser Technologien werden jedoch – sei es als notwendige Voraussetzung oder als unausweichliche Folge – tiefgreifende Änderungen der bisher bekannten Strukturen bezüglich Führung, Organisation, Kommunikation und Personalqualifikation einhergehen.

---

* Diesem Beitrag hängt ein Verzeichnis der verwendeten Abkürzungen an.

Neue Technologien in Fertigung und Produktion

Die vielfältige Verwendung des Strukturbegriffs in den unterschiedlichen Wissenschaftsbereichen verlangt eine kurze Definition und Eingrenzung für die weiteren Betrachtungen.

Im folgenden soll als Struktur der innere Aufbau eines Systems aus Einzelelementen sowie die Art ihrer Anordnung untereinander verstanden werden. Das betrachtete System ist die Produktion, die selbst als Teilsystem des Systems Unternehmen angesehen werden kann. In der Produktion sind als Teilsysteme die Bereiche Konstruktion, Arbeitsvorbereitung, Fertigung und Montage zu unterscheiden. Im Mittelpunkt der folgenden Ausführungen steht die Fertigung, als deren wesentliche Elemente Personal, Fertigungsmittel, Produkte und Werkstoffe in Beziehung zueinander stehen.

Veränderungen in der Struktur des Systems Produktion dokumentieren sich grundsätzlich durch

– das Hinzufügen von Elementen,
– den Wegfall von Elementen,
– eine neue Art der Anordnung untereinander,
– neue Funktionen von vorhandenen Elementen und
– neue Strukturen der Elemente bzw. Teilsysteme.

Auslöser der hier diskutierten Strukturveränderungen – manche sehen darin sogar eine Revolution in der Fertigungstechnik – ist die Einführung neuer Technologien in der Produktion. Diese Technologien lassen sich in drei Gruppen aufteilen.

1. Neue Fertigungstechnologien in engerem Sinne

Als neue Fertigungstechnologien werden Entwicklungen bezeichnet, die neue physikalische Wirkprinzipien nutzen, *bekannte* physikalische Wirkprinzipien auf *neue* Prozesse anwenden, neue Werkzeuge oder neue Werkstoffe verwenden oder die Bewegungsverhältnisse zwischen Werkzeug und Werkstück anders gestalten. Beschränkt man sich bei der Betrachtung der Fertigungsalternativen nicht nur auf einzelne Stadien,

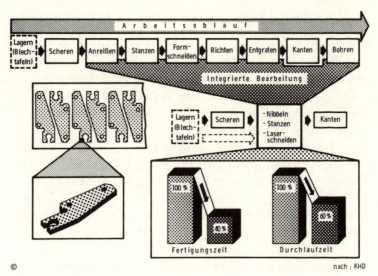

Bild 2: Durchlaufzeitreduzierung durch moderne Technologien
(Praxisbeispiel) [4]

sondern im Sinne eines Systemdenkens auf den gesamten Weg
zwischen Werkstoff und Fertigteil, so werden Möglichkeiten
zur Integration von Fertigungsschritten sichtbar. Deutlich
wird diese Philosophie an den zahlreichen Ansätzen zur mon-
tagenahen Formgebung sowie der Verbindung von Gestalter-
zeugung und Eigenschaftsänderungen am Werkstück [3].

Ein Praxisbeispiel *(Bild 2)* belegt, wie sich der Einsatz moderner Technologien auf den Fertigungsablauf auswirken
kann. Die Analyse der bisherigen Arbeitsabläufe bei der Fertigung von 500 verschiedenen Blechteilen mit Jahresmengen
zwischen 1 und 6000 Stück ergab, daß eine integrierte Bearbeitung des Teilespektrums auf einer CNC-gesteuerten Laser-
strahl-Schneid- und Nibbelmaschine die Zahl der ursprünglich
acht Arbeitsgänge auf nur drei reduziert. Die damit verbundene Einsparung der Übergangszeiten führte zu einer Reduzierung der Durchlaufzeit auf 60 % des Ausgangswertes. Gleichzeitig verringerte sich die Fertigungszeit einschließlich aller
Rüst-, Haupt- und Nebenzeiten auf 40 %, so daß nunmehr
auch kleinste Lose wirtschaftlich hergestellt werden können.

140

Als weitere Beispiele für innovative Fertigungsverfahren seien hier neben der Lasertechnologie das Wasserstrahlschneiden, das Drehfräsen sowie die elektrochemischen und funkenerosiven Verfahren genannt. Als neue Werkstoffe und Schneidstoffe stehen heute Materialien wie Faserverbundwerkstoffe (GFK, CFK, AFK), kubisch kristallines Bornitrid (CBN) oder polykristalliner Diamant (PKD) zur Verfügung.

2. Neue Technologien in der Fertigung

Fertigungsverfahren basieren grundsätzlich auf einer durch Informationen gesteuerten Einwirkung von Energie auf Materie. Die genannten neuen Fertigungsverfahren, die zumeist auf einer Veränderung der Form, in der die Energie eingebracht wird, bzw. auf einer Veränderung der Gestaltgebung der Bewegungsverhältnisse beruhen, erfordern eine ständige Weiterentwicklung bzw. Neuentwicklung von Werkzeugmaschinen.

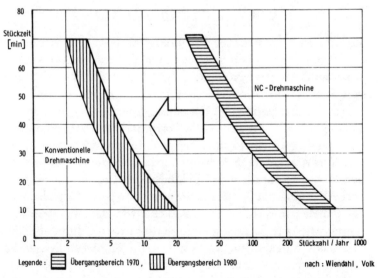

Bild 3: Veränderung des wirtschaftlichen Einsatzfeldes von NC-Drehmaschinen [5]

141

Gravierender wirken sich jedoch die Innovationen im Bereich der Verarbeitung der Steuerinformationen aus. Als Beispiele sind die numerischen Maschinensteuerungen (NC, CNC), die Leitrechner komplexer Fertigungssysteme, die Versorgung mehrerer Maschinen mit Steuerinformationen in DNC-Systemen sowie die Steuerung peripherer Einrichtungen zu nennen. Die Ursache für den Entwicklungssprung auf dem Gebiet der Steuerungstechnik ist bekanntermaßen die rasante Entwicklung im Bereich der »intelligenten Halbleiterbauelemente«.

Als Folge dieser Entwicklung hat sich das wirtschaftliche Einsatzfeld von NC-Drehmaschinen im Zeitraum von zehn Jahren sehr stark zu kleineren Losgrößen und Jahresstückzahlen verschoben *(Bild 3)*. Während 1970 der Einsatz einer NC-Drehmaschine noch bei Jahresstückzahlen um 200 als unwirtschaftlich gelten konnte, wurde 1980 bereits für Einzelfertigung der NC-Einsatz erwogen.

3. Neue Technologien in der Produktion

Zur dritten Gruppe neuer Technologien, die die Strukturen in der Produktion bestimmen, gehören die Informations- und Kommunikationstechnologien. Nicht nur die Verarbeitung von Steuerinformationen in der Fertigung, sondern auch die Erfassung, Erzeugung, Aufbereitung, Speicherung und Bereitstellung aller für die Produktion erforderlichen Informationen wird künftig in einem integrierten Informationssystem erfolgen. *Bild 4* zeigt einen Anwendungsfall, bei dem durchschnittlich 12 von 15 anfallenden Drehteilen pro Tag für die automatische Planung vorgesehen sind. Mit Hilfe einer formelementgebundenen Sprache wird ausgehend von der Werkstückbeschreibung eine Werkstückinformationsbasis gefüllt, die zunächst als Eingabe für das System DETAIL 2 zur Erstellung der Einzelteilzeichnung verwendet wird.

Weitere Systeme generieren die Arbeitsplandaten und die Teileprogramme für die NC-Fertigung. Die einzelnen Systeme

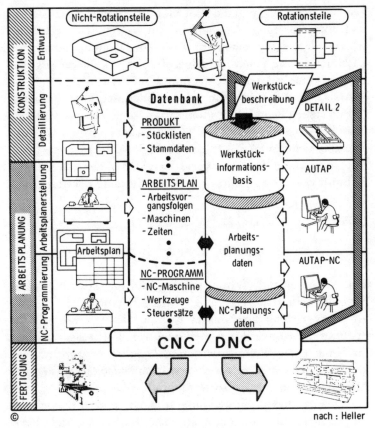

Bild 4: Integration der Fertigungsunterlagenerstellung für Rotationsteile [6]

sind an die Betriebsdatenbank gekoppelt, so daß bei einer Neuplanung die jeweiligen Ergebnisse in die Datenbank eingespeist werden.

Gerade im Bereich der Informationstechnik kann man von tiefgreifenden und umfassenden Veränderungen sprechen. Seit Taylor sind die Organisationsstrukturen in der Produktion durch weitgehende Arbeitsteilung gekennzeichnet. Die Möglichkeiten der Produktivitätssteigerung durch Differenzierung sind erschöpft. In vielen, speziell in den planenden Bereichen der Konstruktion, Arbeitsplanung und Arbeitssteuerung zei-

143

gen sich negative Folgen der Bürokratisierung, Spezialisierung und Formalisierung. Ziel muß es sein, vorhandene rechnergestützte Planungssysteme zu integrieren, Datenredundanz auszuschließen und einen einfachen Zugriff auf die jeweils relevanten, aktualisierten Informationen sicherzustellen.

Als Grundbausteine für eine rechnerintegrierte Fertigung (CIM) stehen heute Anwendungsprogramme zur Konstruktion (CAD), Arbeitsplanung (CAP), Arbeitssteuerung (CAM) und Qualitätssicherung (CAQ) zur Verfügung. Intelligente Systeme, sogenannte wissensbasierte Expertensysteme, werden in Zukunft die Leistungsfähigkeit dieser Systeme erweitern.

Veränderte Fertigungsstrukturen

Eine entscheidende Voraussetzung für die Nutzung neuer Technologien in der Fertigung wird die Entwicklung neuer Bearbeitungssysteme sein. Bisher wurden die Werkzeugmaschinen und die Konstruktionsmethoden für Werkzeugmaschinen im Sinne einer Weiterentwicklung lediglich ausgebaut. Dies geschah, um den z. B. durch neue Schneidstoffe gestiegenen Anforderungen gerecht zu werden.

Ergebnis dieser Entwicklungsarbeiten sind z. B. Bearbeitungszentren, die mit automatischen Werkzeug- und Werkstückwechseleinrichtungen ausgerüstet sind. Besonderes Kennzeichen dieser Zentren ist die Integration mehrerer Bearbeitungsverfahren in eine Maschine. Die erste derartige Lösung war das Bearbeitungszentrum zum Fräsen und Bohren, mit dem durch Spezialausrüstungen auch Drehprozesse durchzuführen sind. Eine andere Entwicklung ist in den Drehzentren zu sehen, bei denen ausgehend vom Drehmaschinenkonzept Bohr- und Fräsbearbeitungen hinzugefügt wurden. In der Blechbearbeitung werden NC-Blechbearbeitungszentren eingesetzt, mit denen durch die Kombination von Stanzen, Nibbeln und Laserstrahlschneiden auch komplizierte Konturschnitte ausgeführt werden können *(Bild 5)*.

Bild 5: NC-Blechbearbeitungszentrum

Über die Realisierung der Integration von Verfahren hinaus ist es jedoch erforderlich, das Grundkonzept der Konstruktion von Werkzeugmaschinen neu zu überdenken. Automatisierungsgerechte Werkzeugmaschinen sind hier ein erster Ansatz. An einer automatisierten Maschine mit automatischer Prozeßüberwachung ist dem störungsfreien Prozeß und damit z.B. dem freien Spänefall höhere Priorität beizumessen als einer ergonomischen Gestaltung des Arbeitsraumes. Grundlegend neue Wege und Strukturen werden zur Zeit in Japan erarbeitet. Am Mechanical Engineering Laboratory (MEL) in Tsukuba arbeiten Hersteller und Anwender von Komponenten der flexiblen Fertigung und Montage daran, modular aus Funktionseinheiten aufgebaute Werkzeugmaschinen und Montagezellen zu entwickeln. Die Module zum spanenden Bearbeiten werden über fahrerlose Transportmittel zu einer Fertigungszelle gebracht, wobei die Spindel- und Spaneinheiten nahezu beliebig kombinierbar sind. Das Umrüsten von der Bearbeitung prismatischer zur Bearbeitung rotationssymmetrischer Teile erfolgt automatisch durch Wechseln der Aufbaumodule [7].

Die bisher genannten Strukturveränderungen beziehen sich primär auf einzelne Fertigungsprozesse und somit auf einzelne Werkzeugmaschinen. Erst das koordinierte Zusammenwirken der Fertigungsmittel in allen Stadien der Produktherstellung sichert die geforderte Effizienz. Wie bereits angedeutet, vollzieht sich gerade hier ein tiefgreifender Strukturwandel. Die vorwiegend in den Unternehmen realisierten Strukturen konventioneller Fertigung sind funktional gegliederte Werkstättenfertigung bzw. objektbezogene starre Fließfertigung in Transferstraßen.

Als neue Fertigungsstrukturen in der flexibel automatisierten Fertigung sind flexible Fertigungszellen, flexible Fertigungsinseln, flexible Fertigungsstraßen und flexible Fertigungssysteme zu erwarten. Ihre Hauptmerkmale sind:
- vollständig automatisierte Bearbeitung,
- automatische Versorgung mit Werkzeugen und Werkstücken,
- rüstfreier Betrieb,
- automatische Versorgung mit Informationen und
- zentrale Bedienung und Überwachung nach dem Leitstandsprinzip.

Als äußeres Merkmal der Strukturveränderungen ist zu erkennen, daß der Mensch immer weiter vom eigentlichen Bearbeitungsprozeß entfernt arbeitet und so vom Arbeitstakt der Maschine entkoppelt ist. Der Bearbeitungsablauf an einer NC-Maschine wird numerisch nach den auf Datenträgern bereitgestellten Informationen gesteuert. Die Verrichtungen des Werkstück- und Werkzeugwechsels erfolgen durch den Bediener.

Diese Funktionen führt das Bearbeitungszentrum bereits automatisch aus. Hier ist es Aufgabe des Personals, während der Bearbeitung eines Werkstücks an einem Pendel- oder Drehtisch ein neues Werkstück aufzuspannen und zum Umrüsten das Werkzeugmagazin neu zu bestücken und die Vorrichtungen auf dem Bearbeitungstisch zu wechseln.

Die Erweiterung des Bearbeitungszentrums zu kleinen autonomen Fertigungssystemen, sogenannten flexiblen Fertigungszellen, erfolgt im Hinblick auf eine unbeaufsichtigte Fertigung über längere Zeit. Voraussetzung dafür ist, daß Speicher- und Wechseleinrichtungen für Werkstücke und Werkzeuge eingesetzt werden. Außerdem müssen Einrichtungen vorhanden sein, die den Prozeß zur Kontrolle von Werkzeugverschleiß oder Werkzeugbruch sowie zum Schutz der Maschine überwachen. Bei ausreichender Speicherkapazität für Werkzeuge und Werkstücke, aber auch für Steuerprogramme ist eine unbeaufsichtigte Fertigung während persönlicher Verteilzeiten des Bedieners, während Arbeitspausen und sogar über eine ganze unbemannte Schicht möglich. Dem Bediener flexibler Fertigungszellen obliegen die Aufgaben, außerhalb der Zelle Vorrichtungen zu rüsten, Werkstücke auf- und abzuspannen und Werkzeuge vorjustiert bereitzustellen.

Bild 6 zeigt, welche Nutzungsreserven in einer höheren zeitlichen Verfügbarkeit flexibel automatisierter Anlagen liegen. Die Bedeutung der Automatisierung wird erkennbar, wenn man sich vergegenwärtigt, daß in der Bundesrepublik Deutschland im Maschinenbau heute im Mittel um 11% der theoretisch verfügbaren Zeit produktiv genutzt werden. Die Steigerung der produktiven Leistung durch Nutzung bisher ungenutzter Arbeitszeiten eröffnet einen Weg, um der Kostenentwicklung bei den wesentlichen Produktionsfaktoren zu begegnen.

Die bekannteste Anlagenstruktur der flexibel automatisierten Fertigung ist das flexible Fertigungssystem [9]. Kennzeichen flexibler Fertigungssysteme ist, daß unterschiedliche Werkstücke gleichzeitig oder nebeneinander auf verschiedenen Werkzeugmaschinen gefertigt werden. Diese Maschinen sind informations- und materialflußtechnisch verkettet. Als Bearbeitungseinheiten werden numerisch gesteuerte Werkzeugmaschinen eingesetzt. Die Fertigungsabläufe und die Ver- und Entsorgungsvorgänge werden mit Hilfe elektronischer Datenverarbeitungsanlagen gesteuert.

Das in *Bild 7* dargestellte flexible Fertigungssystem (FFS) ist bei der Firma KHD in Köln installiert. Es besteht aus drei sich ergänzenden Bearbeitungszentren, von denen eines mit einem Wechselsystem für Mehrspindelbohrköpfe ausgerüstet ist.

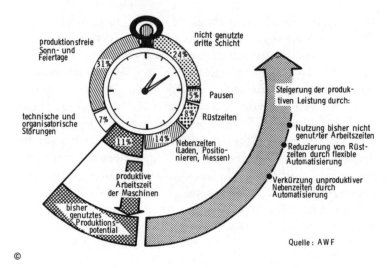

Bild 6: Zeitliche Nutzungsreserven in der Produktion [8]

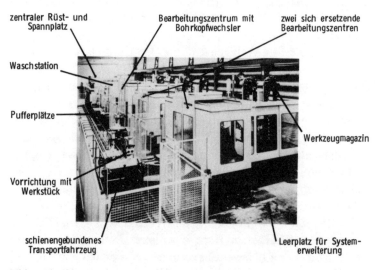

Bild 7: Flexibles Fertigungssytem für prismatische Bauteile

148

Die Bearbeitungseinheiten sind durch einen schienengebundenen Transportwagen mit den Rüstplätzen und einer Werkstückwaschanlage verbunden. Wegen der Komplexität der verschiedenen Strukturbeziehungen und den kurzen Zeitabständen zwischen Ereignissen und notwendigen Entscheidungen wird zum Betrieb des FFS ein Rechner, der sogenannte Fertigungsleitrechner, eingesetzt. Dieser koordiniert und optimiert nach vorgegebenen Strategien und Programmen Fertigungsfolgen und Materialfluß. Als Teilaufgaben übernimmt der Rechner Disposition und Zuweisung aller Werkzeugmaschinen, Werkstücke, Werkzeuge, Vorrichtungen und Transportmittel.

Flexible Automatisierung in flexiblen Fertigungssystemen bedeutet nicht nur automatische Versorgung mit den benötigten Werkstücken und Betriebsmitteln, sondern auch zeitgerechte und vollständige Bereitstellung aller zugehörigen Fertigungsinformationen. Entsprechend den funktionalen Zusammenhängen im Produktionsablauf ist heute eine hierarchische Strukturierung der Datenverarbeitung üblich. Planungs-, Steuerungs- und Überwachungsfunktionen müssen ein in sich geschlossenes System von Vorgaben und Rückmeldungen bilden. Der Informationsfluß geht über mehrere Ebenen *(Bild 8)*.

Von der planenden Ebene werden mit Hilfe von Produktionsplanungs- und Steuerungssystemen (PPS) Fertigungsaufträge für eine bestimmte Periode vorgegeben. Unter Berücksichtigung der Verfügbarkeit der erforderlichen Ressourcen erfolgt auf der Fertigungsleitebene eine vorläufige Systembelegung. Mit dieser Belegung wird eine nach vorgegebenen Prioritäten optimierte Werkstückfolge beschrieben.

Die operative Steuerung der Abläufe im System (Systemebene) erfolgt fertigungsbegleitend. Der aktuelle Systemzustand, d. h. die verfügbaren Kapazitäten und Bestände, Planabweichungen und Störungen sind zu berücksichtigen.

Die unterste Ebene der Datenverarbeitung in der Fertigung, die Prozeßebene, wird z. B. von den numerischen und speicherprogrammierbaren Steuerungen der Werkzeugmaschinen, Handhabungsgeräte, Transportmittel u. ä. gebildet.

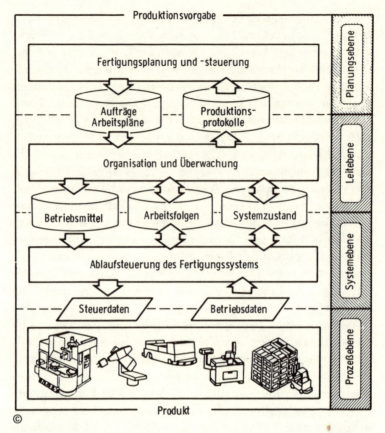

Bild 8: Funktionale Struktur der Datenverarbeitung in der Fertigung [10]

Die Lösung des Kommunikationsproblems zwischen den verschiedensten Steuerungskomponenten ist in sogenannten offenen Systemen zu suchen, in denen aufgrund der standardisierten Schnittstellen Geräte unterschiedlicher Hersteller einbezogen werden können. Als Kommunikationsebene werden sich mit großer Wahrscheinlichkeit Lokale Netzwerke (Local Area Network – LAN) durchsetzen, die mit einfachen Mitteln den Aufbau leistungsfähiger Datenverbundstrukturen ermöglichen.

150

Veränderte Produktionsstrukturen

Wie bereits angedeutet, sind unter Produktion sowohl die planenden Bereiche Konstruktion und Arbeitsvorbereitung als auch die ausführenden Bereiche Fertigung und Montage zu verstehen. Die Anwendung der bereits genannten neuen Technologien des rechnerunterstützten Konstruierens (CAD), der rechnerunterstützten Arbeitsplanung (CAP) und der rechnerunterstützten Fertigung (CAM) bedingt Veränderungen des Informationsflusses, der Arbeitstechniken und Organisationsstrukturen. Die Wirtschaftlichkeit der verschiedenen rechnerunterstützten Einzelsysteme läßt sich beträchtlich erhöhen, wenn die erstellten Informationen auch in den nachgelagerten Produktionsbereichen genutzt werden können. Ein Schwerpunkt heutiger Softwareentwicklung liegt daher auf Bemühungen, Programme zu entwickeln, die über eindeutige Schnittstellen eine Integration der jeweiligen Programmmoduln ermöglichen.

Durch die integrierte Informationsverarbeitung und Unterlagenerstellung läßt sich der Aufwand für die Dateneingabe erheblich reduzieren; Qualität und Aktualität der Informationen werden verbessert. Diese effiziente Datennutzung steigert die Produktivität gegenüber der Anwendung von Einzelsystemen erheblich, so daß der wirtschaftliche Einsatz erhöht werden kann.

Jede Planungsabteilung erhält auf ihre Aufgaben zugeschnittene Hilfsmittel (*Bild 9*). Da es hinsichtlich des zu verarbeitenden Datenmaterials durchaus Überschneidungen gibt, lassen sich zwei Forderungen ableiten:
- Die gesamten betrieblichen Daten müssen in einer Datenbasis bereitgehalten werden.
- Die einzusetzenden Planungsmethoden sind, soweit möglich, zu erfassen und in einer für die unterschiedlichen Bereiche nutzbaren Methodenbank abzulegen.

Durch den Einsatz von Kommunikationsnetzen und zentralen Datenbasen bei Nutzung von dezentraler Hardware können technische Informationen quasi ohne Zeitverlust zwischen

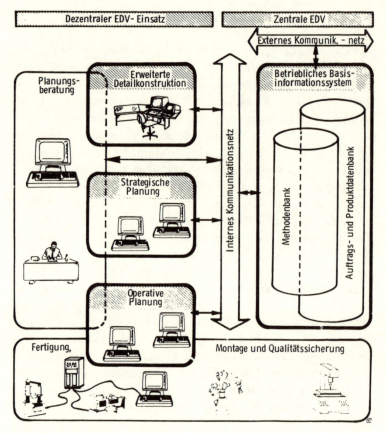

Bild 9: Perspektiven für die EDV-unterstützte Planung [6]

allen Beteiligten ausgetauscht werden. Man erkennt auch an diesem Anwendungsgebiet sehr deutlich, daß durch bereichsüberschreitende Kommunikation die »gewachsenen« Kompetenz- und Organisationsstrukturen künftig neu zu gestalten sind.

Zukünftig sind jedoch noch weitere Veränderungen und Entwicklungen auf dem CAD/CAP-Gebiet zu erwarten. Die Verarbeitung von Volumeninformationen in CAD-Systemen wird zunehmen. Die Basis von neuen rechnerunterstützten Konstruktionssystemen werden geometrische Modellierer sein,

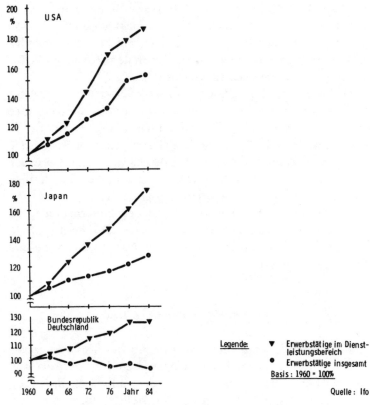

Bild 10: Entwicklung der Beschäftigungszahlen in den USA, in Japan und in
der Bundesrepublik Deutschland [12]

die mit weniger Eingabeaufwand, verbessertem graphischen
Dialog, Eingabe von natürlicher Sprache, Mustererkennung,
Rekonstruktionstechnik und Konstruktionssprachen arbeiten
werden [11]. Die bisher als nicht algorithmierbar bezeichneten
Konstruktions- und Arbeitsplanungslogiken werden durch Expertensysteme und sogenannte »künstliche Intelligenz« der
elektronischen Datenverarbeitung zugänglich gemacht.

Die aufgezeigten Entwicklungen verdeutlichen, welche Bedeutung Informationen und Informationsverarbeitung für die
Unternehmen gewonnen haben. Neben den klassischen Produktionsfaktoren Arbeit, Maschinen, Material und Kapital ist

153

als neuer Produktionsfaktor die Information getreten. Es sind ganze Branchen entstanden, die sich ausschließlich mit dem Erfassen, Verarbeiten und Weitergeben von Informationen befassen. Abzulesen ist die Entwicklung an dem Zuwachs der Beschäftigten im Dienstleistungssektor *(Bild 10)*.

Besonders stark ausgeprägt ist dieser Zuwachs in den USA zu beobachten, wo heute rund 70 Prozent aller Beschäftigten ihren Lebensunterhalt in Dienstleistungsberufen verdienen. Zu einer Zeit, da in der Europäischen Gemeinschaft und ebenso in der Bundesrepublik die Zahl der Beschäftigten sank, wurden in den USA etwa 20 Millionen neue Arbeitsplätze geschaffen, die meisten davon im Dienstleistungsgewerbe.

Zu den neuen Berufen und den neuen Unternehmen, die dort entstanden sind, gehören auch solche, die darauf spezialisiert sind, Fachwissen über neue Produktionstechnologie und Software zu liefern.

Veränderte Arbeitstechniken

Auf die Veränderungen der Arbeitsinhalte des Bedienpersonals in der Fertigung wurde bereits hingewiesen. Im folgenden soll der Einfluß neuer Technologien in den indirekten Bereichen am Beispiel der Arbeitsplanung dargestellt werden *(Bild 11)*. Schwerpunkt bei der Planung der konventionellen Fertigung ist im wesentlichen nur die Arbeitsvorgangsfolgebestimmung.

Eine höhere Automatisierung macht zusätzlich die NC-Programmierung und Steuerungs- und Überwachungsaufgaben erforderlich. Dabei summieren sich die Einzelaufgaben der Planungsschwerpunkte zu immer umfangreicheren Planungskomplexen.

Die Frage, welche Aufgaben der Mensch in einer zunehmend automatisierten Arbeitswelt übernehmen soll, ist so alt wie die Industrialisierung selbst [13]. Rationalisierung darf jedoch nicht am Mitarbeiter vorbei erfolgen. Die neuen Informations- und Kommunikationstechnologien sollen ihm als Arbeitsmittel dienen. Die damit einhergehende Differenzierung

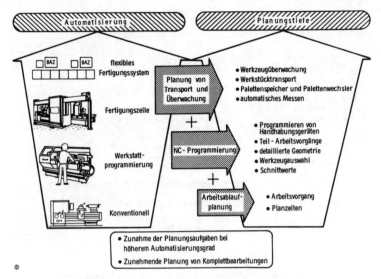

Bild 11: Steigerung der Planungskomplexität durch neue Fertigungs-
konzepte [6]

und Erweiterung von Tätigkeiten, die zur Gewährleistung des
prozessualen Zusammenhangs notwendig sind, läßt sich letztendlich auf zwei Gründe zurückführen.

Zum einen werden im Zuge des Einsatzes von rechnerge-
steuerten Maschinen und Anlagen in der Regel verstärkt dispo-
sitive Funktionen und vorbereitende Aufgabenelemente, z. B.
Einrichten, aus dem unmittelbaren Mensch-Maschine-System
ausgegliedert. Zum anderen gewinnen traditionelle Funktionen, wie z. B. die Wartung und Instandhaltung, die für die
Vermeidung von Störungen und Stillständen und damit für die
optimale Auslastung des Systems in entscheidender Weise verantwortlich sind, sowohl in quantitativer als auch qualitativer
Hinsicht an Bedeutung. Zur Wartung der mit immer mehr
Elektronik ausgerüsteten neuen Produktionseinrichtungen
sind Mitarbeiter erforderlich, die über die Kenntnisse in Mechanik, Hydraulik oder Elektrik hinaus umfassendes Wissen
über Funktion und Fehlermöglichkeiten der elektronischen
Bauteile mitbringen. Immer häufiger wird das Berufsbild des
»Mecatronicers« gefordert.

155

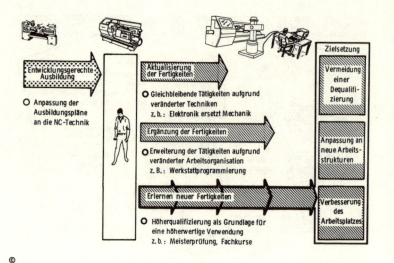

Bild 12: Anforderungen an zukunftsorientierte Ausbildungsstrukturen [13]

Ebenso bringen die neuen Technologien in den planenden Abteilungen neue Funktionen mit sich. War der Mitarbeiter vor Einführung der informationstechnisch orientierten Produktion für ein kleines Teilgebiet verantwortlich, das überwiegend aus repetitiven Tätigkeiten bestand, so hat er jetzt wesentlich erweiterte Beratungs- und Überwachungsfunktionen für ein größeres Aufgabengebiet wahrzunehmen. Voraussetzung dafür, daß die Mitarbeiter die ihnen zufallende komplexe »Kopfarbeit« in ihrer gesamten abstrakten, aber auch betriebs- und fachspezifischen Qualifikationsbreite wahrnehmen können, ist eine frühzeitige und umfangreiche Aus- und Weiterbildung.

In *Bild 12* sind als Beispiel die prinzipiellen Möglichkeiten der Aus- und Weiterbildung eines Maschinenbedieners beschrieben. Als wichtigste Forderung ist zu nennen, daß bereits verlorenes Terrain wieder aufzuholen und Ausbildungsstrukturen zu schaffen sind, die dem derzeitigen Stand der technischen Entwicklung gerecht werden. Es gehört ebenso zur verantwortungsvollen Personalplanung, die einmal vermittelten

Fertigkeiten stets zu aktualisieren, d. h. durch Weiterbildung ist eine Dequalifizierung zu vermeiden und eine Anpassung an neue Arbeitsstrukturen anzustreben.

Bisher passen nur sehr wenige Industrieunternehmen ihre Personalpolitik den Entwicklungen in der Produktionstechnologie an oder schulen ihr Personal um. Es wird daher in Zukunft äußerst schwierig sein, erstklassiges Personal zu gewinnen. Besser ausgebildete, höher bezahlte und selbständige Mitarbeiter erfordern neue Weiterbildungs-, Motivations-, Entlohnungs- und Arbeitszeitstrategien.

Nicht die Automatisierung um jeden Preis, sondern eine sinnvolle Verteilung der Aufgaben zwischen Mensch und Technik in einer Form, die diesen beiden Produktionsfaktoren ihr Bestes abverlangt, ist die sicherste Garantie für Produktivität und Wirtschaftlichkeit des Gesamtsystems Produktion.

Veränderte Kostenstrukturen

Der Gesichtspunkt Wirtschaftlichkeit wird auch in Zukunft letztendlich ausschlaggebend für die Anwendung neuer Technologien sein. Der hohe Kapitalbedarf für Investitionen und die dargestellten Veränderungen in den Produktionsabläufen werden sich in einer gewandelten Kostenstruktur niederschlagen. Die erheblichen Investitionen in innerbetriebliche Infrastruktur, Peripherieeinrichtungen, Softwareentwicklung und Rechnerhardware werden die Investitionen für die Maschinen selbst übersteigen.

Die fixen Kosten werden daher einen größeren Anteil an den Gesamtkosten ausmachen, zumal die variablen Kosten in manchen Bereichen sicher vermindert werden können. Durch höhere Wiederholgenauigkeit und verbesserte Qualität entsteht weniger Ausschuß und Nacharbeit. Trotz Herstellung komplexer Produkte sinken die Materialkosten. Die direkten Personalkosten werden relativ an Bedeutung verlieren, da der Stundenlohn des Bedieners im Vergleich zum Maschinenstundensatz oder zu den indirekten Arbeitskosten eine andere Ein-

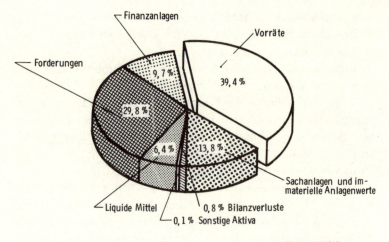

Finanzanlagen

Vorräte

Forderungen

9,7 %

39,4 %

29,8 %

6,4 % 13,8 %

Sachanlagen und im-
materielle Anlagenwerte

Liquide Mittel

0,8 % Bilanzverluste

0,1 % Sonstige Aktiva

Quelle: VDMA

Bild 13: Vermögensstruktur von 84 Aktiengesellschaften des Maschinenbaus (1981) [14]

schätzung erfährt. Außerdem nimmt mit zunehmender Automatisierung der Anteil manueller Verrichtungen an den auszuführenden Prozeßfunktionen ab.

Diese Kostenveränderungen führen zu einem insgesamt flacheren Verlauf der Kostenkurven. Die Empfindlichkeit für Stückzahlschwankungen einzelner Produkte wird geringer, der Zwang zu einer hohen Gesamtstückzahl verstärkt sich. Wegen der Flexibilität der Produktionseinrichtungen ist es jedoch möglich, die höheren Gesamtinvestitionen auf eine größere Anzahl unterschiedlicher Produkte umzulegen. Durch flexible Automatisierung kann der Unternehmer schneller auf geänderte Marktanforderungen und Sonderwünsche der Kunden reagieren und ohne lange Rüstzeiten die Produktion umstellen. Wenn die Stückkosten nicht mehr von der Losgröße und der produzierten Stückzahl abhängen, werden die Kostenunterschiede zwischen Einzel- und Großserienfertigung abnehmen. Die Produktion in kleinen Stückzahlen bis hin zur Losgröße »1« wird wirtschaftlich möglich.

Es stellt sich jedoch die Frage, wie die hohen Investitionen bei dem sowieso zu geringen Finanzpotential der Unterneh-

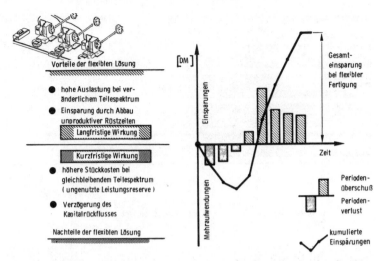

Bild 14: Zeitraumbezogene Investitionsbewertung für Systeme der flexiblen Fertigung [15]

men finanziert werden können. Zahlen des VDMA belegen, wie symptomatisch die hohe Kapitalbindung im Umlaufvermögen im deutschen Maschinenbau ist *(Bild 13)*. Eine Statistik zur Vermögensstruktur von 84 Aktiengesellschaften des Maschinenbaus weist aus, daß die Vorräte etwa 39,4 Prozent der Aktiva und damit etwa dreimal soviel wie die Sachanlagen (13,8 %) ausmachen [14].

Die oben beschriebenen neuen Technologien bieten als Vorteil die Möglichkeit, die Vorratshaltung weitgehend zu vermindern. Geringere Rüstzeiten, verbesserter Informations- und Materialfluß, integrierte Bearbeitung und hierdurch drastisch reduzierte Durchlaufzeiten machen eine Vorratshaltung quasi überflüssig. Das bedeutet, daß insbesondere Finanzmittel, die im Umlaufkapital gebunden waren, in produktive, wertschöpfende Betriebsmittel investiert werden können.

Voraussetzung hierfür ist allerdings, daß nicht ein übertriebenes Sicherheitsdenken den Abbau der Läger verhindert. Die Nutzung innnovativer Technologien darf ebenso nicht an Wirtschaftlichkeitsrechnungsverfahren scheitern, die sich einerseits an kurzfristigen Zielen orientieren und andererseits

159

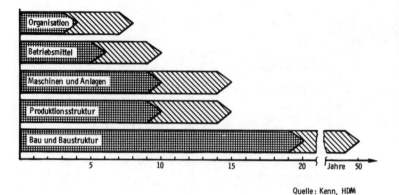

Quelle: Kenn, HDM

Bild 15: Lebensdauer verschiedener Produktionsmittel [16]

für Produktionstechnologien der vergangenen Jahrhunderte entwickelt wurden.

Hier ist ein Umdenken zu einer mehr zeitraumbezogenen strategischen Betrachtung notwendig. Aber auch die räumlichen Bilanzgrenzen für die Wirtschaftlichkeitsrechnung sind weiterzuziehen *(Bild 14)*.

Kriterien wie kürzere Durchlaufzeiten, verbesserte Lieferbereitschaft, Senkung der Kapitalbindung im Umlaufvermögen, gesteigerte Qualität und verbesserte Reaktionsfähigkeit in der Fertigung sprechen für flexible Automation. Vor allem bei den kürzer werdenden Produktlebenszyklen und der zunehmenden Variantenvielfalt am Markt sind flexible Fertigungssysteme langfristig effizienter und kostengünstiger einzusetzen. Dies läßt sich jedoch mit den zur Zeit üblichen zeitpunktorientierten Rechenmethoden nicht nachweisen.

Werden Investitionen aufgrund solcher Kriterien abgelehnt, so besteht die Gefahr, daß der andauernde Verzicht auf innovative Produktionstechniken ein nicht wieder aufzuholendes Know-how-Defizit nach sich zieht. Einem späteren Zwang zur Nutzung dieser Technologien kann dann nicht mehr nachgekommen werden, wenn man die notwendigen technischen und organisatorischen Voraussetzungen nicht rechtzeitig geschaffen hat.

160

Die Fristen, die es zu beachten gilt, wenn Entscheidungen über Investitionen in den Unternehmen anstehen, gehen aus *Bild 15* hervor. Die hier aufgeführten Zeitdauern für eine wirtschaftliche Amortisation der jeweiligen Investitionen sind bestimmend für die Elastizität bzw. Flexibilität bei notwendigen Anpassungen an veränderte Markt-, Umwelt- und Produktionsbedingungen.

Zur Einführung und erfolgreichen Nutzung moderner und zukunftsorientierter Fertigungseinrichtungen sind erhebliche Vorleistungen zu erbringen. Es sind z. B. Pilotanlagen zu installieren, umfangreiche Vorversuche durchzuführen und intensive Schulungsmaßnahmen für Bediener und Instandhalter zu ergreifen.

Zukünftig werden die Unternehmen überleben, die rechtzeitig begonnen haben, die bestehenden Strukturen im Rahmen ganzheitlicher Systemlösungen den Erfordernissen zukunftsgerichteter technologischer Konzepte anzupassen [17].

Schrifttum

[1] Schumpeter, J.: *Theorie der wirtschaftlichen Entwicklung*, 6. Auflage, Berlin 1964.

[2] Warnecke, H.-J., Bullinger, H.-J.: *Entwicklungslinien und Praxis der Arbeitsstrukturierung*, in: Handbuch der Techniken des Industrial Engineering, Hrsg. K. H. Engel, 4. Auflage, VDI-Verlag, Landsberg am Lech 1984.

[3] Schiele, O. et. al.: *Innovation bei Fertigungsverfahren*, Industrie-Anzeiger 106 (1984) Nr. 56, S. 61–68.

[4] Autorenkollektiv: *Marktorientierte Produktionsplanung und -steuerung*, Vortrag anläßlich des AWK, Industrie-Anzeiger 106 (1984) Nr. 56, S. 39–45.

[5] Volk, P. G.: *System zur Steigerung des wirtschaftlichen Erfolges beim Einsatz von NC-Maschinen*, Dissertation TU Hannover 1984.

[6] Autorenkollektiv: *Wandel der Arbeitsplanung bei EDV-Einsatz*, Vortrag anläßlich des AWK, Industrie-Anzeiger 106 (1984) Nr. 56, S. 32–39.

[7] Zippe, T., Schuler, J.: *Japan will die Zukunft hinter sich lassen*, VDI-Nachrichten Nr. 6 (1985), S. 9.

[8] Weck, M.: *Planung und Aufbau automatisierter flexibler Produktionseinrichtungen*, Vortrag anläßlich des PTK '83, Berlin, ZwF-Sonderdruck 1983.

[9] Dolezalek, C. M., Ropohl, G.: *Flexible Fertigungssysteme, die Zukunft der Fertigungstechnik*, wt – Zeitschrift für industrielle Fertigung 60 (1970) Nr. 8, S. 446–451.

[10] Autorenkollektiv: *Flexible Fertigungsanlagen,* Vortrag anläßlich des AWK, Industrie-Anzeiger 106 (1984) Nr. 56, S. 70–79.

[11] Spur, G.: *Aufschwung, Krisis und Zukunft der Fabrik,* Vortrag anläßlich des PTK '83 Berlin, ZwF-Sonderdruck 1983.

[12] N. N.: *Beschäftigung: Nachholbedarf wächst,* Wirtschaftswoche 39 (1985) Nr. 12, S. 12–14.

[13] Eversheim, W., Herrmann, P., Müller, W.: *Der Mensch in der automatisierten Fertigung – eine Planungsaufgabe,* VDI-Z 125 (1983) Nr. 20, S. 847–852.

[14] N. N.: *Statistisches Handbuch für den Maschinenbau, Ausgabe 1983,* Verband Deutscher Maschinen- und Anlagenbau (VDMA) e. V., Maschinenbau-Verlag, Frankfurt 1983.

[15] Eversheim, W., Zeitz, W., Schmidt, H.: *Organisatorische Voraussetzungen und Randbedingungen für flexible Fertigung,* in: Mit Technologie die Zukunft bewältigen, Bd. 2, Maschinenbau-Verlag, Frankfurt 1984.

[16] Kenn, H.: *Steigerung der Flexibilität durch geeignete Strukturierung des Werkstückspektrums,* in: Flexible Fertigung – gezielt planen, erfolgreich einsetzen. Seminar SVBF-WZL, Zürich 1985.

[17] Liebe, B.: *Strategische Aspekte der Einführung neuer Produktionstechnologien,* VDI-Z 125 (1983) Nr. 1/2, S. 5–8.

Verzeichnis der Abkürzungen

AFK	= Aramidfaserverstärkter Kunststoff
CAD	= Computer Aided Design
CAM	= Computer Aided Manufacturing
CAP	= Computer Aided Planning
CAQ	= Computer Aided Quality Assurance
CBN	= Kubischkristallines Bornitrid
CFK	= Kohlefaserverstärkter Kunststoff
CIM	= Computer Integrated Manufacturing
CNC	= Computer Numerical Control
DNC	= Direct Numerical Control
EDV	= Elektronische Datenverarbeitung
FFS	= Flexibles Fertigungssystem
GFK	= Glasfaserverstärkter Kunststoff
LAN	= Local Area Network
MECATRONICS	= Mechanics and Electronics
NC	= Numerical Control
PKD	= Polykristalliner Diamant

162

CHRISTIAN PETER HENLE

Internationale industrielle Zusammenarbeit
Strategie zur Bewältigung der Zukunft

Die erste Phase der industriellen Zusammenarbeit, die man – aus deutscher Sicht – mit Berechtigung »international« nennen darf, begann etwa zur Mitte des 19. Jahrhunderts. Die Erschließung des Ruhrgebiets erforderte so beträchtliche finanzielle Mittel, daß sie die Möglichkeiten des deutschen Kapitalmarktes weit überschritten. Mit englischem und belgischem Kapital ließ etwa der Ire Mulvany die Zechen Hibernia, Shamrock und Erin errichten. Neben dem Bergbau arbeitete auch das Metallgewerbe zum großen Teil mit englischem oder französisch-belgischem Kapital. In den Betrieben wurden englische Maschinen, Werkmeister und Arbeiter eingesetzt. Die Mobilisierung von Finanzmitteln stand aber eindeutig im Vordergrund.

Eine Entwicklung hin zu internationaler Zusammenarbeit in dem Sinne, daß Unternehmen aus den verschiedensten Ländern kooperieren, um auf in- und ausländischen Märkten gemeinsam Probleme zu bewältigen, ist erst in jüngerer Zeit festzustellen.

Die Ursachen hierfür liegen sowohl im wirtschaftlichen als auch im politischen Bereich. Auf wirtschaftlichem Gebiet machen es das Tempo des technischen Fortschritts sowie die zunehmende Sättigung von Märkten mit wachsendem Preiswettbewerb und Kostendruck dem einzelnen Unternehmer immer schwerer, sich allein und beschränkt auf das heimische Absatzgebiet zu behaupten. Die Anforderungen an know-how und Finanzkraft, an natürliche Ressourcen und »human capital« erreichen oftmals einen Umfang, der die Möglichkeiten bestimmter Firmen sehr häufig überschreitet. Internationale Zusammenarbeit scheint sich als natürliche Antwort auf diese wirtschaftliche Entwicklung anzubieten.

Die politischen Rahmenbedingungen weisen in die gleiche Richtung. Offene Märkte auf der einen Seite sind durch moderne Kommunikations- und Transportmittel laufend enger zusammengerückt. Die internationale Kooperation erlaubt die Nutzung von politisch festgelegten Standortvorteilen, z.B. steuerlicher, arbeits- oder gesellschaftsrechtlicher Art. Protektionistisch abgeschottete Märkte auf der anderen Seite lassen sich für Außenstehende nur über Zusammenarbeit mit einheimischen Partnern erschließen. Die internationale Kooperation ist hier eine Conditio sine qua non, will man auf bestimmten Märkten überhaupt präsent sein.

Insgesamt läßt sich feststellen, daß in den letzten Jahren ganz neue Voraussetzungen für eine erfolgreiche Realisierung der internationalen industriellen Zusammenarbeit entstanden sind. Unternehmen, die diese Voraussetzungen erfüllen konnten, haben einen Weg der Kooperation beschritten, den man die »multidimensionale Zusammenarbeit« nennen kann. Hierunter ist zu verstehen, daß mehrere Gesellschaften aus verschiedenen Ländern ihre jeweiligen Ressourcen hinsichtlich Kapital, Technik und Management miteinander verbinden, um ein bestimmtes Projekt an einem optimal ausgewählten Standort in Übereinstimmung mit den staatlichen und lokalen Behörden des Landes zu verwirklichen.

Die zahlreichen Möglichkeiten der internationalen industriellen Zusammenarbeit sollen im folgenden gemäß drei verschiedener Kriterien dargestellt werden:

1. Die internationale Zusammenarbeit von Unternehmen aus Industriestaaten;
2. die Zusammenarbeit zwischen Unternehmen aus Industriestaaten mit Staatshandelsländern;
3. die Zusammenarbeit zwischen Unternehmen aus Industriestaaten mit Unternehmen aus Schwellen- und Entwicklungsländern.

Zuletzt werden die Perspektiven, wie sich die internationale industrielle Zusammenarbeit möglicherweise weiterentwickeln könnte, beleuchtet.

1.
Die internationale Zusammenarbeit
von Unternehmen aus Industriestaaten

Das Ifo-Institut hat sich ausführlich mit der Analyse des Auslandsengagements deutscher Unternehmen befaßt und hierzu gut 3000 Industrieunternehmen befragt.[1] Es kam dabei zu dem Ergebnis, daß der Investitionsgütersektor für eine internationale Zusammenarbeit besonders aufgeschlossen zu sein scheint. Auf die im Ausland engagierten Unternehmen der Branchen Luft- und Raumfahrzeugbau, Elektrotechnik, Maschinenbau, Stahl- und Leichtmetallbau, Schienen- und Straßenfahrzeugbau sowie Feinmechanik und Optik entfallen mehr als zwei Drittel des gesamten Branchenumsatzes. Eine ähnlich hohe Zusammenarbeit weisen im Verbrauchsgüter produzierenden Gewerbe nur die Branchen Feinkeramik sowie Herstellung und Verarbeitung von Glas auf. Ferner wurde festgestellt, daß Großunternehmen aufgrund ihrer schon immer weltweiten Orientierung besonders die internationale Zusammenarbeit suchen. Interessant erscheint ferner, daß die bisher vorherrschende Form der Zusammenarbeit über eine Kapitalbeteiligung in Zukunft an Bedeutung verlieren wird. Dies läßt auf eine veränderte Einstellung der Unternehmen zur internationalen Zusammenarbeit schließen.

Die Ebenen und Umfänge der Zusammenarbeit sind sehr vielfältig. Von besonderer Bedeutung für Unternehmen der hochentwickelten Industrienationen sind Kooperationen auf den Gebieten Forschung und Entwicklung, der Öl-, Gas- und Kohleexploration sowie der Herstellung von Gütern der Spitzentechnologie.

Als erstes Beispiel der internationalen industriellen Zusammenarbeit von Unternehmen aus Industriestaaten wird ein wichtiges Forschungsprojekt dargestellt. Die Bayer AG, Leverkusen, und die Genentech Inc., San Francisco, ein Unternehmen, das erst 1976 gegründet wurde und sich ausschließlich der Gentechnologie widmet, haben im Jahr 1984 beschlossen, den Blutgerinnungsfaktor VIII, der als Protein zur Behandlung der Bluterkrankheit notwendig ist, durch gentechnologische Produktion quasi synthetisch herzustellen. Bayer verfügt hier über besondere Erfahrung auf dem Gebiet der Produktionstechnik im industriellen Maßstab – man gewinnt das Protein zur Zeit noch aus menschlichem Blutplasma – sowie beim Vertrieb. Genentech besitzt fortgeschrittene Grundlagenkenntnisse in der Gentechnologie, die speziell für den Blutgerinnungsfaktor VIII eingesetzt werden, um dessen künstliche Herstellung zu erreichen.

Die Rollenverteilung zwischen den beiden Kooperationspartnern sieht folgendes vor: Genentech leistet die Grundlagenforschung zur Übertragung des Gerinnungsfaktor-VIII-Gens auf andere Zellen, die dann den Faktor VIII produzieren. Bayer führt die Entwicklung des industriellen Verfahrens bis zur technischen Reife durch. Genentech betreibt keineswegs nur Auftragsforschung; vielmehr hat das Unternehmen nach dem Kooperationsvertrag eine Option auf die Nutzung des zur Produktionsreife geführten Projekts zusammen mit Bayer.

Im betrachteten Fall handelt es sich um die Zusammenarbeit zweier Unternehmen in Forschung und Entwicklung, wobei der Vorsprung des einen Partners in der Grundlagenforschung mit dem know-how in Produktentwicklung und -vertrieb des anderen Partners kombiniert wird. Hier ist die internationale Zusammenarbeit besonders weit fortgeschritten, weil nicht die hergebrachten Probleme der Finanzierung und Risikostreuung im Vordergrund stehen, sondern die grenzüberschreitende Verbindung von speziellem Wissen ausschlaggebend ist.

Ein häufig zu beobachtender Beweggrund für eine Zusammenarbeit zwischen konkurrierenden Unternehmen innerhalb der

Industrieländer ist das Bestreben, ein Maximum an Kostensenkung zu realisieren, ohne die eigene Produktidentität im Markt aufzugeben. Dies ist um so eher möglich, wenn die Kooperationspartner eine in etwa gleiche Unternehmensphilosophie verfolgen, wie z. B. die Firmen ESSO und Shell. Bei den Unternehmen, die in der Erdöl- und Erdgasexploration zusammenarbeiten, geschieht dies meistens, um das Risiko des hohen Kapitaleinsatzes zu teilen.

ESSO und Shell haben gemeinsam eines der bedeutendsten industriellen Vorhaben der jüngsten Vergangenheit verwirklicht: die Erschließung des Nordseeöls, genauer gesagt, des Cormorant-Feldes nordöstlich der Shetlandinseln, die im Rahmen eines 50:50-Konsortiums zwischen der ESSO Petroleum Company Ltd. und der Shell U. K. Exploration and Production Ltd. erfolgt. Die über 24 Kilometer langgestreckte, bohnenähnliche Form des Cormorant-Feldes und die gewaltige Teufe von rund 2800 Meter machten die Entwicklung einer vollkommen neuen Fördertechnik notwendig. Von 1978 bis 1983 arbeiteten mehr als 100 Spezialisten von ESSO und Shell aus Europa und Nordamerika an der Entwicklung und Herstellung des ersten Unterwasserfördersystems, das ohne Taucher arbeiten kann, dem sogenannten »Under Water Manifold Centre« (UMC). Während ESSO schwerpunktmäßig knowhow auf dem Gebiet der Ölgewinnung aus dem Meer in das Projekt einbrachte, steuerte Shell Spezialwissen aufgrund von in Fernost gemachten Erfahrungen zum Transport von Bohrwerkzeugen durch Hydraulikleitungen bei. Das UMC wurde in Rotterdam mit Entwicklungskosten von rund 110 Millionen Dollar, das heißt rund einem Sechstel der gesamten Investitionskosten des Central Cormorant-Projektes von etwa 700 Millionen Dollar, gebaut. Das System hat eine Förderkapazität von 6600 Tonnen am Tag und nahm Ende Mai 1983 den Betrieb auf. Im Laufe der Jahre werden durch das UMC mehr als 13 Millionen Tonnen, das sind ungefähr 20 % der Gesamtvorräte von rund 66 Millionen Tonnen Rohöl, aus den Cormorant-Vorkommen gewonnen. Die Nutzungsdauer des UMC beträgt mindestens 6 ½ Jahre, wohingegen die Vorratsreichweite der Cormorant-Felder bei einer Jahresausbeute von rund 4 Millionen Tonnen mit 16½ Jahren beziffert werden kann.

Nicht die gleichen Anforderungen an Finanz- und Innovationskraft wie die Öl- und Gasexploration in der Nordsee stellt die Kohlegewinnung. Das Beispiel des Steinkohlebergwerks von German Creek in Queensland/Nordost-Australien zeigt, welche anderen Beweggründe Partner aus verschiedenen Ländern zur Zusammenarbeit führen. An German Creek sind die Ruhrkohle AG, der britische National Coal Board, Shell of Australia und einige weitere australische Gesellschaften beteiligt. Die Grube ging nach drei Jahren Vorlaufzeit 1981 in Betrieb und wird 1985 ihre Endkapazität von 3,25 Millionen Tonnen Steinkohle/Jahr erreichen. Allein im Tagebau sind Vorräte von rund 50 Millionen Tonnen abbauwürdig. Die Gesamterschließungskosten betrugen rund 350 Millionen australische Dollar.

Die ausländischen Partner haben durch ihre Beteiligung verhältnismäßig preiswert zu erschließende Energieressourcen von höchster Qualität in einer politisch stabilen Region gewonnen. Mit Hilfe dieses joint venture können sie sich Absatzmärkte erschließen, die sonst allein aufgrund der Transportkosten von ihrem Heimatland aus nicht erreichbar wären. So wird z. B. »deutsche« Steinkohle aus German Creek in Japans und Ägyptens Stahlindustrie eingesetzt.

Das Interesse der australischen Partner bestand angesichts der für dieses Land typischen Situation von großem Ressourcenreichtum bei geringem Inlandsbedarf darin, einheimische Kohlereserven mit ausländischem Bergbau-know-how und fremdem Kapital zu erschließen sowie die weltweite Vermarktung sichergestellt zu wissen. Demgemäß erfolgten Planung und Bau der Infrastruktur, wie Straßen, Eisenbahn und Hafen durch erfahrene australische Firmen, während die Exploration und die Festlegung des Verfahrensablaufs für die Kokskohleaufbereitung maßgeblich durch Experten der ausländischen Partnergesellschaften gesteuert wurden.

Als Beispiel für eine besonders intensive Kooperation zwischen verschiedenen Unternehmen aus Industriestaaten soll eines der spektakulärsten Projekte, nämlich die Zusammenarbeit in der europäischen Luftfahrtindustrie, kurz das Airbus-Projekt, dargestellt werden.

Das Problem der europäischen Luftfahrtindustrie bestand in der starken regionalen und projektbezogenen Zersplitterung der Ressourcen auf verschiedene teils konkurrierende Projekte, mit der Gefahr, im Vergleich zur amerikanischen Luftfahrtindustrie zur Bedeutungslosigkeit herabzusinken. Um die Ressourcen in Europa, vor allem den hervorragenden technologischen Sachverstand erhalten zu können, war daher eine Neuorientierung dringend geboten. Auch der gestiegene Entwicklungsaufwand sowie die Risiken im zivilen Flugzeugbau machten eine internationale Zusammenarbeit erforderlich. Für die europäische Luftfahrtindustrie war die Kooperation auch deshalb notwendig, weil die amerikanische Luftfahrtindustrie in den sechziger Jahren bereits ein Monopol von 96 % im zivilen Flugzeugbau erreicht hatte. Speziell aus deutscher Sicht bot sich darüber hinaus eine Zusammenarbeit an, um den nach 1945 unterbrochenen Anschluß im internationalen Flugzeugbau wieder zu erreichen. Hinzu kam, daß eine Kooperation auf europäischer Ebene auch von den einzelnen Regierungen als willkommene Gelegenheit begrüßt wurde, um die Integration Europas auch auf technologischem Gebiet zu stärken.

Als Einstieg in eine Kooperation im zivilen Flugzeugbau wurde die Marktlücke für zweimotorige Großraumflugzeuge gewählt. Dieses Flugzeug erhielt die Bezeichnung »Airbus«. Nach entsprechenden Vorarbeiten in Deutschland und Frankreich – bei uns war für die Zusammenfassung der deutschen Aktivitäten 1967 die Deutsche Airbus GmbH in München gegründet worden – wurde 1969 der deutsch-französische Regierungsvertrag für die Entwicklung und den Bau des Airbus unterzeichnet und 1970 die AIRBUS INDUSTRIE in Toulouse, Frankreich, gegründet. Die AIRBUS INDUSTRIE erhielt die Aufgabe der Vermarktung des Flugzeuges sowie des Kundendienstes. Darüber hinaus fiel der AIRBUS INDUSTRIE die

Rolle des internationalen Koordinators zwischen den beteiligten nationalen Luftfahrtindustrien zu sowie die Rolle der Verrechnungsstelle für die von den einzelnen Partnern erbrachten Leistungen. Da es kein einheitliches europäisches Gesellschaftsrecht gibt, wurde AIRBUS INDUSTRIE als Groupement d'Intérêt Economique, eine Arbeitsgemeinschaft nach französischem Recht, gegründet. Wesentliches Merkmal dieser Gesellschaft ist es, daß sie kein eigenes Kapital erforderlich macht. Die Mitglieder der Gesellschaft, nämlich die europäischen Luft- und Raumfahrtunternehmen, die am Airbus-Programm beteiligt sind, haften einzeln und gemeinschaftlich für die Verpflichtungen der AIRBUS INDUSTRIE.

Entsprechend der Arbeitsverteilung am Airbus-Programm ergibt sich folgende Beteiligung an der AIRBUS INDUSTRIE:

– Aérospatiale in Frankreich und Deutsche Airbus GmbH München, eine Tochtergesellschaft der Messerschmitt-Bölkow-Blohm GmbH, jeweils 37,9 %
– British Aerospace 20,0 %
– die spanische CASA 4,2 %.

Daneben wirken als assoziierte Partner Fokker in den Niederlanden und Belairbus in Belgien mit.

Unter der Gesamtverantwortung und Koordination der AIRBUS INDUSTRIE entwickeln und fertigen die einzelnen Airbus-Partner im wesentlichen folgende Teile:

– Die französische Aérospatiale ist für das Cockpit, die Zentralsektion und die Endmontage des gesamten Flugzeuges zuständig. Aus der Bundesrepublik Deutschland werden von MBB über die Deutsche Airbus GmbH praktisch der gesamte Rumpf und das Seitenleitwerk geliefert sowie die Innenausstattung des fertigen Flugzeuges.
– British Aerospace ist für die Entwicklung und Herstellung der Tragflächen und die spanische CASA für das Höhenleitwerk verantwortlich.
– Die assoziierten Partner Fokker und Belairbus liefern für die A 300 bzw. die A 310 die beweglichen Teile des Flügels.
– Die Triebwerke sowie ein Teil der Systeme werden von Drittfirmen geliefert. Hinsichtlich der Triebwerke sind dies

General Electric in Zusammenarbeit mit SNECMA in Frankreich und MTU in Deutschland sowie Pratt and Whitney.

Die in den verschiedenen Ländern hergestellten Einzelteile des Airbus werden zur Endmontage per Spezialflugzeug nach Toulouse transportiert. Die vom Kunden gewünschte Innenausstattung des fertigen Flugzeuges erfolgt zum Schluß bei MBB in Hamburg.

Mit 480 verkauften Flugzeugen hat AIRBUS INDUSTRIE auf dem Weltmarkt inzwischen einen Erfolg erzielt, der alle ursprünglichen Erwartungen übertroffen hat. Damit ist auch die Basis für den langfristigen wirtschaftlichen Erfolg des Programms gegeben. Das Airbus-Programm besitzt schon heute im Vergleich zu anderen internationalen Kooperationen von Unternehmen aus Industriestaaten eine überragende Rolle. Die wichtigsten Erwartungen, die die Initiatoren an dieses Projekt geknüpft hatten, sind erfüllt worden.

2.
Die Zusammenarbeit von Unternehmen aus Industriestaaten mit Staatshandelsländern

Die industrielle Zusammenarbeit zwischen Unternehmen der westlichen Industriestaaten und Staatshandelsländern besitzt wegen der unterschiedlichen Wirtschaftssysteme im Vergleich zu den Fällen der Zusammenarbeit von Unternehmen aus Industriestaaten immer noch einen gewissen Seltenheitswert. Im wesentlichen unterscheiden sich die erstgenannten Kooperationen dadurch voneinander, daß in dem einen Fall keine Kapitalbeteiligung des oder der westlichen Industriepartner an einem Projekt in einem Staatshandelsland möglich ist. In dem anderen Fall muß das finanzielle Engagement geradezu als eine Voraussetzung für eine industrielle Zusammenarbeit der Partner aus Ost und West angesehen werden. Eine Beteiligung am Kapital einer in ihrem Land beheimateten Gesellschaft haben von den kommunistischen Staaten Europas zuerst Jugoslawien und danach Rumänien erlaubt. Seit einigen Jahren ist dies auch

171

in Ungarn sowie in der Volksrepublik China möglich. In der UdSSR, Polen (mit Ausnahme der kleinen sogenannten Polonia-Firmen), ČSSR, DDR, Bulgarien und Albanien hingegen ist es nach wie vor einem Unternehmen aus dem Westen nicht gestattet, sich an einer Gesellschaft kapitalmäßig zu beteiligen. Trotzdem hat der Erfindungsreichtum in Ost und West Formen der Zusammenarbeit gefunden, die es ermöglichten, industrielle Projekte in teilweise riesigen Dimensionen zu verwirklichen.

Als Beispiele für die Zusammenarbeit von Unternehmen aus Industriestaaten mit Staatshandelsländern seien die sogenannten Erdgas-Röhren-Geschäfte zwischen der UdSSR und mehreren Staaten Westeuropas, die Kontrakte für den Bau zweier Methanolanlagen in der UdSSR sowie das Projekt der Shanghai-Volkswagen-Automotive Company Ltd. in der Volksrepublik China dargestellt.

Bei den Erdgas-Röhren-Projekten wurden die Erschließung von schwer zugänglichen Gasvorkommen und die wirtschaftliche Entwicklung abgelegener Regionen mit der Versorgung westeuropäischer Industrieländer mit Energie verknüpft. Außerdem haben die Projekte exemplarischen Gegengeschäftscharakter, weil die langfristigen Kredite an die Sowjetunion mit den Erlösen aus den Lieferungen sowjetischen Erdgases getilgt werden, auch wenn rechtlich eine Verknüpfung zwischen beiden Verträgen nicht besteht.

Beim ersten Erdgas-Röhren-Geschäft von 1970 verpflichtete sich die Mannesmann Export GmbH, 1,2 Millionen Tonnen Großrohre der Mannesmann-Röhrenwerke GmbH für die knapp 2000 Kilometer lange Pipeline für 1,5 Milliarden DM binnen zwei Jahren an die staatliche Einfuhrorganisation V/O Promsyrioimport zu liefern. Im Gegenzug kaufte die Ruhrgas AG von der V/O Sojuznefteexport rund 52 Milliarden Kubikmeter Erdgas, die innerhalb von 20 Jahren, beginnend 1973 mit 0,5 Milliarden Kubikmeter – allmählich auf 3 Milliarden Kubikmeter jährlich steigend –, geliefert werden. Die Deutsche Bank AG gewährte als Führerin eines Konsortiums von

17 deutschen Kreditinstituten im Jahre 1970 der Bank für Außenhandel der UdSSR einen Kredit von 1,2 Milliarden DM, der innerhalb von zehn Jahren zu tilgen war.

Insbesondere die letzte und größte derartige Kooperation von 1981 wird mit dem Schlagwort vom »Erdgas-Röhren-Geschäft« nicht mehr zutreffend gekennzeichnet. Die Lieferungen und Dienstleistungen westlicher Firmen mit der Mannesmann-Anlagenbau AG und Creusot Loire als Konsortialführern bestanden nämlich nicht bloß aus der Bereitstellung der Großrohre für die rund 4500 Kilometer lange Pipeline, die vom westsibirischen Urengoj-Feld bis an die tschechoslowakische Grenze führt. Der erste, im September 1981 mit V/O Maschinoimport unterzeichnete Teilvertrag über 22 von insgesamt 41 Kompressorstationen im Wert von 2,2 Milliarden DM beteiligte deutsche, französische und britische Firmen. AEG-Kanis und Creusot Loire wurden mit der Lieferung der Gasturbinen beauftragt. John Brown Engineering, Ruston, Kidde und Plenty aus Großbritannien erhielten weitere Teilaufträge. Die restlichen 19 Kompressorstationen lieferte der italienische Anlagenbauer Nuovo Pignone. Darüber hinaus gab es separate Direktverträge: Großkräne zur Rohrverlegung stammten von Liebherr; ein elektronisches System zur Fernüberwachung der Pipeline wurde bei Thomson CSF in Frankreich bestellt.

Die Deutsche Bank AG brachte diesmal ein Konsortium von rund 50 Kreditinstituten aus der Bundesrepublik Deutschland zusammen, um der UdSSR einen Rahmenkredit von 2,2 Milliarden DM mit einer Laufzeit von zehn Jahren zur Verfügung zu stellen.

Die Erdgaslieferungen der V/O Sojuzgazexport umfassen ab Oktober 1984 vertragsgemäß insgesamt rund 25 Milliarden Kubikmeter jährlich, von denen rund 8 Milliarden Kubikmeter – zusätzlich 0,7 Milliarden Kubikmeter für die Belieferung von Berlin (West) – an die Ruhrgas AG fließen, die einen Abnahmevertrag bis zum Jahre 2008 abgeschlossen hat. Gaz de France bezieht ebenfalls rund 8 Milliarden Kubikmeter pro Jahr, Italien rund 6 Milliarden Kubikmeter pro Jahr, die Schweiz 0,4 Milliarden Kubikmeter pro Jahr und Österreich

1,5 bis 2,5 Milliarden Kubikmeter pro Jahr über 25 Jahre aus der UdSSR. Aus allen bislang mit der Sowjetunion abgeschlossenen Lieferverträgen wird die Ruhrgas AG im Jahre 1990 voraussichtlich rund 18 Milliarden Kubikmeter russisches Erdgas abnehmen. Für die Bundesrepublik Deutschland ergibt sich damit ein sowjetischer Lieferanteil von rund 30 % am inländischen Gasverbrauch. Der Anteil am gesamten bundesdeutschen Energiekonsum erreicht rund 5 %.

Eine ähnliche Form der Kooperation wie beim Erdgas-Röhren-Geschäft vereinbarte 1977 die Sowjetunion mit einem deutsch-englischen Industrie- und Banken-Konsortium für den Bau und die Finanzierung der mit einer Tageskapazität von 2500 Tonnen größten Methanol-Anlagen der Welt, die in Tomsk/Sibirien und Gubaha/Ural errichtet wurden. Bei diesem Projekt arbeiteten die britische Tochter der Klöckner Industrie-Anlagen GmbH, die Klöckner INA Industrial Plants Ltd. und Davy McKee (damals noch unter dem Namen Davy Powergas Ltd.) als General Contractor mit der sowjetischen V/O Techmashimport zusammen. Die sowjetische Seite übernahm die Verantwortung für die Infrastruktur und die Montagearbeiten. Von den ausländischen Partnern lieferte die ICI, England, als Lizenzgeber das Niederdruckverfahren, wohingegen Davy die Verantwortung trug für das Engineering, die Anlagenteile sowie die Montage und Inbetriebnahme-Überwachung während der sechsjährigen Bauzeit, die 1984 mit der erfolgreichen Produktionsaufnahme endete. Die Finanzierung des Auftragswerts wurde von der Bank Morgan Grenfell & Company Ltd. in enger Zusammenarbeit mit INA London unter Absicherung durch die staatliche englische Exportversicherung Export Credit Guarantee Department bereitgestellt. Parallel hierzu schlossen die sowjetische Chemie-Exportgesellschaft V/O Sojuzchimexport mit ICI sowie der Muttergesellschaft der Klöckner Industrie-Anlagen GmbH, dem Handelshaus Klöckner & Co, einen zehnjährigen Liefer- und Abnahmevertrag für in Tomsk und Gubaha produziertes Methanol.

Seit einigen Jahren eröffnet der chinesische Markt den Unternehmen aus Industriestaaten neue Möglichkeiten für eine industrielle Kooperation. Die Führung der Volksrepublik China hat in einer Phase der allgemeinen Wirtschaftsreform für eine größere Selbständigkeit der einheimischen Betriebe und für eine stärkere Dezentralisierung der Entscheidungskompetenzen gesorgt und damit die Voraussetzungen für eine stärkere wirtschaftliche Zusammenarbeit mit den westlichen Industriestaaten geschaffen. Sie hat gleichzeitig die Möglichkeit eingeräumt, in China joint-venture-Gesellschaften zu gründen, und ihr besonderes Interesse zum Ausdruck gebracht, daß ausländisches Kapital in China investiert wird. Während des Besuchs des chinesischen Ministerpräsidenten Zhao Ziyang in der Bundesrepublik Deutschland im Juni 1985 wurden zwischen beiden Ländern ein Doppelbesteuerungsabkommen sowie ein Abkommen über finanzielle Zusammenarbeit abgeschlossen.

Als Beispiel für ein Unternehmen, das den bedeutenden chinesischen Markt erfolgreich erschlossen hat, ist die Volkswagen AG zu nennen. Nach langjährigen Verhandlungen konnte im Oktober 1984 mit den chinesischen Partnern eine Vereinbarung über die Gründung der Shanghai-Volkswagen-Automotive Company Ltd., Shanghai, getroffen werden. Die Gesellschaft verfügt über ein Grundkapital von 160 Millionen RMB (ca. 200 Millionen DM). Die Volkswagen AG ist mit 50 % an der chinesischen Gesellschaft beteiligt. Auf chinesischer Seite sind die Shanghai Tractor and Automobile Corporation (STAC) (25 %), die Shanghai Trust and Consultancy Company, eine Tochtergesellschaft der Bank of China (BoC) (15 %), und die China National Automotive Industry Corporation (CNAIC) (10 %) als Dachverband der chinesischen Automobilindustrie an der Gesellschaft beteiligt. Die Volkswagen AG, BoC und CNAIC haben ihren jeweiligen Anteil in bar eingebracht. STAC hat neben ihrer Bareinlage zwei Fabriken im Raum Shanghai sowie für die Fertigung nutzbare Maschinen und Anlagen bereitgestellt.

Die Präsenz auf dem chinesischen Zukunftsmarkt soll mit der Fertigung des »Santana« eingeleitet werden. Bis zum Jahr

1987 wird die Produktion voraussichtlich eine Stückzahl von 30 000 Fahrzeugen pro Jahr erreichen. Diese Fahrzeuge sind ausschließlich für den chinesischen Markt bestimmt. Abnehmer werden zunächst überwiegend Behörden und Taxiunternehmen sein. Daneben ist die Fertigung von Vierzylinder-Rumpfmotoren in Benzin- und Dieselversion, die in der VW- und Audi-Fahrzeugpalette am weitaus häufigsten eingesetzt werden, in einer gemeinsamen Motorenfabrik geplant. Bis zum Ende des Jahres 1990 soll die jährliche Produktionskapazität des Motorenwerkes 100 000 Aggregate erreichen. Zu diesem Zeitpunkt wird das Gemeinschaftsunternehmen rund 2500 Mitarbeiter beschäftigen.

Bereits heute liegt der nationale Fertigungsanteil an der Fahrzeugproduktion aufgrund des gesamten Montageumfangs bei 30 %. Dieser Anteil soll bis zum Jahr 1991 kontinuierlich auf 80 bis 90 % ausgeweitet werden. Voraussetzung hierfür ist jedoch der Aufbau einer leistungsfähigen chinesischen Zulieferindustrie. Schon jetzt werden Reifen und Radios aus lokaler Fertigung zugeliefert.

Die Kooperation stellt für die Volkswagen AG und den chinesischen Partner keine »Einbahnstraße« dar. Dies wird daraus ersichtlich, daß ein Teil der geplanten Motorenproduktion von VW wieder zurückgekauft werden soll, wodurch der asiatische Partner in den weltweiten VW-Fertigungsverbund integriert wird und ihm Devisen aus einem Hartwährungsland zufließen. Das Beispiel zeigt, daß auch Kooperationen mit Kapitalbeteiligungen für alle Beteiligten Vorteile bringen können. Voraussetzung ist jedoch, daß im sozialistischen Partnerland die Bereitschaft besteht, westlichen Unternehmen Investitionsmöglichkeiten zu eröffnen, die die im marktwirtschaftlichen System geforderten Renditechancen besitzen.

3.
Die Zusammenarbeit zwischen Unternehmen aus Industriestaaten mit Unternehmen aus Schwellen- und Entwicklungsländern

Seit den siebziger Jahren hat sich das Interesse der Unternehmen aus Industriestaaten immer stärker auf Märkte der Entwicklungsländer gerichtet. Hier ist es jedoch häufig nicht möglich, einfach über eine Gründung von Tochtergesellschaften diese neuen Märkte zu erschließen. Es gilt vielmehr, den spezifischen Verhältnissen dieser Länder Rechnung zu tragen und bereit zu sein, sich finanziell und unternehmerisch zu engagieren. Nachweisen läßt sich diese Entwicklung über die in den letzten Jahren stark zugenommenen Direktinvestitionen der deutschen Industrie im Ausland. Diese betrugen bis 1984 gut 100 Milliarden DM; hiervon entfällt etwa ein Viertel auf die Entwicklungsländer mit starker Konzentration auf südamerikanische Schwellenländer.[2]

Kaum ein Land der Dritten Welt kann und will auf ausländische Investitionen verzichten. Im Vordergrund des Interesses stehen dabei die Schaffung von Arbeitsplätzen, die Reduzierung der Importabhängigkeit, die Entlastung der Zahlungsbilanz sowie die Diversifizierung der Produktions- und Exportstruktur und damit die Abkehr von Monokulturen. Viele Schwellen- und Entwicklungsländer verlangen als Voraussetzung für ausländische Investitionen in ihrem Land die Beteiligung einheimischer Unternehmen. Oft müssen in derartigen Gemeinschaftsunternehmen die lokalen Partner sogar die Majorität besitzen.

Für ein Unternehmen aus einem Industriestaat sind bei einem finanziellen Engagement in einem Land der Dritten Welt die verschiedenartigsten Erwartungen verbunden. Mit einem joint venture, das z. B. die Erschließung von Rohstoffvorkommen zum Gegenstand hat, erstrebt der ausländische Partner eine sichere Versorgung seiner heimischen Betriebe. Bei einem gemeinsamen Betrieb zur Herstellung von Fertigerzeugnissen können für ein Auslandsengagement ganz andere Beweggründe maßgeblich sein: die Nutzbarmachung eines kostengünstigen Produktionsstandorts; die Erschließung eines großen Absatzmarktes, vor allem, wenn er für Importe nicht mehr offen ist; die Zulieferung eigener Produkte zur Montage oder zur Weiterverarbeitung.

Die hier erwähnten Kriterien werden anhand einiger Beispiele der Zusammenarbeit von Unternehmen aus Industriestaaten mit Unternehmen aus Schwellen- und Entwicklungsländern näher betrachtet. An erster Stelle steht ein Projekt der Eisenerzgewinnung, dem sich das Kooperationsmodell der saudiarabischen Staatsgesellschaft SABIC mit mehreren Großunternehmen aus Industriestaaten anschließt. Schließlich soll anhand des Baus des größten Wasserkraftwerkes der Welt an der Grenze zwischen Brasilien und Paraguay aufgezeigt werden, was eine multidimensionale Kooperation zwischen Schwellen- und Entwicklungsländern auf der einen und Unternehmen aus mehreren Industriestaaten auf der anderen Seite auch ohne eine kapitalmäßige Verflechtung bedeuten kann.

Für Produktionsunternehmen in rohstoffarmen Staaten liegt es nahe, sich eine eigene Versorgungsbasis in den Ländern zu beschaffen, die über die benötigten Ressourcen in ausreichendem Maße verfügen. So ist die Beteiligung von Stahlunternehmen an ausländischen Eisenerzgruben keine Seltenheit. Beispielsweise betreiben die Thyssen Stahl AG, die Hoesch Stahl AG und die Krupp Stahl AG gemeinsam in Brasilien zwei Reicherzgruben, Feijão und Fabrica, unter dem Dach der Ferteco Mineração S.A. in Rio de Janeiro. An dieser Gesellschaft sind die Thyssen Stahl AG zu 57 ⅔ %, die Hoesch Stahl AG zu 37 ⅓ % und die Krupp Stahl AG zu 5 % beteiligt. In Feijão werden jährlich ca. 2,1 Millionen Tonnen Fein- und Stückerze gefördert, die im wesentlichen im Inland sowie anderen südamerikanischen Ländern eingesetzt werden, wohingegen die Förderung von ca. 7,9 Millionen Tonnen Pellets, Fein- und Stückerzen in Fabrica überwiegend der Versorgung der deutschen Stahlwerke dient.

Zur Erschließung der Fabrica-Grube sind die deutschen Unternehmen eine Kooperation mit der staatlichen brasilianischen Companhia Vale do Rio Doce (CVRD) eingegangen. Die CVRD übernimmt als Eigentümer einer Bahnlinie von den Erzgruben zur Küste den Transport der Erze und führt den Umschlag im Hafen Tubarao durch. Als Gegenleistung haben sich die an der Ferteco beteiligten deutschen Hüttenwerke verpflichtet, Erz aus CVRD-Gruben abzunehmen.

Als Prototyp eines Schwellenlandes, das durch systematische Kooperation mit Unternehmen aus Industriestaaten die eigene wirtschaftliche Entwicklung vorantreibt, kann Saudi-Arabien gelten. In diesem Land haben sich zahlreiche multinationale Unternehmen der Öl-, Gas- und Chemiebranche an riesigen neuen Produktionsanlagen beteiligt. Die wichtigsten Motive für ihr Engagement dürften die günstigen Rohstoffkosten für das einzusetzende Erdgas sowie attraktive Finanzierungs- und Steuerkonditionen gewesen sein. Diese Kostenfaktoren verschafften Saudi-Arabien gegenüber anderen Produktionsstandorten einen deutlichen Vorsprung. Mit der Gründung der Staatsgesellschaft Saudi Basic Industries Corporation (SABIC) im Jahr 1976 war die Voraussetzung für eine intensive Zusammenarbeit dieses Unternehmens mit führenden Konzernen der Welt geschaffen.

Dieser Staatsgesellschaft wurde die Aufgabe zugesprochen, die heimischen Bodenschätze zu erschließen sowie saudische Arbeitskräfte in Betrieben der joint-venture-Partner und in SABIC-eigenen Unternehmen auszubilden. Schon heute läßt sich feststellen, daß SABIC für das Königreich Ziele erreicht hat, die diese Aufgabenstellung weit übertreffen. Ein Blick auf die wichtigsten Projekte, die von SABIC mit ausländischen Partnern allein auf dem Gebiet der Weiterverarbeitung von Erdgas verwirklicht wurden, macht dies deutlich.

Die Kooperationsprojekte der SABIC sind in Yanbu am Roten Meer und in Jubail am Arabischen Golf konzentriert. In Yanbu wurden – zusammen mit der amerikanischen Mobil Chemical Company – über 6 Milliarden DM in die Errichtung der Saudi Yanbu Petrochemical Company (YANPET) investiert. Diese Gesellschaft, an der beide Partner zu gleichen Teilen beteiligt sind, produziert u. a. Äthylen sowie Hoch- und Niederdruckpolyäthylen. In Jubail haben sich Unternehmen vor allem aus den USA, Japan und Taiwan im Rahmen von paritätischen Beteiligungsgesellschaften mit SABIC bei dem Aufbau von Chemieanlagen und Düngemittelfabriken engagiert.

Der größte petrochemische Industriekomplex des Königreichs, die Saudi Petrochemical Company (SADAF), wurde gemeinsam mit der Pecten Arabian Ltd., einer Tochter der Shell Oil Company, USA, gebaut. Seit 1980 haben beide Partner rund 8 Milliarden DM in die Anlage investiert, die vor allem Äthylen sowie Äthanol und Styrol produziert. Ein großer Teil der Äthylenproduktion wird von der Al Jubail Petrochemical Company (KEMYA) übernommen und zur Herstellung von Kunststoffen eingesetzt. KEMYA wurde für über 3,5 Milliarden DM von der SABIC in Zusammenarbeit mit der Exxon Chemical Company errichtet. Gemeinsam mit den US-Firmen Celanese und Texas Eastern gründete die SABIC die National Methanol Company (IBN SINA).

Japanische Firmen sind unter der Führung von Mitsubishi an der Saudi Methanol Company (ARRAZI) sowie an der Eastern Petrochemical Company (SHARQ) beteiligt. Eine Sonderstellung nimmt die von der SABIC und der Taiwan Fertilizer Company errichtete Al Jubail Fertilizer Company (SAMAD) ein, weil sie hauptsächlich für den saudiarabischen Eigenbedarf Kunstdünger produziert.

Bei allen Gemeinschaftsunternehmen handelt es sich im Kern um Produktionskooperationen. Es kommt sogar vor, daß SABIC und der jeweilige joint-venture-Partner beim Vertrieb der Produkte auf dem Weltmarkt im Wettbewerb stehen. Es kann jedoch unterstellt werden, daß beide Partner dabei das Interesse des gemeinsamen Unternehmens nicht unberücksichtigt lassen.

Von allen Kooperationsprojekten zwischen Unternehmen aus Industriestaaten mit Schwellen- und Entwicklungsländern nimmt wahrscheinlich, was die Komplexität in bezug auf die Projektkosten und Bauzeit, die kaufmännischen, technischen und personellen Herausforderungen und schließlich die Multinationalität der beteiligten Unternehmen betrifft, die Errichtung des Itaipú-Wasserkraftwerks in Südamerika eine herausragende Stellung ein. Maßgeblich beteiligt an diesem Projekt sind auf deutscher Seite die Firmen Siemens und Voith.

Bei diesem Vorhaben handelt es sich um das größte Wasserkraftwerksprojekt der Welt (Endstufe: installierte Leistung von 12 600 MW), am Rio Paraná, an der Grenze zwischen Brasilien und Paraguay gelegen. Die Realisierungsideen wurden seit 1966 durch das »Protokoll von Iguaçu« mit der Absichtserklärung des Kraftwerksbaus, der Bildung der »Gemischten Technischen Kommission« (1967) und dem Abschluß des Kooperationsvertrages zwischen Elétrobras und der staatlichen Paraguayischen Elektrizitätsgesellschaft ANDE schrittweise verwirklicht. Ursprünglich vorgesehener Fertigstellungstermin war das Jahr 1988; inzwischen rechnet man mit einer Verzögerung bis in die neunziger Jahre. Die Inbetriebnahme des ersten Maschinensatzes (Turbine und Generator) erfolgte Ende 1984.

Die Gesamtkosten – 1979 ging man von rund 10 Milliarden US-Dollar aus – werden wegen der Verzögerung bei der Fertigstellung mit Sicherheit diesen Rahmen übersteigen.

Die technischen und wirtschaftlichen Feasibility-Studien wurden 1970 den Firmen International Engineering Co. Inc., San Francisco, und ELC-Electroconsult S.p.A., Mailand, übertragen. 1973 kam es zur Gründung der brasilianisch-paraguayischen Gesellschaft Itaipú-Binacional für die Erstellung und den Betrieb des Kraftwerks. 1975 erfolgten die Ausschreibungen für den Hoch- und Tiefbau: 5 der größten brasilianischen Baufirmen schlossen sich zur Arbeitsgemeinschaft »Unicon«, 6 paraguayische zum »Conempa« zusammen. Für die elektrotechnische Ausrüstung wurden 1978 dem Consorcio Itaipú Elétromecánico (CIEM) die Aufträge für Lieferung, Transport und Montage aller 18 Maschinensätze einschließlich der elektrischen Ausrüstungen erteilt.

CIEM ist ein gemischt brasilianisch-europäisches Konsor-

Struktur des Consorcio Itaipú Elétromecánico (CIEM)

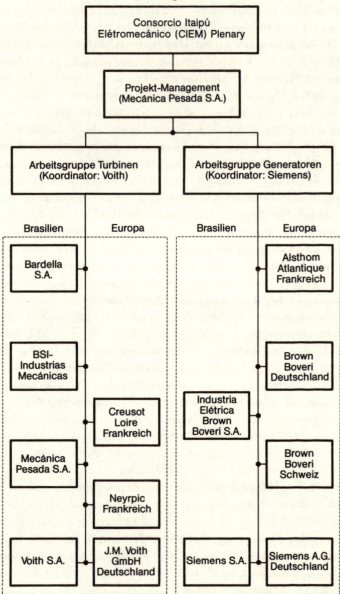

Quelle: etz Elektrotechnische Zeitschrift, Bd. 103 (1982), S. 526

tium. Es integriert neben sieben europäischen Firmen (Alsthom Atlantique, Creusot Loire, Neyrpic, Brown, Boverie & Cie. Schweiz und Bundesrepublik Deutschland, J. M. Voith GmbH und Siemens AG) noch sechs brasilianische Gesellschaften (Bardella S.A., BSI-Industrias Mecánicas, Industria Elétrica Brown Boveri S.A., Mecánica Pesada S.A., Siemens S.A. und Voith S.A.). Das Konsortium wird von einem gemeinsamen Präsidium (Plenary) und Projektmanagement geleitet, wobei die technische Koordinierung der Turbinengruppe bei Voith und die der Generatorgruppe bei Siemens liegt. Das CIEM umfaßt etwa 70 % der auf diesem Gebiet in Brasilien vorhandenen nationalen Fertigungskapazität und konnte so über 80 % brasilianischer Wertschöpfung bei den Turbinen und mehr als 85 % bei den Generatoren garantieren.

Dank der Projektierung, dem Bau und der Ausrüstung von Itaipú haben Brasilien und Paraguay erreicht, daß

- mit den Großkraftwerken bisher unterentwickelte Randgebiete infrastrukturell, wirtschaftlich und sozial an die Industriezentren des Landes Anschluß finden,
- Arbeitsmarkt, Bauwirtschaft und Industrie mit eigenen Großinvestitionen ausgelastet werden,
- sie ihre Technologie im Wasserkraftwerksbau weiter ausbauen und sie neben Bauleistungen und industrieller Produktionskapazität auch verstärkt für devisenbringende Auslandsaufträge (Afrika, Südamerika) einsetzen können.

4.
Die Zukunftsperspektiven der internationalen industriellen Zusammenarbeit

Vorweggenommen sei, daß über die Zukunftsperspektiven nur generelle Erwartungen, zum Teil nur Vermutungen, dargelegt werden können.

Bei der Analyse der Beteiligungen an bestehenden Unternehmen zeigt sich ein deutlicher Unterschied zwischen den

Engagements in Industrie- und denen in Entwicklungsländern. Etwa zwei Drittel aller Firmen halten Beteiligungen an anderen Unternehmen in Industrieländern als Mehrheitsbeteiligungen, während es in den Entwicklungsländern nur 40 % sind.[3] Dieser Unterschied dürfte vor allem auf die Beschränkungen, denen Minderheitsbeteiligungen in der Dritten Welt häufig unterliegen, zurückzuführen sein. Außerdem haben viele Unternehmen die Erfahrung gemacht, daß durch einen im Gastland ansässigen Partner lokales know-how, z. B. im Vertrieb, in Rechtsfragen, im Umgang mit Behörden und im Personalwesen, schneller erschlossen werden kann.

Für die Zukunft zeichnet sich hinsichtlich der Frage nach der Höhe der Beteiligung an einem Unternehmen im Ausland ein veränderter Trend ab. Auch in den Industrieländern wird die Minderheitsbeteiligung als Kooperationsform an Bedeutung gewinnen. Diese Veränderung dürfte auf der Einsicht vieler Unternehmen beruhen, daß sie ihren Einfluß als Investor auch als Minderheitspartner ausreichend geltend machen können. In Entwicklungsländern hat sich in der Vergangenheit in vielen Fällen bereits die Konstruktion bewährt, daß neben dem ausländischen und dem lokalen ein dritter Partner, vorzugsweise eine Entwicklungsbank, an dem Vorhaben beteiligt wird. Auf diese Weise kann keiner der beiden Partner den anderen majorisieren.

Noch stärker als bei der Zusammenarbeit mit Schwellen- und Entwicklungsländern werden die Zukunftsperspektiven der Kooperation von Unternehmen aus Industriestaaten mit Staatshandelsländern von politischen Entscheidungen abhängig sein. Wenn unterstellt werden kann, daß das Interesse der Volksrepublik China an der Gründung von gemeinsamen Gesellschaften mit Firmen aus Industriestaaten unverändert anhält, wird dieses Modell der Zusammenarbeit gewiß noch recht häufig wiederholt werden.

Kompensationsgeschäfte, die vor allem die UdSSR und DDR in der Vergangenheit sehr häufig und fast regelmäßig bei Großprojekten mit Unternehmen aus Industriestaaten abgeschlossen haben, werden auch in der Zukunft ihre Bedeutung behalten.

Entscheidend für den Umfang der zukünftigen Kooperation mit Ländern Osteuropas ist die Frage, ob weitere Staaten, vor allem die UdSSR, Unternehmen der westlichen Welt die Möglichkeit einer Kapitalbeteiligung einräumen werden. Als nächstes Land Osteuropas wird voraussichtlich Polen dem von Jugoslawien, Rumänien und Ungarn beschrittenen Weg folgen. Wie aus Regierungskreisen Warschaus zu hören ist, soll über einen entsprechenden Gesetzesentwurf noch in diesem Jahr das Parlament entscheiden. Hauptmotiv Polens, westlichem Kapital Investitionsmöglichkeiten zu gewähren, ist offenbar das Interesse, exportorientierte Produktionsstätten zu schaffen.

Ob eines Tages auch die Sowjetunion ihre Politik in dieser Richtung ändern wird, ist schwer zu sagen. Unter der Führung von Gorbatschow ist dies indes leichter als früher denkbar.[4] Auf keinen Fall sollten jedoch spektakuläre Schritte seitens der UdSSR erwartet werden. Vorstellbar wäre eine vorsichtige Öffnung in Richtung gemeinsamer Studiengesellschaften, die Entwicklungsmöglichkeiten bestimmter Sektoren der Wirtschaft mit dem Ziel ihrer anschließenden Verwirklichung untersuchen. Eine Sparte, für die diese Möglichkeit am ehesten in Betracht kommen könnte, dürfte die Landwirtschaft sein, da hier mit westlichem know-how schnelle Erfolge erzielbar erscheinen. Auch für den Absatz von Nahrungsmitteln besteht, wenn auch nicht unbedingt in den EG-Staaten, dafür aber in den Ländern der Dritten Welt, stets ein genügend großer Bedarf.

Abschließend sollen die zukünftig am häufigsten zu erwartenden Gebiete der internationalen industriellen Zusammenarbeit dargestellt werden. Im Vordergrund dürften stehen:
– Forschung und Entwicklung:
   Bei einer Zusammenfassung und Konzentration von Mitarbeitern können die teilweise sehr aufwendigen Forschungs- und Entwicklungseinrichtungen besser genutzt und Doppelinvestitionen vermieden werden. Die Ergebnisse dieser Forschungs- und Entwicklungsarbeiten stehen allen zusammenarbeitenden Unternehmen zur Verfügung.

– Teilefertigung über organisierten Fertigungsverbund:
Bei dieser Form der Zusammenarbeit können erhebliche Kostensenkungspotentiale freigesetzt werden.

Über die Aufteilung der Fertigung von wichtigen Schlüsselteilen eines Produkts auf einzelne Hersteller oder über die Abstimmung des Produktprogramms und eine darauf ausgerichtete Spezialisierung in der Fertigung können erhebliche Investitionen durch Optimierung der jeweiligen Fertigungseinrichtungen gespart werden. Es investiert jedes Unternehmen nur noch für die Teilefertigungen, auf die es sich im Rahmen der Kooperation spezialisiert. Auf diese Weise wird auch ein jeweils moderner und leistungsfähiger Stand der Fertigung gewährleistet.

Durch eine Kooperation mit einem anderen Unternehmen kann ein zusätzliches Absatzpotential bei einzelnen Teilen geschaffen werden. Für die Fertigung der dem Partner zuzuliefernden Komponententeile bedeutet dies zusätzliche Stückzahlen und damit eine Degression der Stückkosten. Insgesamt ergeben sich durch die jeweilige Spezialisierung auch kapazitätsreduzierende Effekte.

Eine ganz besondere Schwierigkeit wird sich für die Unternehmen in der Zukunft ergeben, die sowohl mit Unternehmen innerhalb der eigenen Branche in den Industrieländern wie auch auf internationaler Basis mit den Entwicklungsländern kooperieren wollen. Sie müssen das Kunststück der Synchronisation beider Kooperationsstrategien fertigbringen. Die Problematik ist offensichtlich: Die Schaffung eines unternehmensübergreifenden Fertigungsverbundes mit Partnern aus Industrieländern – nicht zuletzt als Antwort auf gesättigte Märkte in den Industriestaaten – limitiert den Handlungsspielraum bezüglich einer Fertigungskooperation mit einzelnen Entwicklungsländern. Da in letzteren noch interessante Wachstumspotentiale vorhanden sind, ist die Erschließung dieser Märkte und damit die Realisierung der internationalen Zusammenarbeit zur Bewältigung der Zukunft auf jeden Fall notwendig.

Die Betrachtung der vielfältigen internationalen Kooperationsprojekte zeigt, daß sowohl die Regierungen als auch die Unternehmen der Industrieländer, der Staatshandelsländer und der Schwellen- und Entwicklungsländer die Chancen, die in einer multidimensionalen Zusammenarbeit liegen, erkannt haben und diese Strategie bereits erfolgreich praktizieren. Zwar gilt es auch hier, immer wieder Schwierigkeiten und Fehlschläge zu überwinden. Die internationale industrielle Kooperation wird jedoch – sofern ihr nicht durch politische Behinderungen der Boden entzogen wird – in Zukunft eine noch größere Bedeutung erlangen. Daher eröffnet sich den Unternehmen gegenüber ihren Wettbewerbern, die den Weg der multidimensionalen Zusammenarbeit zu beschreiten nicht im gleichen Maße in der Lage oder willens sind, die Chance, einen deutlichen Vorsprung zu erringen. Nicht von ungefähr gehören bereits heute die Unternehmen, die in den Beispielen genannt wurden, zu den führenden Unternehmen ihres Landes, wenn nicht sogar der Welt.

Als neues, erfolgversprechendes und zugleich zukunftsweisendes Betätigungsfeld hat sich die Entwicklung der Raumfahrt bereits herauskristallisiert. Als Beispiele können hier die amerikanisch-europäische Zusammenarbeit bei der Entwicklung des Space-Shuttle und des Spacelab, deren Entwicklung im Jahre 1983 erfolgreich abgeschlossen wurde, ebenso wie die innereuropäische Kooperation bei der Entwicklung der Trägerrakete »Ariane« angeführt werden. Für die Beteiligung an einer in den USA geplanten Weltraumstation, die den Namen »Columbus« trägt, wurde ebenfalls 1983 von der ERNO-Raumfahrttechnik GmbH, Bremen, und dem italienischen Partner Aeritalia eine Vorstudie erarbeitet.

Die aus der European Launcher Development Organization (ELDO) hervorgegangene European Space Agency (ESA), an der die Staaten Großbritannien, Frankreich, Niederlande, Belgien, Italien und die Bundesrepublik Deutschland beteiligt sind, brachte im Dezember 1979 die erste europäische Trägerrakete »Ariane I« erfolgreich ins All. Derzeit laufen die Entwicklungsarbeiten für die »Ariane IV«, die im Jahre 1986 den bislang schwersten Satelliten, Intelsat VI, auf seine Umlaufbahn bringen soll.

Die grenzüberschreitende Zusammenarbeit auf dem Raumfahrtsektor und anderen Hochtechnologie-Bereichen wird sich in der Zukunft jedoch nicht allein auf die westlichen Staaten beschränken. Je schneller sich die Industrialisierung der Schwellen- und Entwicklungsländer vollzieht, desto stärker werden auch diese Länder in die Entwicklung und Durchführung derartiger Projekte einbezogen werden können.

Wird sich möglicherweise in der Zukunft das Kräfteverhältnis zwischen Unternehmen aus Industriestaaten und Schwellen- und Entwicklungsländern dadurch verschieben, daß mit Kapital aus reichen Schwellenländern, wie z. B. Kuwait und Saudi-Arabien, bedeutende Gesellschaften der Zukunftstechnologie des Westens erworben werden oder sich ein beherrschender Einfluß ergibt? Es wäre unrealistisch zu glauben, daß es nicht auch in der Zukunft zu Firmenübernahmen oder Beteiligungen kommen wird, wie sie reiche Ölstaaten in den siebziger und Anfang der achtziger Jahre im Westen eingegangen sind. Eine grundlegende Veränderung des Kräfteverhältnisses erscheint aber eher unwahrscheinlich. Es ist indes zu wünschen, daß die multidimensionale Zusammenarbeit international orientierter Firmen auch von den Anteilseignern aus Schwellen- und Entwicklungsländern in beiderseitigem Interesse gefördert wird.

Anmerkungen

[1] Vgl. Ifo-Institut: *Das Engagement deutscher Unternehmen in Entwicklungsländern,* Ifo-Schnelldienst Heft 21/1984, S. 13 ff.
[2] Vgl. BDI-Dokumentation: *Aktuelle Lage und Aussichten des deutschen Außenhandels. Ergebnisse einer BDI-Umfrage,* Okt. 1984, S. 25.
[3] Vgl. Ifo-Institut, a. a. O., S. 18.
[4] Vgl. Hans-Hermann Höhmann: *Wirtschaftspolitik unter Gorbatschow – Vom »Durchwursteln« zu neuem Profil?,* Europa Archiv Bd. 40 (1985), S. 425–432, hier S. 428.

WOLFGANG OEHME

Entwicklung und Führung von Mitarbeitern im Strukturwandel der Wirtschaft

Der Strukturwandel der Wirtschaft bedeutet nicht nur eine Änderung der produzierten Güter und der Produktionsformen, sondern er stellt gleichzeitig neue Anforderungen an Organisationsformen und an die in den Unternehmen arbeitenden Menschen. Alte Gewohnheiten und vertraute Verhaltensweisen werden in Frage gestellt, Werte in andere Rangordnungen gebracht.

Der Entwicklung und Führung von Mitarbeitern kommt daher zur erfolgreichen Bewältigung eines Strukturwandels eine zentrale Rolle zu. Welche Konsequenzen sich daraus für das Unternehmen ergeben, will ich im folgenden am Beispiel der ESSO A.G. aufzeigen:

1.
Strukturwandel am Beispiel der Mineralölwirtschaft

a) *Veränderung der Marktbedingungen*

Die beiden Ölpreisschübe 1973/74 und 1979/80 sowie die sich daraus ergebende Erhöhung des Energiepreisniveaus haben die Energielandschaft in der Bundesrepublik nachhaltig verändert und einen strukturellen Wandel des Energiemarktes ausgelöst.

Wie ein Vergleich der Jahre 1973 und 1984 zeigt, wurde die Mineralölwirtschaft von diesem Strukturwandel besonders getroffen. Bei gleich hohem Primärenergieverbrauch sank der Anteil des Mineralöls von 56% in 1973 auf 42% in 1984. Mit

dem Rückgang des Ölverbrauchs um rund ein Viertel veränderte sich gleichzeitig die Bedarfsstruktur der Mineralölpro-
dukte erheblich. Waren Anfang der siebziger Jahre noch drei
Viertel des Absatzes leichtes und schweres Heizöl, ging deren
Anteil bis heute auf weniger als die Hälfte zurück. Dagegen
stieg der Anteil der Kraftstoffe in demselben Zeitraum von einem Viertel auf mehr als ein Drittel.

Aus dieser veränderten Situation ergaben sich für die Mineralölwirtschaft drei wesentliche Aufgaben:

– Die Kapazitäten in Verarbeitung und Vertrieb müssen an
  die sinkende Nachfrage angepaßt werden.
– In den verbleibenden Raffinerien muß gleichzeitig in Kon-
  versionsanlagen investiert werden, um die geänderte Bedarfsstruktur befriedigen zu können.
– Die seit Herbst 1980 anhaltende existenzgefährdende Ver-
  lustsituation der Mineralölverarbeitung in der Bundesrepublik muß überwunden werden.

Die Lösung dieser Aufgaben machte eine Anpassung der
Unternehmensstruktur an die veränderten Marktbedingungen
notwendig, die ich im folgenden näher beschreiben möchte. Sicherlich ist dies nur ein mögliches Beispiel, viele Gesichtspunk-
te dürften aber nicht nur für die ESSO A.G., sondern auch für
andere Gesellschaften, die sich im Strukturwandel befinden,
Geltung haben.

b) Entwicklung der Unternehmensstruktur

Die ESSO A.G. ist dem Schrumpfungsprozeß in der Mineralölwirtschaft nicht durch ein Ausweichen auf andere Märkte
begegnet, sondern hat sich weiterhin auf das traditionelle
Energiegeschäft konzentriert. Oberstes Unternehmensziel aller getroffenen Maßnahmen ist die langfristige Sicherung unserer Position auf dem deutschen Energiemarkt. Im ersten
Schritt mußten daher auf allen Unternehmensstufen Kapazitäten abgebaut werden, um die Organisation den zukünftigen
Anforderungen anzupassen.

Wir haben daher bereits 1982 eine unserer vier Raffinerien geschlossen – in der Bundesrepublik hat sich bis heute die Raffineriekapazität um rund 40 % verringert. Auf der Vertriebsseite wurde die Anzahl der Tankstellen, der Heizöl-Vertriebsgesellschaften und der Läger wesentlich verringert. Dieser Kapazitätsabbau erforderte gleichzeitig eine entsprechende Anpassung des gesamten Verwaltungsapparates. Die Organisation wurde gestrafft und im Hinblick auf die veränderten Unternehmensschwerpunkte umstrukturiert. Die Außenstellen des Unternehmens wurden mit Ausnahme von Berlin aufgelöst, um durch eine stärkere Zentralisierung kürzere Entscheidungswege und schnellere Anpassungen an Marktveränderungen zu erreichen. Eine Voraussetzung für den Erfolg dieses Vorgehens ist der verstärkte Einsatz neuer Kommunikationstechnologien. Daraus ergeben sich auch neue Anforderungen an die Mitarbeiterstruktur des Unternehmens.

c) Auswirkungen auf die Mitarbeiterstruktur

Die Anpassung der Organisation führte gleichzeitig zu einem Abbau von Mitarbeitern. In unserem Unternehmen haben wir dafür zwei Maßnahmen ergriffen, mit denen bis heute Entlassungen vermieden werden konnten. Alle Mitarbeiter ab 55 Jahre und älter erhielten ein Angebot zur vorzeitigen Pensionierung, was auch von dem überwiegenden Teil der betroffenen Mitarbeiter angenommen wurde. Zum anderen haben wir seit 1980 keine neuen Mitarbeiter eingestellt.

Durch diese Maßnahmen hat sich die Mitarbeiterstruktur erheblich gewandelt. Die Altersstruktur ist heute sehr ungleichgewichtig, da der überwiegende Teil der Mitarbeiter zwischen 40 und 55 Jahre alt ist. Für das Unternehmen ist damit ein hoher Verlust an Erfahrungspotential entstanden, und gleichzeitig fehlt es an Führungsnachwuchs.

Für die verbleibenden Mitarbeiter haben sich zum selben Zeitpunkt die Abläufe der Arbeiten und damit die an sie gestellten Anforderungen stark verändert. Die zunehmende Einführung von Computersystemen hat in unserem Unternehmen den Anteil an Routinearbeiten verringert und den Anteil höherwertiger Tätigkeiten gesteigert. Dadurch erhöht sich der Bedarf an Systemspezialisten, die aber ihre Beraterfunktion für die Anwender erst dann erfolgreich erfüllen können, wenn sie auch interfunktionale Erfahrungen haben. Bei den Systemanwendern müssen wir gleichzeitig erreichen, daß sich die Bereitschaft zur Annahme dieser neuen Technologien vergrößert. Der Mitarbeiter von heute und morgen muß deshalb im Vergleich zu früheren Zeiten viel flexibler sein.

2.
Mitarbeiterbedürfnisse und Unternehmenserwartungen im Strukturwandel

Die Anforderungen des Unternehmens an die Mitarbeiter ändern sich in Zeiten starken strukturellen Wandels, aber auch der Mitarbeiter ändert seine Anforderungen an das Unternehmen. Unsere Aufgabe muß es sein, diese gegenseitigen Erwartungen so in Einklang zu bringen, daß gemeinsam der erfolgreiche Anpassungsprozeß erreicht werden kann.

Mitarbeiterbedürfnisse und Unternehmenserwartungen lassen sich dabei nach unseren Erfahrungen folgendermaßen charakterisieren:

- Durch den Strukturwandel hat sich in unserem Unternehmen bei den Mitarbeitern die »Hierarchie der Bedürfnisse«[1] verändert. Das Bedürfnis nach Arbeitsplatzsicherheit hat sich in einem schrumpfenden Unternehmen und in Zeiten hoher Arbeitslosigkeit wesentlich erhöht. Das Unternehmen kann diesem Sicherheitsbedürfnis nur mit Mitarbeitern gerecht werden, die zu erhöhter Flexibilität und Mobilität fähig sind. Der Mitarbeiter muß bereit und in der Lage sein, sich den ständig ändernden Anforderungen anzupassen.
- Aus Befragungen unserer Mitarbeiter hat sich ergeben, daß der Wunsch nach selbständigem Arbeiten, interessanten

Aufgaben und Entwicklungsmöglichkeiten steigt. Dies setzt voraus, daß die Mitarbeiter ein großes Maß an Verantwortungsbereitschaft, Kompetenz, Anpassungsfähigkeit und Zuverlässigkeit mitbringen.

– Eine klare Aussage läßt sich hinsichtlich der kommunikativen Wünsche der Mitarbeiter machen: Der Übergang zu einem kommunikativen Lebensstil ist das Kennzeichen weitentwickelter Industriegesellschaften. Trenduntersuchungen über z. T. drei Jahrzehnte weisen nach, daß die Bedeutung zwischenmenschlicher Beziehungen zunimmt.[2]

– Das Bedürfnis nach Zusammenarbeit, aufgeschlossener Führung und klarer Unternehmenszielsetzung wächst. Das Unternehmen verlangt andererseits vom Mitarbeiter eine größere Bereitschaft zum Mitdenken, mehr Initiative und Ideen und eine klare Identifikation mit den Unternehmenszielen.

– Der Vollständigkeit halber soll hier noch erwähnt werden, daß Mitarbeiter auch in wirtschaftlich schwierigen Zeiten eine angemessene Bezahlung ihrer Tätigkeit erwarten. In unserem Unternehmen spielt diese Frage im Zusammenhang mit dem Strukturwandel nur eine geringe Rolle, da die Gehaltspolitik nicht unmittelbar an den wirtschaftlichen Verhältnissen des Unternehmens, sondern am »oberen Drittel des Marktes« orientiert ist. Darüber hinaus haben Untersuchungen[2] ergeben, daß die Zufriedenheit der Mitarbeiter mit ihrer Bezahlung in enger Korrelation mit der Zufriedenheit des Mitarbeiters im Unternehmen steht. Anders ausgedrückt, je unzufriedener der Mitarbeiter mit seiner Arbeit ist, desto mehr steigt sein Bedürfnis, für diese subjektiv empfundene Unzufriedenheit materiell entschädigt zu werden.

3.
Anforderungen an das Führungsverhalten

Das Unternehmen kann den Anpassungsprozeß nur dann erfolgreich durchstehen, wenn Leistungsfähigkeit und Leistungswille der Mitarbeiter erhalten oder sogar erhöht werden. Alle gängigen Führungstheorien, aber auch empirische Untersuchungen und Mitarbeiterbefragungen bestätigen, daß den direkten Vorgesetzten eine Schlüsselrolle für die individuelle Motivation ihrer Mitarbeiter zukommt, für deren Leistung und deren Zusammenwirken im Team. Im Strukturwandel wird diese Rolle noch verstärkt, zugleich aber auch deutlich erschwert, da die Führungskräfte zugleich Durchführende und Betroffene der notwendigen Veränderungen sind.

Für unsere Gesellschaft war diese Frage von solcher Bedeutung, daß der gesamte Vorstand in vier achtstündigen Veranstaltungen mit jeweils 30 Führungskräften eingehend diskutierte, wie dieser Strukturwandel erfolgreich bewältigt werden kann und welche Anforderungen an das Führungsverhalten sich daraus ableiten. In diesen Gesprächen wurden drei Verhaltensweisen als besonders wichtig hervorgehoben:

a) Verstärkte Notwendigkeit kooperativer Führung

Im Anpassungsprozeß eines Unternehmens sprechen besonders zwei Gründe für eine kooperative Führung:
- Ziele und Wege zur Zielerreichung sind ständig neu zu bestimmen. Nur durch ein aufgeschlossenes und intensives Miteinander von Vorgesetzten und Mitarbeitern läßt sich diese Aufgabe erfolgreich lösen.
- Der Anpassungsprozeß wurde in unserem Unternehmen schrittweise gestaltet. Damit ist auch der Vorgesetzte gefordert, diesen schrittweisen Prozeß durch überzeugende Begründung, durch Orientierungshilfen und das Aufzeigen von Entwicklungsmöglichkeiten in den veränderten Strukturen für die Mitarbeiter zu erleichtern.

Es wird deutlich, daß die Bewältigung dieser Aufgabe den Führungskräften eine über das übliche Maß hinausgehende »kommunikative Kompetenz« abverlangt. Diese Fähigkeit kann durch Training verbessert werden. Gerade in Zeiten der Unsicherheit ist darauf zu achten, daß Vorgesetzte sich mehr mit den Problemen ihrer Mitarbeiter beschäftigen und nicht aufgrund eigener Zweifel und Unsicherheit die Distanz zu Mitarbeitern vergrößern. Der Vorgesetzte muß sich dadurch auszeichnen, daß er Ziele vorgeben kann. Er muß ein Gespür dafür entwickeln, was die spezielle Situation erfordert und was den Wünschen seiner Mitarbeiter am ehesten entsprechen könnte.[3]

Ich halte folgende Strategie zur Erreichung guter Kooperation für geeignet:
- Führungskräfte müssen lernen, den Zielfindungsprozeß auf drei Ebenen kooperativ zu intensivieren: mit ihren Vorgesetzten, mit ihren gleichgestellten Kollegen und mit ihren Mitarbeitern.
- Arbeitsziele und Wege zur Zielerreichung müssen gemeinsam mit den Mitarbeitern erarbeitet werden, um Orientierung und relative Sicherheit im Anpassungsprozeß zu erreichen.
- Das Leistungsbeurteilungssystem, das in unserem Unternehmen für alle Mitarbeiter angewendet wird, muß der Zielerreichung und dem kooperativen Zusammenwirken besonderen Raum geben.
- Die kooperative Zusammenarbeit im Team muß durch intensives Training betont und geübt werden.
Dazu ist die Beschreitung neuer Wege notwendig. Das übliche – und auch bei der ESSO A.G. angewandte – Training von Führungskräften in Managementtechniken und von qualifizierten Mitarbeitern in Problemlösungstechniken erfolgt auf horizontaler Ebene, d. h. Gleichgestellte sind weitgehend unter sich. In Zukunft werden wir ganze Arbeitsteams unter Einschluß der Vorgesetzten in das Training einbinden, da dadurch unseres Erachtens wesentliche Produktivitätsreserven zur Bewältigung von Anpassungsprozessen freigesetzt werden. Dabei wird das Arbeitsteam, unbeschadet seiner hierarchischen Unterschiede, gemeinsam geschult: sei es bei der Analyse bestehender Arbeits- und Kommunikationsabläufe oder der Bewältigung von Problemen. Natürlich steht – und bleibt – am

Ende die Entscheidung des Vorgesetzten und damit seine Verantwortlichkeit.
– Die Kommunikation muß bewußt verstärkt werden.
Umfangreiche Erfahrungen aus mehr als dreijähriger Umstrukturierung unterstreichen die Bedeutung einer intensiven Kommunikation, die vom Management durch folgende Maßnahmen unterstützt werden muß:
– ausführliche und klare Information aller Mitarbeiter über die geschäftspolitischen Ziele und wichtigen Strategien;
– Diskussion dieser Unternehmensziele mit allen Mitarbeitern;
– Bewußtmachung der geänderten Anforderungen an Führungskräfte im Strukturwandel. Dabei kommt der Motivation des Mitarbeiters gerade wegen wiederholter schlechter wirtschaftlicher Ergebnisse besondere Bedeutung zu.
In den Gesprächen mit unseren Führungskräften wurde auch deutlich, daß die »informelle Kommunikation« immer mehr an Bedeutung gewinnt. Dieses bei Peters und Waterman als »Management by Walking About«[4] beschriebene Verhalten muß als informelles Erkunden dessen, »was Mitarbeiter bewegt«, verstanden werden. Die hieraus gewonnenen Erkenntnisse können zur Motivation und Aktivierung der Mitarbeiter eingesetzt werden.
– Vorgesetzte müssen zur eigenen Standortbestimmung ein »Feedback« über das eigene Verhalten bekommen. Nur so können Verhalten und Leistung verbessert werden.
Ideal wäre es, wenn sich Führungskräfte in regelmäßigen Abständen der Kritik durch Mitarbeiter aussetzten. Mit dem von uns vor ca. zehn Jahren eingeführten System der »Beschreibung des Vorgesetztenverhaltens« auf freiwilliger Basis haben wir in diesem Zusammenhang gute Erfahrungen gemacht.
Obwohl diese Verfahren wissenschaftlich umstritten[5] sind, haben uns unsere Erfahrungen davon überzeugt, daß ohne eine wechselseitige konstruktive Kritik die Zusammenarbeit zwischen Vorgesetzten und Mitarbeitern vor allem während der Umstrukturierungsphase mit mehr Problemen belastet gewesen wäre.

- Die Notwendigkeit eines kooperativen Führungsverhaltens wird durch die gesetzlich geregelte Mitbestimmung verstärkt. Die Zusammenarbeit des Managements mit den gewählten Organen der Belegschaft funktioniert um so besser, je intensiver die Kooperation auf allen Ebenen des Unternehmens ist.

b) Delegation von Verantwortung als Führungsmittel

Die Übertragung von Aufgaben und Verantwortung gilt im Sinne der Maslowschen[6] Bedürfnispyramide als besonders motivierend.

Nach unserer Feststellung ist im Strukturanpassungsprozeß folgendes zu beachten:

- Anpassungsprozesse können zu einer Veränderung der Bedürfnishierarchie führen. Das Sicherheitsmotiv kann zu Angst vor Verantwortung und damit zu vermehrter Rückdelegation führen.
- Verschärfter Wettbewerb und Verlustsituationen verstärken den Druck, die Kosten zu senken. Die Folge sind intensive Kontrollverfahren und damit Einschränkung der gewohnten Kompetenzen.
- Anpassungsprozesse sind häufig mit einer Straffung von Betriebsabläufen und Zentralisierung von Entscheidungen verbunden.

Trotz dieser, der Delegation von Verantwortung entgegenstehender Faktoren meinen wir, daß nicht weniger, sondern mehr Delegation von Verantwortung im Strukturwandel gewagt werden muß. Wir haben daher in unserem Unternehmen folgenden Weg eingeschlagen:

- Es wurden Organisationseinheiten von überschaubarer Größe mit klar abgrenzbaren Aufgabengebieten geschaffen.
- Die hierarchischen Stufen im Entscheidungsprozeß wurden reduziert. Aufgaben wurden sinnvoll zusammengefaßt und damit Zuständigkeiten und Vollmachten auf den Arbeitsplätzen aller Ebenen erhöht.

– Befugnisse und Verantwortung wurden so gestaltet, daß möglichst viel Spielraum für Eigeninitiative bleibt. Dies kann unter anderem dadurch erreicht werden, daß die betroffenen Funktionen weitgehend selbständig ihre Bereichsorganisation im Rahmen der vorgegebenen Gesamtkonzeption entwickeln. Zuständigkeiten und Verantwortlichkeiten sollten dabei zusammen mit den Betroffenen erarbeitet werden.

– Die starke Kostenorientierung und die gleichzeitig angestrebte Delegation von Verantwortung erfordern ein Kontrollkonzept, das diese gegenläufigen Ziele berücksichtigt und trotzdem den positiven Effekt der Delegation von Verantwortung erhält.

Wesentliches Ziel aller dieser Maßnahmen war, durch mehr Delegation von Verantwortung die Identifikation der Mitarbeiter mit der eigenen Arbeit und letztlich mit dem Unternehmen zu erhöhen.

c) Förderung von Initiative und Ideen

Ein im Strukturwandel befindliches Unternehmen kann seine Zukunft erfolgreich nur mit Mitarbeitern sichern, die Initiative zeigen und gute Ideen haben. Um diese Voraussetzung sicherzustellen, muß das Management bestimmte Verhaltensweisen fördern:

– Vorgesetzte müssen Leistungen erkennen und anerkennen. Es kommt darauf an, durch Zuhören, Aufgreifen und Weitergeben guter Ideen Signale zu setzen und Anerkennung guter Leistungen unmittelbar auszusprechen. Aus einer Serie von Veranstaltungen mit Führungskräften unseres Unternehmens haben wir die wesentliche Erkenntnis gewonnen, daß auch hier dem persönlichen Gespräch zwischen Vorgesetzten und Mitarbeitern die entscheidende Bedeutung zukommt.

– Die Mitarbeiter müssen über ihren eigenen Kompetenzbereich hinaus informiert werden, um den Blickwinkel zu er-

weitern und Anregungen aus anderen Bereichen aufgreifen
zu können.
– Ideen müssen honoriert werden. Die sichtbare Heraushe-
bung, u. a. durch die direkte materielle Vergütung konstruktiver Vorschläge, ist für viele Mitarbeiter ein unmittelbarer
Anreiz. Deshalb sollte jedes innerbetriebliche Vorschlagswe-
sen für die Mitarbeiter so attraktiv wie möglich gestaltet
werden.

4.
Entwicklung von Mitarbeitern

Besonders in Zeiten strukturellen Wandels kommt der Qualität und Leistungsbereitschaft der Mitarbeiter entscheidende
Bedeutung zu. Dabei spielen die richtige Auswahl und Entwicklung der Mitarbeiter eine zentrale Rolle. Dieser Entwicklungsprozeß wird um so wichtiger, je höher die Mitarbeiter in
die Führungsebenen hineinwachsen.

Ich will mich daher in den folgenden Ausführungen auf die
Förderung des Führungsnachwuchses beschränken. Es sollte
aber ausdrücklich betont werden, daß der Förderung und Entwicklung von Mitarbeitern auf allen Ebenen unseres Unternehmens besondere Aufmerksamkeit geschenkt wird.

a) Auswahl und Eingliederung neuer Mitarbeiter

In der kapitalintensiven Mineralölindustrie sind die Mitarbei-
terzahlen relativ klein, verglichen mit anderen Wirtschaftszweigen ähnlicher Umsatzgröße. Zudem ist in unserem Unternehmen die Fluktuation traditionell sehr niedrig. Die derzeitige Fluktuationsrate ohne Pensionierungen beträgt 2,1 %. Diese
Faktoren begrenzen in Verbindung mit dem stagnierenden Mi-
neralölmarkt den Einstellungsspielraum ganz erheblich. Deshalb gewinnt jede Einstellung besonderes Gewicht. Neben der
Einstellung von Hochschulabsolventen kommt der betrieb-

lichen Ausbildung zur Sicherung eines qualifizierten Nachwuchses in unserem Unternehmen ein hoher Stellenwert zu. Wir beschäftigen zur Zeit 80 Auszubildende der verschiedensten Berufszweige. Zusätzlich bilden wir 20 Abiturienten als Betriebswirte nach dem »Hamburger Modell«[7] aus.

Die Auswahlkriterien bei der Einstellung dürfen nicht nur auf den kurzfristigen Bedarf abstellen, sondern müssen verstärkt langfristige Kriterien einbeziehen.

Hohe Qualitätsanforderungen sind deshalb unerläßlich

Eine möglichst breite Vorbildung verbessert die Einsatzmöglichkeiten im Unternehmen und die erforderliche Anpassungsfähigkeit an den fortschreitenden Strukturwandel. Diese Bildungsvoraussetzungen müssen gepaart sein mit der Bereitschaft zu Einsatzflexibilität und Mobilität. Gerade darauf wird in unseren Einstellungsgesprächen immer wieder besonders hingewiesen.

Auswahl durch erfahrene Vorgesetzte

Nach der Vorauswahl durch die zuständigen Personalabteilungen erfolgt die Endauswahl der Bewerber durch erfahrene, erfolgreiche Vorgesetzte, die als interfunktionale Interviewteams im Stile eines »Assessment Centres« ihre Auswahl treffen. Wir schätzen die Bedeutung der Einstellungen so hoch ein, daß die unmittelbare Führungsebene unter dem Vorstand und von Fall zu Fall auch das für den Aufgabenbereich zuständige Vorstandsmitglied in diesen Interviewteams vertreten ist. Dadurch erhoffen wir uns unter anderem eine verbesserte erste Einschätzung des Aufstiegspotentials der Kandidaten. Gleichzeitig werden damit eine fundierte Darstellung des Unternehmens und der Einsatzalternativen in den Einstellungsgesprächen sichergestellt.

Der Auswahlprozeß bei der Einstellung soll feststellen, ob die Bewerber die notwendigen Voraussetzungen mitbringen, erfolgreich im Unternehmen tätig zu werden. Ob und wie schnell sich dieser Erfolg einstellt, hängt vor allem auch von einer möglichst reibungslosen Eingliederung der Neueingestellten in die »Welt des Unternehmens« ab. Dazu gehört neben der fachlichen Einarbeitung die Einstellung auf die Unternehmenskultur, deren informelle Verhaltensnormen vor allem von aufstiegsorientierten Mitarbeitern erkannt und beachtet werden müssen. In einem Unternehmen, das wie in unserem Fall zudem auf den Aufstieg aus den eigenen Reihen setzt und nur in Ausnahmefällen ausgereifte Kräfte vom Markt einstellt, sind diese Verhaltensnormen besonders ausgeprägt.

Eingliederung muß gesteuert werden

Die ersten zwei bis drei Jahre im Unternehmen sind entscheidend für den Verbleib der neueingestellten Mitarbeiter im Unternehmen. Das liegt einmal daran, daß eine Trennung von leistungsschwachen Mitarbeitern in den ersten Jahren in beiderseitigem Interesse konsequent vollzogen werden sollte. Es liegt aber auch daran, daß die Neigung der Mitarbeiter, das Unternehmen zu verlassen, nach den Anfangsjahren mit zunehmender Betriebszugehörigkeit rapide abnimmt.[8]

Der erste Mitarbeitereinsatz und die reibungslose Eingliederung werden also von entscheidender Bedeutung für den nachhaltigen Erfolg der Einstellung. Für Nachwuchsmitarbeiter stellt der erste Einsatz gleichzeitig die Weichen für die weitere Entwicklung und bedarf daher erhöhter Aufmerksamkeit.

Neben der Wahl geeigneter Anfangspositionen, um die Anwendung eines Teiles des erlernten Wissens zu ermöglichen, ist vor allem der erste Vorgesetzte mitentscheidend. Hierzu eignen sich vor allem erfahrene, entwicklungsorientierte Vorgesetzte, die mit dem eigenen Werdegang im Unternehmen zufrieden sind und die neuen Mitarbeiter nicht als Konkurrenten sehen. Der erste Vorgesetzte sollte vor allem auch in der Lage sein, eine ausgewogene erste Beurteilung abzugeben, die die Entwicklungsmöglichkeiten und Erwartungen des Mitarbeiters einschließt. Das Verhalten des ersten Vorgesetzten wird den Eindruck des Mitarbeiters über das Führungsverhalten im Unternehmen entscheidend mitprägen.

Vorgesetztenwechsel sollte eingeplant werden

Um eine zweite Meinung über den neuen Mitarbeiter einzuholen, die Einsatzbreite und das Aufstiegspotential zu testen, sollten erfolgversprechende Nachwuchsmitarbeiter nach etwa zwei Jahren auf eine Position versetzt werden, die andersgeartete und höhere Anforderungen stellt. Daneben sollte der nächsthöhere Vorgesetzte ausreichend Gelegenheit haben, den neuen Mitarbeiter kennenzulernen und die Mitarbeiterbeurteilung mit dem unmittelbaren Vorgesetzten durchzusprechen.

Ebenso wichtig erscheint uns, daß mit dem Mitarbeiter in etwa sechsmonatigen Abständen über seine Entwicklung zur eigenen Standortbestimmung gesprochen wird.

Systematische Information ist notwendig

Als flankierende Maßnahme bei der Eingliederung durchlaufen die Mitarbeiter bei uns im ersten Jahr ein Einführungstraining, das unser Unternehmen im Gesamtzusammenhang darstellt und die wesentlichen Aspekte der Personalpolitik erläutert. Für den Führungsnachwuchs sehen wir zudem Gesprächsabende vor, an denen Führungskräfte Unternehmensbereiche und deren Ziele vorstellen und Gelegenheit zur Diskussion geben.

b) Einsatzplanung und Förderung von Mitarbeitern

Nach erfolgter Eingliederung hängen die weitere Einsatzplanung und Förderung der Mitarbeiter entscheidend von der Leistungsbeurteilung, der Einschätzung des Aufstiegspotentials und der Einsatzflexibilität der Mitarbeiter ab. Dabei kommt der Früherkennung des Aufstiegspotentials in dem Maße größere Bedeutung zu, in dem sich die Dauer des Arbeitslebens verkürzt: Die Mitarbeiter treten, bedingt durch längere Vorbildungszeiten, später in das Unternehmen ein und scheiden immer häufiger vor dem 65. Lebensjahr aus.

Sorgfältige Einsatzplanung ist notwendig

Je kürzer das Arbeitsleben ist und je höher das Aufstiegspotential eingeschätzt wird, desto zielbewußter muß die Einsatzplanung hinsichtlich Dauer und Anforderung der Einsätze sein, um zukünftige Führungskräfte gut auf ihre Führungsaufgaben vorbereiten zu können. Dazu gehören in unserem Hause gezielte interfunktionale Einsätze, Wechsel zwischen Stabs- und Linienaufgaben und Auslandseinsätze zur Vertiefung der Fachkenntnisse sowie zur Verbesserung der interkulturellen Kompetenz.

On-the-job-Training hat sich bewährt

Im Mittelpunkt unserer Entwicklungsplanung steht also das »on the job training« mit relativ kurzen, etwa zweijährigen Einsätzen zu Beginn der Karriere. Später verlängern sich die Einsätze auch für die erfolgreichen Aufsteiger auf drei bis fünf Jahre. Unsere Erfahrungen decken sich mit Forschungsergebnissen aus den USA, die einen Zusammenhang zwischen Motivation und Einsatzdauer erkennen lassen. Danach wird eine große Zahl der Mitarbeiter
– in den ersten zwei bis drei Jahren eines Einsatzes durch die Arbeitsaufgabe motiviert;
– bei längeren Einsätzen die Arbeit verstärkt als Routine empfinden. Der Grad der Zufriedenheit ist dann in der Tendenz mehr von den sozialen Beziehungen zur Arbeitsgruppe und/oder von den »Hygienefaktoren« im Sinne Herzbergs[9] wie z.B. der Gehaltsentwicklung abhängig.

Unser Ziel ist es daher, möglichst viele Mitarbeiter über die Arbeitsplätze zu motivieren. In einem Unternehmen mit abnehmender Mitarbeiterzahl wird diese Zielsetzung zu einer echten Herausforderung. Unsere ungünstige Altersstruktur mit einem überaus hohen Anteil Mittvierziger bis Mittfünfziger kommt erschwerend hinzu, da die Mobilität mit zunehmendem Alter abnimmt und bei Familien mit schulpflichtigen Kindern besonders eingeengt ist. Mobilität und Einsatzflexibilität verändern sich also im Laufe einer Karriere und müssen im

Rahmen der Entwicklungsgespräche von den Vorgesetzten gerade in unserer Situation im Interesse einer realistischen Planung immer wieder ausgelotet werden.

Vorgesetzte sind für die Mitarbeiterentwicklung verantwortlich

Um trotz der genannten Strukturprobleme die bewußt hochgesteckten Ziele für die Mitarbeiterentwicklung erreichen zu können, müssen Vorstand und das gesamte Management auf diese Aufgabe eingeschworen sein. Wir sehen daher Mitarbeiterentwicklung als eine wesentliche Verantwortung eines jeden Vorgesetzten. Dazu gehört, daß die beruflichen Chancen in regelmäßigen Abständen zwischen Vorgesetzten und Mitarbeitern besprochen werden. Die Vorgesetzten stellen die Entwicklungspläne auf. Die Personalabteilung hat dabei eine beratende und koordinierende Funktion.

Im Interesse der Durchführbarkeit müssen Intensität und Dauer der Entwicklungsplanung nach Kriterien wie Gehaltsgruppe und Entwicklungspotential differenziert werden. In unserem Hause werden für jede außertarifliche Position Fünfjahrespläne erstellt.

Für rund 50 Inhaber von Schlüsselpositionen und für alle Mitarbeiter mit Aufstiegspotential zu diesen Positionen werden neben den genannten Positionsplänen zehnjährige Entwicklungspläne aufgestellt. Mit dieser längerfristigen Betrachtung soll unter anderem sichergestellt werden, daß
- Mitarbeiter mit Führungspotential die gewünschten Entwicklungsschritte durchlaufen;
- Schlüsselpositionen für die Entwicklung des Führungsnachwuchses zum geeigneten Zeitpunkt verfügbar sind;
- sinnvolle Alternativeinsätze für Führungskräfte besser eingeplant werden können.

Eine erfolgreiche Entwicklung von Mitarbeitern kann
nur durch eine kontinuierliche Planung unter
Mitwirkung des Top-Managements gewährleistet werden

Alle Positions- und Entwicklungspläne werden jährlich überarbeitet und den veränderten Bedingungen des Unternehmens
angepaßt. Die Pläne werden in interfunktionalen Komitees vor
allem im Hinblick auf mögliche interfunktionale Einsätze dis-
kutiert. Diese Komitees setzen sich aus der Führungsebene unter dem Vorstand und einem Vorstandsmitglied zusammen.

Die Pläne für die Inhaber von Schlüsselpositionen und für
den Führungsnachwuchs werden in jedem Jahr eingehend vom
gesamten Vorstand erörtert und unter Berücksichtigung der
vorhersehbaren Unternehmensentwicklung überarbeitet. Gerade in Zeiten stärkeren Strukturwandels ist es notwendig, die
Entwicklungs- und Einsatzplanung für die Führungskräfte eingehend zu durchdenken und im Hinblick auf die erkennbaren
Trends zu optimieren. Ich bin der Meinung, daß diese Zeit zur
langfristigen Sicherung einer gut vorbereiteten, schlagkräfti-
gen Führungsmannschaft richtig investiert ist.

Zusammenfassend möchte ich betonen, daß die erfolgreiche
Entwicklung und Führung von Mitarbeitern im Strukturwandel wesentlich von einem gut abgestimmten Zusammenwirken
von Vorgesetzten und Mitarbeitern abhängt. Nur in ständigem
Dialog mit den Mitarbeitern kann es uns gelingen, die Auswirkungen der strukturellen Veränderungen richtig einzuschätzen
und geeignete Maßnahmen zu ergreifen. Deshalb sehe ich
auch in den erwähnten Gesprächen mit unseren Führungskräften eine kontinuierliche Einrichtung, die den Blick für Veränderungen schärft und Lösungsansätze aufzeigt, die von der gesamten Führungsmannschaft getragen werden.

Anmerkungen

[1] Lutz von Rosenstiel: *Organisationspsychologie*, Stuttgart 1972, S. 27.
[2] Vgl. Gerhard Schmidtchen: *Neue Technik, Neue Arbeitsmoral*, Köln 1984, S. 68 u. S. 100.
[3] Vgl. Jürgen Geissler: *Psychologie der Karriere*, München 1977, S. 87.
[4] Thomas J. Peters, Robert H. Waterman: *In Search of Excellence: Lessous from America's Best-Run Companies*, New York 1982 (dt: *Auf der Suche nach Spitzenleistungen*, Landsberg 1984).
[5] P. Reinecke: *Vorgesetzten-Beurteilung*, Köln 1983.
[6] Vgl. Lutz von Rosenstiel, a. a. O.
[7] Das »Hamburger Modell« ist eine Gemeinschaftsgründung von ca. 100 Industrie- und Handelsunternehmen in Zusammenarbeit mit der Handelskammer Hamburg.
[8] Vgl. D. J. Bartholomew: *Stochastic Models für Social Processes*, London 1967.
[9] Frederick Herzberg, B. Mausner, B. Snyderman: *The Motivation to Work*, New York 1959. – *Hygienefaktoren:* Betriebliche Einrichtungen und Regelungen, die den Betriebsalltag für den einzelnen Mitarbeiter maßgeblich bestimmen (Gehalt, Sozialleistungen, zwischenmenschliche Beziehungen).

HERMANN-J. STRENGER

Organisatorische Überlegungen zur Steuerung eines international orientierten Unternehmens

1.

Einleitung

Für ein Unternehmen wie die Bayer AG, das über 400 Beteiligungsgesellschaften im In- und Ausland verfügt und ca. 80% seines Umsatzes im Ausland tätigt, ist die Steuerung des internationalen Geschäfts im Rahmen der Unternehmensstrategien und -zielsetzungen ein zentrales Problem.

Der Umfang dieses Problems wird noch deutlicher, wenn man das Aktionsfeld des Unternehmens und die politischen und wirtschaftlichen Rahmenbedingungen betrachtet. Wenn das Unternehmen z. B. in 100 Ländern tätig ist, dann hat es 100 verschiedene Rechtsordnungen zu beachten und überall Grenzen zu überwinden, die durch die nationalen Gesetzgebungen aufgerichtet sind, seien es unterschiedliche Steuer-, Arbeits- oder Publizitätsgesetze oder Beschränkungen des Waren- und Geldverkehrs.

Die Problematik der Steuerung resultiert einerseits aus den Verpflichtungen und Einschränkungen, die sich aus den unterschiedlichen Rechtsordnungen und Rahmenbedingungen ergeben, und andererseits aus der Notwendigkeit einer einheitlichen Leitung des Gesamtunternehmens, um die strategischen und operativen Unternehmensziele zu erreichen.

In diesem Beitrag sollen einige organisatorische Überlegungen zur Gestaltung der Steuerungselemente eines international operierenden Unternehmens am Beispiel der Überlegungen zur Bayer-Neuorganisation 1984 erläutert werden.

2.

Ausgangssituation

Ein Blick auf Struktur und Entwicklung von Bayer in den letzten Jahren sowie auf einige Erfahrungen mit der Steuerung dieses Unternehmens erleichtert das Verständnis für die organisatorischen Überlegungen im Rahmen der Neuorganisation.

In den letzten Jahrzehnten hat das Unternehmen Phasen starken Wachstums durchlaufen. Dieses Wachstum war gekennzeichnet durch eine erhebliche Ausweitung der Geschäftsgebiete, das Eindringen in neue Märkte sowie durch den zielstrebigen Ausbau des internationalen Geschäfts und des Beteiligungsbereichs. Die folgenden Zahlen für Bayer-Welt verdeutlichen diese Entwicklung:

Jahr	Umsätze	davon Ausland	Mit-arbeiter	davon Ausland
1960	3,4 Mrd. DM	50,0 %	68 000	11,2 %
1971	11,1 Mrd. DM	66,7 %	138 000	34,8 %
1984	42,9 Mrd. DM	78,8 %	175 000	45,3 %

Dem Wachstum des Unternehmens mußte durch systematische Weiterentwicklung der Organisation und der Führungssysteme Rechnung getragen werden, um die Steuerbarkeit des Unternehmens zu sichern.

Bis 1971 hatte Bayer eine »funktionale Organisation« *(Bild 1)*, in der die verschiedenen Funktionen wie Produktion, Vertrieb, Forschung etc. parallel zueinander gegliedert waren. Diese Bereiche wurden durch Vorstandsmitglieder geführt. Die Beteiligungsgesellschaften im Ausland waren überwiegend Vertriebsgesellschaften, zum Teil ausgerichtet auf Geschäftsgebiete wie Chemikalien, Farben oder Pharma. Sie wurden wie eine Vertriebs-Außenorganisation des Unternehmens geführt.

Im Jahre 1971 wurde die »Spartenorganisation« *(Bild 2)* eingeführt, mit der die Vorstandsmitglieder die unmittelbare Füh-

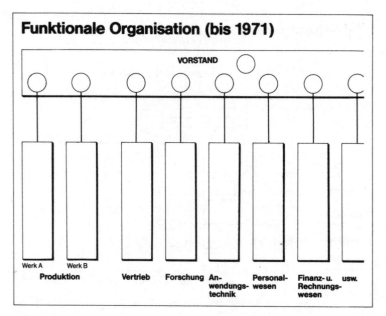

Funktionale Organisation (bis 1971)

VORSTAND

Werk A   Werk B
Produktion   Vertrieb   Forschung   An-   Personal-   Finanz- u.   usw.
wendungs-   wesen   Rechnungs-
technik   wesen

Bild 1

rung der Unternehmensbereiche an die zweite Führungsebene abgaben und selbst die Funktion von Sprechern im Vorstand für diese Bereiche übernahmen.

Die industriellen Bereiche gliederten sich nach marktorientierten und technologischen Gesichtspunkten in neun werksübergreifende Sparten. Die Sparten wurden zu weitgehend selbständig operierenden »Profitcentern« mit weltweiter Geschäftsverantwortung. Sie umfaßten jeweils die »operativen« Funktionen Produktion, Vertrieb, Anwendungstechnik und Forschung sowie einen Stab.

Aus den zentralen Dienstleistungsbereichen wurden neun Zentralbereiche und aus den werksbezogenen Service- und Verwaltungsabteilungen je Werk eine Werksverwaltung gebildet. Die verschiedenen Stabsabteilungen der Unternehmensleitung wurden zum Vorstandsstab zusammengefaßt.

Die Beteiligungsgesellschaften, die nur in dem Geschäftsgebiet einer Sparte tätig waren, wurden dieser Sparte zugeordnet

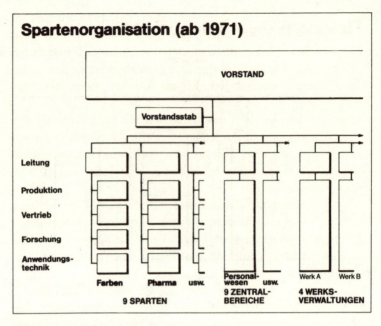

Spartenorganisation (ab 1971)

Bild 2

und von ihr geführt. Die Beteiligungsgesellschaften, die in den Geschäftsgebieten mehrerer Sparten tätig waren, blieben der Unternehmensleitung zugeordnet. Ihre Geschäftsaktivitäten wurden jedoch von den jeweils weltweit für ihr Geschäft verantwortlichen Sparten des Mutterhauses in Abstimmung mit den Geschäftsleitungen der Beteiligungsgesellschaften ausgerichtet. Um die Aktivitäten im Beteiligungsbereich aus Unternehmenssicht besser koordinieren und bei Auffassungsunterschieden zwischen Beteiligungsgesellschaften und Sparten ausgleichend eingreifen zu können, wurden Regionensprecher im Vorstand benannt. Sie wurden in ihrer Arbeit durch die Abteilung Regionale Koordinierung des Vorstandsstabes unterstützt.

Die Spartenorganisation von 1971 hat sich insgesamt für die Steuerung des Konzerns in den siebziger Jahren gut bewährt.

210

Die Überlegungen zur Neuorganisation von 1984 wurden im wesentlichen ausgelöst durch das Wachstum des Unternehmens, durch Veränderungen im Beteiligungsbereich und durch Erfahrungen mit der bisherigen Organisation unter den geänderten Umfeldbedingungen. Einige Aspekte sollen dies verdeutlichen:

Der Umsatz des Konzerns hatte sich seit 1971 mehr als verdreifacht. Dabei hatten sich die Geschäfte der Sparten sehr unterschiedlich entwickelt. Einige Sparten hatten Größenordnungen erreicht, die ihre Beweglichkeit in einzelnen Geschäftsgebieten behinderten.

Die Bedeutung des Auslandsgeschäfts für das Unternehmen hatte stark zugenommen, u. a. durch Akquisitionen von Beteiligungsgesellschaften, durch die Verlagerung von Produktionsaktivitäten ins Ausland und durch den Ausbau des Auslandsgeschäfts.

Die Spartenorganisation von 1971 war vor allem auf die Erfordernisse der Muttergesellschaft Bayer AG ausgerichtet. Beteiligungsgesellschaften mit spartenfremden Geschäftsgebieten und eigenen Tochtergesellschaften, wie z. B. Agfa-Gevaert, Metzeler oder Miles, konnten nur schwer in die bestehende Organisation integriert werden.

Die Ausrichtung und Koordinierung der Konzernaktivitäten in den einzelnen Ländern sowie die Nutzung gemeinsamer Ressourcen waren häufig auf die Aktivitäten der Sparten der Bayer AG in diesen Ländern beschränkt.

Das Sprecherkonzept im Vorstand begünstigte zwei Entwicklungen: Erstens eine Vergrößerung des Vorstandes, um die zahlreichen Sprecheraufgaben wahrnehmen zu können; zum zweiten blieb es nicht aus, daß sich einzelne Vorstandsmitglieder aufgrund ihrer Sprecherfunktionen mit bestimmten Unternehmensbereichen besonders stark identifizierten und damit eine dem ganzen Unternehmen verpflichtete Vorstandsarbeit erschwerten.

Bei der Organisation von 1971 war die Neuordnung der Dienstleistungsfunktionen der Bayer AG nicht mit der gleichen Intensität betrieben worden, wie die der neugebildeten

Sparten. Daraus entwickelten sich im Laufe der Zeit Aufgabenüberschneidungen und nicht abgestimmte Vorgehensweisen zwischen Zentralbereichen bzw./und Werksverwaltungen, die zu Reibungsverlusten führten.

Durch die damit verbundenen kleineren und größeren organisatorischen Probleme wurde eine einheitliche und effiziente Führung des Unternehmens zunehmend erschwert.

3.
Zielsetzung und Neuausrichtung der Organisation Bayer-Welt

Die Neuorganisation von 1984 *(Bild 3)* sollte diesen Problemen, Veränderungen und Erfahrungen Rechnung tragen und damit bessere Voraussetzungen für eine effizientere Steuerung des Konzerns schaffen. Insbesondere sollte

– das Schwergewicht der Führung durch stärkere Einbeziehung der Beteiligungsgesellschaften in die Organisation von der Muttergesellschaft Bayer AG auf die Konzernebene Bayer-Welt verlagert werden,

– die Leistungsfähigkeit und Beweglichkeit auf den Weltmärkten durch Umgruppierung und Aufgliederung von Geschäftsgebieten und durch eine klarere Abgrenzung der Verantwortlichkeiten zwischen den Unternehmensbereichen erhöht werden und

– der Vorstand durch Delegation von Aufgaben auf nachgeordnete Führungsebenen entlastet werden, um sich verstärkt der Unternehmenspolitik und Zielsetzung für das gesamte Unternehmen widmen zu können.

Ergänzend sollten die Leistungsfähigkeit des Unternehmens durch eine stärkere Zusammenfassung und Zielausrichtung der funktionalen Ressourcen gesteigert und die Informations- und Planungssysteme zur wirksamen Unterstützung der verschiedenen Führungsebenen ausgebaut werden.

Diese Zielsetzungen haben die Neuorganisation des Unter-

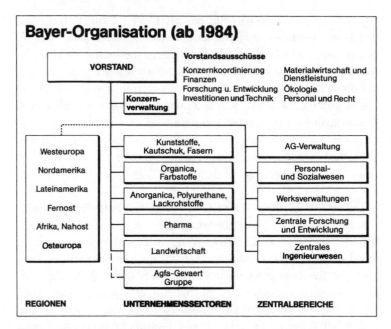

Bayer-Organisation (ab 1984)

VORSTAND	Vorstandsausschüsse	
	Konzernkoordinierung	Materialwirtschaft und
	Finanzen	Dienstleistung
Konzern-	Forschung u. Entwicklung	Ökologie
verwaltung	Investitionen und Technik	Personal und Recht

REGIONEN	UNTERNEHMENSSEKTOREN	ZENTRALBEREICHE
Westeuropa	Kunststoffe, Kautschuk, Fasern	AG-Verwaltung
Nordamerika	Organica, Farbstoffe	Personal- und Sozialwesen
Lateinamerika	Anorganica, Polyurethane, Lackrohstoffe	Werksverwaltungen
Fernost		
Afrika, Nahost	Pharma	Zentrale Forschung und Entwicklung
Osteuropa	Landwirtschaft	Zentrales Ingenieurwesen
	Agfa-Gevaert Gruppe	

Bild 3

nehmens bestimmt. Sie ist eine konsequente, auf die Bedürfnisse des Konzerns ausgerichtete Weiterentwicklung der bisherigen Spartenorganisation. Die Hauptmerkmale dieser neuen Organisation sind (vgl. *Bild 3*):

Die gesamten Geschäftsaktivitäten von Bayer-Welt wurden in sechs Unternehmenssektoren gegliedert, wobei jeder Sektor aus einer Gruppe von Geschäftsbereichen mit eigenständigem Geschäftsgebiet besteht.

Aus einer Reihe von Stabs- und Dienstleistungsbereichen, die weltweit für das Unternehmen arbeiten und den Vorstand bei der Führung des Konzerns unterstützen, wurde die Konzernverwaltung gebildet. Die übrigen Dienstleistungsbereiche einschließlich der Werksverwaltungen wurden zu fünf neuen Zentralbereichen zusammengefaßt. Dadurch konnte die Anzahl der direkt dem Vorstand berichtenden Unternehmensbereiche erheblich reduziert werden.

213

Die Landesorganisationen, die die Beteiligungsgsellschaften des Konzerns in einem Land umfassen, wurden in sechs Regionen gruppiert. Der Kern einer solchen Landesorganisation ist die Bayer-Landesgesellschaft bzw. die bedeutendste Gesellschaft des Konzerns im Land.

Um eine neutrale, dem ganzen Unternehmen verpflichtete Vorstandsarbeit zu unterstützen und das Prinzip der Gesamtverantwortung im Vorstand zu stärken, wurden die bisherigen Sprecherfunktionen der Vorstandsmitglieder für die operativen Geschäftsbereiche und für die Zentralbereiche aufgehoben.

Die Sprecherfunktionen für die Regionen wurden beibehalten, um so einen engen Kontakt zwischen der Unternehmensleitung und den Geschäftsführungen der Beteiligungsgesellschaften in den einzelnen Ländern der Regionen sicherzustellen. Für die Betreuung wichtiger Fachgebiete und der Zentralbereiche wurden innerhalb des Vorstandes Ausschüsse gebildet, die den Vorstand durch vorbereitende Arbeit unterstützen, z. B. für Finanzen, Forschung und Entwicklung, Investitionen und Technik, Personal und Recht. Die Sprecherfunktionen für die Geschäftsbereiche wurden den Sektorleitern übertragen.

Die wichtigsten Elemente dieser neuen Führungsorganisation für die Steuerung des Konzerns sind:
– die Geschäftsbereichsorganisation,
– die in Regionen zusammengefaßten Landesorganisationen und
– die Organisation der Konzernleitung und ihrer Instrumente.
Sie sollen im folgenden in ihren Grundzügen kurz beschrieben werden.

4.
Geschäftsbereichsorganisation

Die Geschäftsbereiche eines Sektors *(Bild 4)* sind – wie bisher die Sparten – weitgehend selbständige Operationsbereiche des Konzerns mit weltweiter Verantwortung für den wirtschaft-

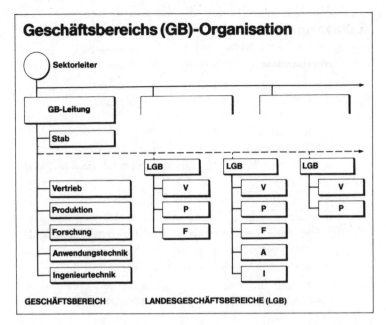

Geschäftsbereichs (GB)-Organisation

Sektorleiter

GB-Leitung

Stab

Vertrieb	LGB	LGB	LGB
Produktion	V	V	V
Forschung	P	P	P
Anwendungstechnik	F	F	
Ingenieurtechnik	A		
	I		

GESCHÄFTSBEREICH   LANDESGESCHÄFTSBEREICHE (LGB)

Bild 4

lichen Erfolg sowie für die Erhaltung und den Ausbau der Geschäftsmöglichkeiten in ihrem Geschäftsgebiet im Rahmen der vom Vorstand festgelegten Zielsetzungen und Richtlinien. Sie umfassen in der Regel die operativen Funktionen Vertrieb, Produktion, Anwendungstechnik, Forschung, Ingenieurtechnik und einen Stab.

Die Aktivitäten der Geschäftsbereiche in den einzelnen Ländern sind – innerhalb der Führungsorganisation – in Landesgeschäftsbereichen zusammengefaßt, auch wenn sie mehrere Beteiligungsgesellschaften in einem Lande berühren. Der Landesgeschäftsbereich ist verantwortlich für die Entwicklung und Durchführung des Geschäfts des Geschäftsbereiches im Lande im Rahmen der von dem Geschäftsbereich und den Geschäftsführungen der betroffenen Beteiligungsgesellschaften festgelegten Geschäftspolitik.

Der Leiter des Landesgeschäftsbereiches berichtet innerhalb

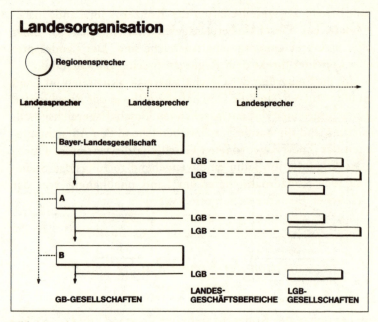

Bild 5

der Geschäftsbereichsorganisation direkt der Leitung des entsprechenden Geschäftsbereichs.

5.
Landesorganisationen

Eine Landesorganisation *(Bild 5)* umfaßt alle Beteiligungsgesellschaften des Konzerns im Land. An ihrer Spitze steht der Landessprecher, der in der Regel – in Personalunion – Mitglied der Geschäftsleitung der Bayer-Landesgesellschaft ist. Der Landessprecher sorgt für die Zusammenarbeit der Beteiligungsgesellschaften und eine bestmögliche Nutzung der verfügbaren Ressourcen im Land. Um dies bewirken zu können, ist er in der Regel Mitglied der Aufsichtsgremien der wichtigsten Beteiligungsgesellschaften des Konzerns im Land, insbesondere der Geschäftsbereichsgesellschaften, die Sitz eines oder mehrerer Landesgeschäftsbereiche sind. Der Landessprecher berichtet direkt dem Regionensprecher im Vorstand.

Um die Steuerung der Geschäftsbereichsaktivitäten im Land zu unterstützen, sind die Geschäftsbereiche in der Regel in den Aufsichtsgremien der entsprechenden Geschäftsbereichsgesellschaften und die Landesgeschäftsbereiche in den Aufsichtsgremien der ihnen zugeordneten Gesellschaften vertreten. Durch diese Organisation kann eine weitgehend reibungslose Steuerung der Konzernaktivitäten im Land unabhängig von der rechtlichen Struktur sichergestellt werden.

6.
Organisation der Konzernleitung und ihrer Instrumente

An der Spitze des Konzerns steht der Vorstand *(Bild 6)*. Er leitet das Unternehmen nach den Vorschriften des Gesetzes, der Satzung und der Geschäftsordnung. Zu seinen wichtigsten Aufgaben im Zusammenhang mit der Steuerung gehören
- die Gestaltung der Unternehmenspolitik für den Konzern;
- die Festlegung von Zielen für die nachgeordneten Unternehmensbereiche (Sektoren, Geschäftsbereiche, Zentralbereiche und Konzernverwaltung) und die Festlegung von Schwerpunkten für die Geschäftsaktivitäten in den einzelnen Regionen;
- die Koordination und Kontrolle der für das Unternehmen bedeutsamen Aktivitäten in diesen Bereichen und in den Regionen.

Zur Durchführung dieser Aufgaben bedient sich der Vorstand insbesondere
- der Arbeit der Vorstandsausschüsse und Regionensprecher,
- der Sektorleiter,
- der zentralen Konferenzen und Kommissionen und
- der Konzernverwaltung.

Die Vorstandsausschüsse unterstützen durch vorbereitende Arbeit den Vorstand

- bei der Koordinierung und Überwachung der Aktivitäten in den betreuten Fachgebieten/Zentralbereichen und
- bei den Entscheidungen über im Vorstand zu behandelnde Angelegenheiten der betreuten Fachgebiete/Zentralbereiche.

Die Vorstandsausschüsse nehmen Sprecheraufgaben für die übertragenen Betreuungsbereiche wahr.

Die Regionensprecher entlasten den Vorstand bei der Koordinierung und Überwachung der Geschäftsaktivitäten des Konzerns in den betreuten Regionen. Sie werden dabei u. a. unterstützt durch

- die Regionale Koordinierung in der Konzernverwaltung,
- die Landessprecher und
- die Regionalkonferenzen, an denen die Landessprecher und Geschäftsleitungen der Beteiligungsgesellschaften in der betreuten Region teilnehmen.

Die weltweite Geschäftsverantwortung der Geschäftsbereiche und die Pflichten und Rechte der Geschäftsleitungen der Beteiligungsgesellschaften gegenüber ihren Aufsichtsorganen werden durch die Einrichtung der Regionensprecher nicht eingeschränkt. Die Sektorleiter nehmen im wesentlichen die Aufgaben der bisherigen Spartensprecher im Vorstand wahr. Sie koordinieren und überwachen die Geschäftsaktivitäten der zu ihrem Sektor gehörenden Geschäftsbereiche und sorgen für die Entwicklung von unternehmenspolitischen Konzeptionen in ihrem Sektor. Die enge Verbundenheit der Sektorleiter mit der Vorstandsarbeit kommt dadurch zum Ausdruck, daß die Sektorleiter an einer Vorstandssitzung im Monat zur Berichterstattung und Information teilnehmen.

Die zentralen Konferenzen und Kommissionen sind Instrumente des Vorstandes zur Koordinierung, Abstimmung und unternehmenspolitischen Ausrichtung

- der Geschäftsbereiche, Landesorganisationen und Zentralbereiche sowie
- des Ressourceneinsatzes und der für den Konzern bedeutsamen Geschäftsaktivitäten.

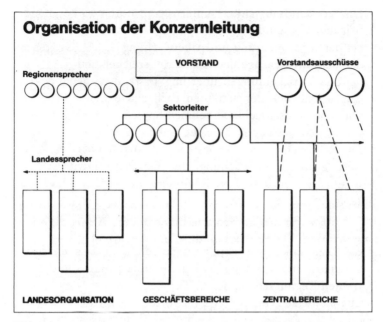

Organisation der Konzernleitung

Regionensprecher VORSTAND Vorstandsausschüsse

Sektorleiter

Landessprecher

LANDESORGANISATION   GESCHÄFTSBEREICHE   ZENTRALBEREICHE

Bild 6

In diesen Konferenzen und Kommissionen sind je nach Aufgabenstellung die zuständigen Vorstandsausschüsse und die Ge-
schäftsbereichsleiter bzw. die verantwortlichen Funktionsbe-
reichsleiter der Unternehmensbereiche vertreten.

Im Bereich der Konzernverwaltung sind alle Stabs- und
Dienstleistungsfunktionen des Unternehmens zusammengefaßt, die den Vorstand bei der Leitung des Konzerns unterstützen, insbesondere

– bei der Planung, Organisation, Koordinierung und Überwachung der Geschäftsbereiche und Landesorganisationen sowie der Zentralbereiche der Bayer AG,
– bei der Lenkung der Finanzen, der Führungskräfte, des Mit-
  teleinsatzes und der Informationen im Konzern und
– bei der Vertretung des Unternehmens gegenüber Dritten.

Die Konzernverwaltung steht allen Mitgliedern des Vorstandes zur Verfügung, u. a. zur Unterstützung der Arbeit der

219

Vorstandsausschüsse, der Regionenbetreuung und der zentralen Konferenzen und Kommissionen. Durch diese Organisation der Unternehmensleitung und ihrer Unterstützungsorgane soll eine einheitliche Leitung des Konzerns sichergestellt werden, um die Unternehmensziele zu erreichen.

7.
Steuerungssysteme

Die Steuerung des Konzerns erfolgt in einem vielfältigen und vielstufigen Prozeß, in den alle Einheiten des Konzerns eingebunden sind. Die Rollen und das Zusammenspiel der einzelnen Konzerneinheiten in diesem Steuerungsprozeß werden durch die Führungsorganisation und die Führungssysteme beschrieben. Wichtige Teilfunktionen dabei sind
– die geschäftspolitische Steuerung,
– die finanzielle Steuerung und
– die Steuerung des Personaleinsatzes.
Die geschäftspolitische Steuerung erstreckt sich im wesentlichen auf die Ausrichtung der Geschäftsgebiete, die angestrebten Marktpositionen und die Zuordnung der Ressourcen in den Geschäftsbereichen und Landesorganisationen. Wichtige Instrumente dafür sind
– strategische Planung,
– operative Planungssysteme wie z. B. die Budget- und Ergebnisplanung oder funktionale Planungen für Marketing, Produktion etc.,
– Berichts- und Kontrollsysteme,
– Richtlinien z. B. für die Budgetierung oder die Behandlung von Investitionen,
– Planungskonferenzen.
Die finanzielle Steuerung soll die Liquidität der Konzerngesellschaften sichern, für bestmögliche Beschaffung und Verwendung finanzieller Mittel sorgen und die Steuerbelastung minimieren. Dafür nutzt sie die finanzielle Planung und Be-

richterstattung, setzt Rahmenbedingungen für die Mindestverzinsung des eingesetzten Kapitals und überwacht die Einhaltung der Richtlinien für Finanzierung und Bilanzierung im Konzern.

Die Steuerung des Personaleinsatzes im Konzern ist vor allem gerichtet auf
- die Sicherung des Know-how-Transfers,
- die Entwicklung und Weiterbildung von Führungskräften und
- die Sicherung einer wirksamen, qualifizierten Führung im Konzern.

Instrumente dafür sind Personalplanungssysteme sowie eine längerfristig angelegte Führungskräfteentwicklung, Nachfolge- und Führungsstellenbesetzungsplanung. Die notwendigen Personalentscheidungen werden durch Fachgremien vorbereitet, in denen die Unternehmensbereiche vertreten sind.

Eine wichtige Komponente und wesentliche Voraussetzung für eine erfolgreiche Steuerung des Konzerns sind dabei die Bereitschaft und der Wille der Führungskräfte in den Gesellschaften des Konzerns, über die rechtlichen Strukturen und politischen Grenzen hinweg zusammenzuarbeiten, um die vereinbarten Ziele zu erreichen.

8.
Ausblick

Die hier dargelegten organisatorischen Überlegungen zur Steuerung eines international orientierten Unternehmens bilden eine Momentaufnahme der Überlegungen, die zur Verbesserung der Steuerung des Konzerns angestellt und bei der Neuorganisation 1984 umgesetzt wurden. Sie basieren auf den bei Bayer gemachten Erfahrungen und sind natürlich auf die Bedürfnisse und Verhältnisse bei Bayer zugeschnitten. Sie sind daher nicht ohne weiteres auf andere Unternehmen übertragbar.

Bei Bayer wird Organisation als ein dynamischer Prozeß angesehen, in dem immer wieder versucht werden muß, das Unternehmen und seine weltweiten Aktivitäten auf die Veränderungen im Markt und im politischen und gesellschaftlichen Umfeld einzustellen, um die Wettbewerbsfähigkeit des Unternehmens zu erhalten und den wirtschaftlichen Erfolg zu sichern. Die Organisation ist Teil der Strategie, für das Unternehmen eine gute Ausgangsbasis für die Gestaltung und Bewältigung der Zukunft zu schaffen.

Die Steuerung des Konzerns erfolgt auf der Basis dieser Organisation und unter den wirtschaftlichen und politischen Rahmenbedingungen in den einzelnen Ländern mit der Zielsetzung, die Aktivitäten des Konzerns auf einen Ausgleich zwischen den Interessen von Anteilseignern, Marktpartnern, Mitarbeitern sowie von Staat und Gesellschaft in den verschiedenen Ländern auszurichten.

Ein Rezept
für unternehmerisches Management

»Wie können wir den Widerstand gegen Innovationen in der bestehenden Organisation brechen?« Diese Frage wird von Führungskräften häufig gestellt. Selbst wenn wir die Antwort wüßten, ist es nicht die richtige Frage. Die richtige Frage lautet: »Wie können wir es erreichen, daß die Organisation Innovationen aufgeschlossen gegenübersteht, daß sie sie will, sie danach strebt, sie dafür arbeitet?«

Wenn die Innovation der Organisation »gegen den Strich geht«, wenn sie meint, »sie schwimme gegen den Strom«, wird es keine Innovationen geben. Innovationen müssen integrierter Bestandteil des Gewöhnlichen und Normalen sein und vielleicht sogar zur Alltagsroutine werden. Es muß im Gesamtunternehmen die Überzeugung herrschen, daß die Innovation das beste Mittel zur Erhaltung und Weiterführung des Unternehmens ist und daß sie das Fundament für die Arbeitsplatzsicherheit und den Erfolg jeder einzelnen Führungskraft bildet.

Unternehmerisches Management erfordert zunächst, daß sich die Organisation für die Innovation öffnet, daß sie ihr aufgeschlossen gegenübersteht und bereit ist, den Wandel nicht als Gefahr, sondern als Chance zu begreifen. Das Unternehmen muß so organisiert werden, daß die harte Arbeit des »Unternehmers« möglich wird und ein von unternehmerischem Geist geprägtes *Klima* entsteht.

Als zweites müssen systematische Meß- oder wenigstens Bewertungsmethoden für die *Leistung* des Unternehmens im unternehmerischen und innovatorischen Bereich eingeführt

223

werden. Hieraus ergeben sich gleichzeitig Hinweise für Leistungsverbesserungen.

Als drittes braucht unternehmerisch geprägtes Management spezifische Methoden im Hinblick auf Organisationsstrukturen, Mitarbeiterauslese und Führung, Gehaltsstrukturen, Anreiz- und Belohnungssysteme.

Aufgeschlossenheit fördern

Innovationen lassen sich nur auf eine einzige Weise für Manager attraktiv gestalten: Das Unternehmen muß Totes, Abgetragenes, Veraltetes, nicht mehr Produktives, Gescheitertes und Fehlgeleitetes systematisch abstoßen. *Um innovieren zu können, muß das Unternehmen etwa alle drei Jahre sämtliche Produkte, Prozesse, Techniken, Märkte und Vertriebskanäle und auch sämtliche internen Mitarbeiteraktivitäten auf den Prüfstand stellen.*

Es muß fragen: »Würden wir uns *heute* für dieses Produkt, diesen Markt usw. entscheiden?« Manchmal liegt die Antwort nicht in der Aufgabe des jeweiligen Bereiches. Das ist häufig gar nicht möglich. Dann kann man aber zumindest weitere Aktivitäten einschränken und dafür sorgen, daß die produktiven Ressourcen in Form von Menschen und Geld nicht länger vom »Gestrigen« verschlungen werden.

Um innovieren zu können, muß ein Unternehmen seine besten Leistungsträger für die innovative Herausforderung bereitstellen. Genauso muß es in der Lage sein, Geldmittel für Innovationen aufzuwenden. Beides wird nur möglich sein, wenn sich das Unternehmen darauf einrichtet, das Gestrige abzustreifen, sich der Erfolge, aber auch der Mißerfolge und Beinahe-Mißerfolge entledigt. Wenn die Führungskräfte wissen, daß es Unternehmenspolitik ist, auch auf bestimmte Bereiche zu verzichten, werden sie entsprechend motiviert sein, sich nach Neuem umzuschauen, innovativ und unternehmerisch tätig zu werden. Dann werden sie auch die Notwendigkeit einsehen, selbst zu Unternehmern werden zu müssen.

Den Ansatz zur Analyse der Lebenszyklen bestehender Produkte, Dienstleistungen und Prozesse, den ich als »Durchleuchtung des Unternehmens« bezeichne, habe ich schon in einem von mir vor zwanzig Jahren veröffentlichten Buch *Managing for Results* (New York: Harper & Row, 1964; dt. *Sinnvoll wirtschaften*, Düsseldorf: Econ, 1965) vertreten, und er ist immer noch ein nützliches Instrument für die Analyse von Produktlebenszyklus und Produktgesundheit.

Die »Durchleuchtung des Unternehmens« liefert die erforderlichen Informationen zur Definition des notwendigen Innovationsaufwandes eines Unternehmens, zur Definition der Bereiche und des Zeitrahmens. Nach diesem Ansatz erstellt ein Unternehmen eine Liste sämtlicher Produkte oder Dienstleistungen und eine Liste seiner Märkte und Absatzkanäle, um festzustellen, welchen Punkt des Lebenszyklus die einzelnen Produkte erreicht haben. Wie lange wird dieses Produkt noch weiter wachsen? Wie lange wird es sich noch am Markt halten? Wann muß man damit rechnen, daß es zu alt wird und verfällt? Wie schnell wird es verfallen? Wann wird es total veraltet sein?

Damit kann ein Unternehmen abschätzen, wo es stehen wird, wenn es sich auf die bestmögliche Verwaltung des schon Bestehenden beschränkt. Hier zeigt sich auch die *Lücke* zwischen dem, was realistisch zu erwarten ist, und dem, was ein Unternehmen braucht, um seine Absatz-, Marktpositions- oder Rentabilitätsziele zu verwirklichen.

Die Lücke ist das zu füllende Minimum, wenn das Unternehmen nicht auf die Abwärtsspur will. Die unternehmerischen Leistungen müssen groß genug sein, um die Lücke füllen zu können, und die Lücke muß rechtzeitig gefüllt werden, ehe das schon Bestehende zum alten Eisen wird.

Bei innovativen Bemühungen ist jedoch die Wahrscheinlichkeit des Scheiterns hoch, noch höher ist die Wahrscheinlichkeit, daß es zu Verzögerungen kommen wird. Ein Unternehmen sollte daher mindestens dreimal so viele Innovationseisen im Feuer haben, als – vorausgesetzt, daß alles gutgeht – für das Stopfen der Lücke notwendig wäre.

Systematischer Verzicht, Durchleuchtung des bestehenden

Unternehmens und die Definition der Innovationslücke ermöglichen es einem Unternehmen, einen *unternehmerischen Plan* mit Innovationszielen und -terminen zu erstellen. Solch ein Plan stellt sicher, daß das Innovationsbudget angemessen ist. Und das wichtigste Resultat überhaupt ist die Bestimmung der dazu notwendigen Mitarbeiter, ihrer Fähigkeiten und Fertigkeiten. Nur wenn erwiesenermaßen leistungsfähige Mitarbeiter einem Projekt zugeordnet, mit den notwendigen Instrumenten, Finanzmitteln und Informationen ausgestattet werden und die Termine klar und eindeutig festgelegt sind, nur dann haben wir einen »Plan«. Ehe der Plan nicht steht, haben wir nur »gute Absichten«.

Dies sind die fundamentalen Leitkonzepte für die Ausrichtung eines Unternehmens auf unternehmerisch orientiertes Management. Sie sind notwendig, damit das Unternehmen und seine Führungskräfte neu-gierig werden. Sie sind notwendig, damit die Innovationsorientierung zum notwendigen Maßnahmenkurs wird. Sie sorgen zugleich dafür, daß das schon Bestehende bei der Suche nach dem Neuen nicht vernachlässigt wird und daß die bei den vorhandenen Produkten, Dienstleistungen und Märkten bestehenden Chancen nicht der Faszination des Neuen geopfert werden.

Der Plan macht es uns möglich, festzustellen, was für die Zukunft des Unternehmens mit neuen Produkten, neuen Dienstleistungen und neuen Märkten nötig ist. So gelingt es uns, Innovationsabsichten in Innovationsleistung zu verwandeln.

Unternehmerisch orientierte Managementpraktiken

Unternehmerisches Denken und Handeln im schon bestehenden Unternehmen erfordert auch unternehmerische Management-*Methoden*.

1. Das erste und einfachste ist, daß sich ein Manager auf das Entdecken von Chancen konzentrieren muß. Der Mensch sieht, was ihm präsentiert wird. Was den meisten Führungs-

kräften präsentiert wird, sind »Probleme«. Das heißt, daß Manager dazu neigen, Chancen gar nicht erst zu erkennen. Leitende Angestellte erhalten selbst in kleineren Unternehmen mindestens einmal monatlich einen Überblick über die Betriebsergebnisse. Auf der ersten Seite dieses Berichts stehen regelmäßig die Bereiche, in denen die Leistung unter Budget bleibt, wo »Mängel« auftreten, wo es »Probleme« gibt. Natürlich müssen »Probleme« beachtet werden. Wenn sie aber einziger Diskussionspunkt bleiben, fallen die Chancen durch schiere Vernachlässigung unter den Tisch. Unternehmen, die auf Aufnahmebereitschaft für »Entrepreneurship« Wert legen, müssen deshalb dafür sorgen, daß auch Chancen Beachtung finden.

In diesen Unternehmen haben die Berichte über die Betriebsergebnisse *zwei* »erste« Seiten: Auf der einen, der traditionellen Seite stehen die »Probleme«, auf der anderen Seite stehen all die Bereiche, in denen die Leistung besser ist als erwartet oder geplant, denn der unvermutete Erfolg im eigenen Unternehmen ist ein wichtiges Symptom für Innovationschancen. Eine Unternehmung, die das nicht gelten läßt, kann nicht unternehmerisch orientiert sein. Die Führungskräfte werden sagen: »Warum sollen wir da eingreifen? Es läuft ja auch ohne unser Zutun.« Damit aber öffnen sie nur der vielleicht wachsameren und weniger arroganten Konkurrenz Tür und Tor.

2. Ein anderes auf »Entrepreneurship« ausgerichtetes Unternehmen verfolgt eine zweite Methode, um den Unternehmergeist im gesamten Führungsteam zu fördern.

Alle sechs Monate findet eine zweitägige Konferenz für die Führungskräfte der oberen Ebenen statt – Spartenleiter, Marktgruppenleiter, Produktgruppenleiter, insgesamt vierzig bis fünfzig Personen. Der erste Morgen ist Berichten im Plenum gewidmet. Vortragende sind drei oder vier Manager, deren Bereiche im unternehmerischen und innovativen Bereich während des vergangenen Jahres außerordentlich gut abgeschnitten haben. Man erwartet von ihnen, daß sie der Gruppe die Gründe für ihren Erfolg darlegen: »Auf welches Handeln ist unser Erfolg zurückzuführen?« »Wie haben wir die Chance

gefunden?« »Was haben wir gelernt? Welche unternehmerischen und innovativen Pläne haben wir jetzt?«

Hier gilt, daß der Inhalt der Berichte in diesen Sitzungen
weniger wichtig ist als die Wirkung auf Verhalten und Werthaltungen. In unternehmerisch orientierten Firmen achtet man
immer auf die Mitarbeiter und Geschäftsbereiche, die besser
abschneiden und anders als üblich vorgehen. Sie werden aus-
gesondert, präsentiert und ständig gefragt: »Was tun Sie? Wo-
mit erklärt sich Ihr Erfolg?« »Worin besteht der Unterschied
zwischen Ihrem und unserem Handeln? Was tun Sie – und wir
nicht? Was tun wir – und Sie nicht?«

3. Eine dritte Vorgehensweise, die besonders in großen Unternehmen wichtig ist, besteht darin, daß informelle, aber zeitlich genau festgelegte und gut vorbereitete Besprechungen zwischen einem Mitglied der Führungsspitze und Nachwuchsma-
nagern abgehalten werden. Der Vorgesetzte eröffnet die Be-
sprechung mit den Worten: »Ich bin hier, weil ich von Ihnen
etwas über Ihre Ambitionen hören will, aber vor allem, weil ich
wissen möchte, wo Sie Chancen und wo Sie Gefahren für unser Unternehmen sehen. Was sind Ihre Vorstellungen? Welche
Fragen haben Sie zum Unternehmen, seiner Politik, seiner
Richtung, seiner Position in der Branche, der Technologie, im
Markt?«

Solche Sitzungen sind das beste Mittel, um Nachwuchsma-
nager und besonders Fachleute in Spezialgebieten aus ihren
engen Bereichen herauszureißen und ihnen einen Blick für das
Gesamtunternehmen zu vermitteln. Die Nachwuchskräfte begreifen anschließend besser, worum es dem Top-Management
geht und warum. Im Gegenzug bieten sie der Führungsspitze
dringend benötigte Einsichten in Werthaltungen, Zukunftsvorstellungen und Anliegen der jüngeren Kollegen. Vor allem bieten diese Sitzungen eine sehr effektive Möglichkeit, »unternehmerische Zukunftsvorstellungen« im Gesamtunternehmen
zu verbreiten.

Ein Gebot, ein »Muß«, ist bei dieser Praxis unbedingt zu beachten: Wer etwas Neues vorschlägt, muß auch anschließend
daran arbeiten. Der Vorschlagende sollte gebeten werden, dem

vorsitzenden Top-Manager und den teilnehmenden Kollegen ein Arbeitspapier mit einer detaillierten Entwicklung der Ideen vorzulegen.

Maßstäbe für Innovationsleistung

Nur wenn wir die unternehmerische Leistung messen, wird Unternehmertum auch in Maßnahmen umgesetzt. Es ist nicht besonders schwierig, eine solche Messung oder zumindest Beurteilung in die Kontrollmaßstäbe eines Unternehmens einzubauen.

Der erste Schritt bei jedem Innovationsprojekt ist der Vergleich zwischen Ergebnissen und Erwartungen. Manager im Forschungsbereich haben schon vor langer Zeit zu Anfang eines jeden Forschungsprojekts zu fragen gelernt: »Was erwarten wir von diesem Projekt? Wann erwarten wir welche Ergebnisse? Wann müssen wir den Fortgang des Projektes bewerten, damit es steuerbar bleibt?« Genauso haben sie gelernt nachzuprüfen, ob ihre Erwartungen eintrafen. Das zeigt ihnen, ob sie in der Tendenz zu optimistisch oder zu pessimistisch sind, ob sie Ergebnisse zu schnell erwarten oder zu lange zu warten bereit sind, ob sie die Wirkung eines erfolgreich abgeschlossenen Forschungsprojektes über- oder unterschätzen. Das befähigt sie, bestimmte Tendenzen zu korrigieren.

Als erstes müssen wir feststellen, was wir gut machen. Wenn man etwas gut macht, kann man nämlich immer noch mehr des Guten tun. Als nächstes kümmert man sich um die eigenen Grenzen. Man fragt, ob man dazu tendiert, die Zeiterfordernisse zu unter- oder zu überschätzen, die notwendige Forschung in einem gegebenen Bereich zu überschätzen und gleichzeitig die zur Umsetzung der Forschungsergebnisse in Produkte oder Prozesse notwendigen Mittel zu unterschätzen. Oder man entdeckt eine Tendenz – die sehr häufig vorkommt und sehr schädlich ist –, Absatzbemühungen für etwas Neues genau dann zu verzögern, wenn das Neue gerade »auf den Weg« geschickt werden soll.

Der nächste Schritt ist die Entwicklung eines systematischen Kontrollsystems für alle Innovationsbestrebungen. Ein unternehmerisch ausgerichtetes Management überprüft in regelmäßigem Abstand alle paar Jahre alle Innovationsprojekte des Unternehmens. Welche Projekte müssen im jetzigen Stadium mehr unterstützt und forciert werden? Mit welchen Projekten haben sich neue Chancen eröffnet? Welche Projekte laufen auf der anderen Seite nicht so wie erwartet? Welche Maßnahmen sollten wir treffen? Ist der Zeitpunkt gekommen, aufzugeben, oder ist der Zeitpunkt gekommen, die Bemühungen zu verdoppeln?

Schließlich heißt unternehmerisches Management auch Beurteilung der Gesamtinnovationsleistung des Unternehmens, gemessen an Innovationszielen, Marktleistung und Marktposition und an der Ertragslage des Unternehmens insgesamt.

Etwa alle fünf Jahre setzt sich das Führungsteam mit den maßgebenden Führungskräften in den wichtigsten Bereichen zusammen und fragt:»Was haben Sie in den vergangenen fünf Jahren an wirklich Entscheidendem für unser Unternehmen geleistet? Was planen Sie für die nächsten fünf Jahre?«

Aber: Sind Innovationsbemühungen nicht etwas »Immaterielles«, das sich eigentlich gar nicht messen läßt? Es stimmt in der Tat, daß niemand entscheiden kann oder sollte, was wichtiger ist: ein Durchbruch in der Grundlagenforschung, der vielleicht Jahre später zu einem wirksamen Mittel gegen den Krebs führt, oder die Entwicklung einer neuen Darreichungsform für ein schon lange existierendes wirksames Medikament, so daß der Patient es sich selbst verabreichen kann und dazu nicht mehr den Arzt aufsuchen muß. Es läßt sich nicht entscheiden, welche Leistung größer ist: ein neuer Weg im Kundenservice, der dem Unternehmen einen wichtigen Kunden erhält, oder ein neues Produkt, das dem Unternehmen eine führende Stellung auf Märkten verschaffen wird, die in einigen Jahren groß und wichtig werden können?

In diesem Bereich kann man natürlich nur urteilen, nicht messen. Die Urteile sind jedoch nicht willkürlich und auch nicht subjektiv. Sie sind auch ohne Quantifizierungsmöglichkeit recht genau. Vor allem bewirken sie genau das, was auch eine »Messung« bewirken soll: auf der Grundlage von Wissen – nicht Meinungen oder Vermutungen – zweckmäßige Maßnahmen einzuleiten.

Die wohl wichtigste Frage in diesem Prozeß lautet: »Haben wir uns eine führende Position im Innovationsbereich geschaffen oder sie wenigstens gehalten?« Führung heißt nicht unbedingt, zu den Größten zu zählen, sondern heißt, als Führer akzeptiert, als Trendsetter anerkannt zu werden. Vor allem heißt es führen dürfen und nicht folgen müssen. Dies ist die »Spitzenkennzahl« für unternehmerischen Erfolg.

Unternehmerische Strukturen

Damit ein Unternehmen innovationsfähig wird, muß es eine Struktur schaffen, die es den Menschen erlaubt, unternehmerisch zu denken und zu handeln. Die Beziehungen müssen so angelegt werden, daß sie alle in »Entrepreneurship« münden. Das Unternehmen muß dafür sorgen, daß das Lohn- und Anreizsystem stimmt und daß das richtige unternehmerische Verhalten belohnt und gefördert wird.

Zunächst muß das Unternehmerische, das Neue, vom Alten und Bestehenden organisationsmäßig getrennt werden. Ein Grund liegt darin, daß das schon Bestehende immer viel Zeit- und Arbeitsaufwand von den Verantwortlichen fordert und diese Priorität auch verdient. Schließlich soll das Unternehmen das Neue, die noch um ihr Leben kämpfende Innovation, ernähren können. Die für das laufende Geschäft Verantwortlichen werden daher immer versucht sein, Entscheidungen, in denen es um das Neue geht, immer wieder aufzuschieben, bis es zu spät ist.

Es gibt einen weiteren Grund, warum das Neue, das innovative Bemühen am besten getrennt geführt wird. Man muß dem Neuen, den Innovationsprojekten Belastungen ersparen, die sie noch nicht aushalten können. Von einem noch nicht voll ausgereiften Projekt zu verlangen, dieselben Lasten zu tragen wie schon lang etablierte Bereiche, ist etwa dasselbe, wie wenn man von einem Sechsjährigen verlangt, einen sechzig Pfund schweren Rucksack zu schleppen.

Vor rund fünfzig oder sechzig Jahren fand DuPont die Lösung für eine der größten dieser Belastungen, die Forderung nach den *falschen* Ergebnissen. Anfang der zwanziger Jahre leistete DuPont Pionierarbeit im Bereich »Messen von Ergebnissen«. Das Unternehmen ging von der Kapitalrendite eines gegebenen Bereiches aus. Es mußte jedoch schon bald feststellen, daß hierdurch ein absolutes Innovationshindernis entstanden war. Das Neue verursacht viele Jahre nur Kosten, aber keine Erträge. Du Pont löste dieses Problem, indem man für die Entwicklung neuer Projekte auf den Maßstab Kapitalrendite verzichtete.

Die Erträge aus Innovationsprojekten unterscheiden sich erheblich von den Erträgen aus den laufenden Geschäften und müssen auch anders gemessen werden. Der Spruch: »Wir erwarten, daß alle Bereiche mindestens 15 % Gewinn vor Steuern erzielen und jährlich um weitere 10 % wachsen«, mag für eingeführte Unternehmen und eingeführte Produkte seinen Sinn haben. Diese Vorgaben haben aber absolut keinen Sinn für das Neue – sie sind zu hoch und zu niedrig zugleich.

Lange Zeit sind bei Innovationsprojekten weder Gewinne noch Wachstum abzusehen. Lange Zeit werden nur Mittel hineingesteckt. Danach aber sollte das Neue sehr schnell wachsen und mindestens das Fünfzigfache der Entwicklungsinvestitionen hereinspielen. Ist das nicht der Fall, muß die Innovation als gescheitert gelten. Nur durch Analyse der eigenen Innovationserfahrung, durch Feedback über die Leistungsdaten und Vergleich mit den Erwartungen ist ein Unternehmen in der Lage, zu bestimmen, welche Innovationserwartungen in der eigenen Branche und den eigenen Märkten angemessen sind. Welche Zeitspanne ist angemessen? Wie lassen sich alle Bemühungen optimal verteilen? Soll man von Anfang an viel Geld investieren und viele Mitarbeiter dafür abstellen? Ab welchem Zeitpunkt soll man die Arbeit am Projekt intensivieren? Wann wird aus der »Entwicklung« ein Geschäft? Ab wann sind hohe Erträge zu erwarten?

Der Bereich, in dem es äußerst wichtig ist, den Innovationssektor vom laufenden Geschäft abzukoppeln, betrifft die Gehaltsstruktur für die Schlüsselpersonen. Was in einem gutgehenden Unternehmen funktioniert, ist für die wichtigsten Betreuer des »Kindes« nicht geeignet. Die übliche Gehaltsregelung ließe dem »Kind« gar keine Überlebenschance.

Die Gehälter für Mitarbeiter an Innovationsprojekten sollten im angemessenen Rahmen bleiben. Auf der anderen Seite kann man nicht erwarten, daß sie sich im Vergleich zum letzten Gehalt mit einer geringeren Bezahlung zufriedengeben. 3 M und Johnson & Johnson versprechen mit Erfolg, daß derjenige, der eine Innovation erfolgreich entwickelt und daraus einen neuen Ertragsbereich aufbaut, zum Leiter dieses Bereiches berufen wird und das für diese Position übliche Gehalt, die entsprechenden Gratifikationen und Gewinnbeteiligungen erhält. Dieser winkende Lohn ist recht ansehnlich. Dennoch verpflichtet er das Unternehmen zu nichts, es sei denn, die Erfolge stellen sich ein.

Es ist nur gerecht, daß auch der Arbeitgeber einen Teil des Risikos der Innovatoren übernimmt. Man sollte den Innovatoren freistellen, in die alte Position zurückzukehren, falls die Innovation scheitern sollte. Sie sollten nicht für den Fehlschlag belohnt werden, sie sollen aber auch nicht dafür bestraft werden, es versucht zu haben.

Eine Möglichkeit und vielleicht auch die beste, um zu vermeiden, daß das Neue abstirbt, besteht darin, das Innovationsprojekt von Anfang an als eigenständigen Bereich zu führen. Die besten Anwender dieses Ansatzes sind drei amerikanische Unternehmen: Procter & Gamble, Johnson & Johnson und 3 M. In diesen drei Unternehmen wird das Neue von Anfang an als eigenständiger Bereich geführt. Die Leitung übernimmt ein »Projektmanager«.

Firmen, in denen mehr als ein Innovationsprojekt läuft, werden sämtliche »Kinder« einem Mitglied der obersten Führungsebene unterstellen. Dabei spielt es keine große Rolle, daß es bei den einzelnen Projekten um verschiedene Technologien, Märkte und Produktmerkmale geht. Sie sind alle für dieselben »Kinderkrankheiten« anfällig. Die für die Innovationsprojekte zuständige Führungskraft muß genügend Gewicht haben, um die »Babys« verteidigen zu können, aber auch genügend Format für den Entschluß, ein Projekt abzublasen, wenn es zu nichts führt.

All dies heißt also, daß für das Neue in der Organisation ein besonderer Brennpunkt geschaffen werden muß, und zwar an ziemlich hoher Stelle. Es muß in der Führungsspitze einen Manager geben, der mit der spezifischen Aufgabe betraut wird, als Unternehmer und Innovator an der Zukunft zu arbeiten. Daraus muß kein Full-time-Job werden. In kleineren Unternehmen ist das auch meistens gar nicht möglich. Es muß jedoch eine klar umrissene Aufgabe sein, für die eine angesehene Führungskraft in hoher Position geradesteht. Dieser Manager wird normalerweise auch die Aufgabe übernehmen, die notwendigen politischen Konzepte zur Integrierung des »Unternehmergeistes« in die laufende Geschäftstätigkeit zu entwikkeln. Er ist zuständig für die Durchleuchtung des Unternehmens und die Entwicklung der Innovationsziele und für die systematische Analyse von Innovationsmöglichkeiten.

Innovationsprojekte sollten dem für den Bereich Innovation zuständigen Manager direkt unterstellt und nicht auf einer der unteren Ebenen angesiedelt werden. Das gilt besonders für Projekte, die zu neuen Geschäftsbereichen, Produkten oder Dienstleistungen führen sollen. Innovationsprojekte sollten nie einem Linienmanager, der für den laufenden Betrieb verantwortlich ist, zugewiesen werden. Die Hauptverantwortung für »Entrepreneurship«, für unternehmerisches Denken und Handeln liegt in mittleren wachstumsorientierten Firmen beim Unternehmensleiter. In Großunternehmen wird meistens ein langjähriges und erfahrenes Mitglied der Führungsspitze mit dieser Aufgabe betraut. In kleineren Unternehmen wird der für Innovationen verantwortliche Manager daneben auch weitere Verantwortungsbereiche haben.

Mitarbeiterauslese

Welche Mitarbeiter braucht das Unternehmen zur Verfolgung von unternehmerischen und innovativen Zielen? Gibt es »Unternehmer«? Sind sie eine Klasse für sich? In der Literatur werden diese Fragen reichlich erörtert. Im großen und ganzen gilt: Wer sich als Innovator oder Unternehmer nicht wohl fühlt, wird sich kaum um solche Stellen bewerben. Wer in solche Positionen nicht paßt, wird sie meistens von selbst für sich ausschließen. Alle anderen können die Praxis des Innovationsmanagements erlernen. Ein Manager, der in anderen Aufgabenbereichen gute Arbeit geleistet hat, wird auch als »Entrepreneur« anständige Leistungen erbringen. In erfolgreichen unternehmerisch geführten Konzernen macht sich anscheinend niemand Gedanken darüber, ob ein gegebener Mitarbeiter auch in der Innovationsentwicklung gute Arbeit leistet oder nicht. Menschen unterschiedlichster Temperamentausprägung, Herkunft und Erfahrung erbringen alle durchgehend gute Leistungen.

Man braucht sich keine Sorgen darum zu machen, wo der erfolgreiche »Entrepreneur« einmal enden wird. Natürlich wird es immer Menschen geben, die nur neue Projekte entwickeln wollen und kein Interesse an der Leitung eines einmal eingefahrenen Betriebes haben. Menschen, die nur »Entrepreneurs« sein wollen, wird man kaum als Angestellte in etablierten Unternehmen finden. Noch unwahrscheinlicher ist es, daß sie im Unternehmen Erfolg haben könnten. Und wer in einer etablierten Firma gute unternehmerische Leistung erbringt, hat seine Leistung in der Regel vorher als Führungskraft in derselben Organisation schon bewiesen.

Man kann also davon ausgehen, daß die geeigneten Mitarbeiter beides können: innovieren und das schon Bestehende führen.

Übersetzt von Ursel Reineke.

235

Verzeichnis der Autoren

Prof. Dr.-Ing. E. h. Werner Breitschwerdt
Vorsitzender des Vorstandes der Daimler-Benz AG

Dr. F. Wilhelm Christians
Sprecher des Vorstands der Deutsche Bank AG

John Diebold
Inhaber der Diebold Group Inc., New York

Prof. Peter F. Drucker
Professor für Sozialwissenschaften an der Hochschule von
Claremont, Kalifornien

o. Prof. Dr.-Ing. Walter Eversheim
Inhaber des Lehrstuhls für Produktionssystematik an der
Rheinisch-Westfälischen Technischen Hochschule Aachen

Christian Peter Henle
persönlich haftender geschäftsführender Gesellschafter der
Klöckner & Co KGaA

Dr. Otto Graf Lambsdorff
Bundesminister a. D., MdB

Prof. Dr. h. c. Hans L. Merkle
Vorsitzender des Aufsichtsrats der Robert Bosch GmbH

Dr. Andreas Meyer-Landrut
Staatssekretär des Auswärtigen Amts

Wolfgang Oehme
Vorsitzender des Vorstandes der Esso AG

Dr. h. c. Franz Josef Strauß
Bayerischer Ministerpräsident

Hermann - J. Strenger
Vorsitzender des Vorstandes der Bayer AG

Prof. Dr. mont. Franz Josef Weisweiler (†)
Vorsitzender des Vorstandes der Mannesmann AG